国家哲学社会科学规划项目
（编号:09CTQ005）

公共借阅权制度研究

傅文奇　著

国家圖書館出版社
National Library of China Publishing House

图书在版编目(CIP)数据

公共借阅权制度研究/傅文奇著. --北京:
国家图书馆出版社,2014.2
ISBN 978 - 7 - 5013 - 5323 - 1

Ⅰ.①公… Ⅱ.①傅… Ⅲ.①借阅—制度—研究—
中国 Ⅳ.①G252

中国版本图书馆 CIP 数据核字(2014)第 024095 号

书 名	公共借阅权制度研究	
著 者	傅文奇 著	
责任编辑	金丽萍	

出 版 国家图书馆出版社(100034 北京市西城区文津街 7 号)
(原书目文献出版社 北京图书馆出版社)
发 行 010 - 66114536 66126153 66151313 66175620
66121706(传真),66126156(门市部)
E-mail btsfxb@ nlc. gov. cn(邮购)
Website www. nlcpress. com ——→投稿中心
经 销 新华书店
印 装 北京佳顺印务有限公司
版 次 2014 年 2 月第 1 版 2014 年 2 月第 1 次印刷

开 本 710×1000(毫米) 1/16
印 张 15.75
字 数 250 千字

书 号 ISBN 978 - 7 - 5013 - 5323 - 1
定 价 60.00 元

傅文奇 男,祖籍浙江诸暨,1971年生于江西弋阳。1993年福建师范大学历史系图书情报专业毕业,获文学学士学位;2007年福建师范大学社会历史学院图书馆学专业研究生毕业,获管理学硕士学位;2013年武汉大学信息管理学院图书馆学专业研究生毕业,获管理学博士学位。现为福建师范大学社会历史学院图书馆学系副教授、硕士生导师。主要研究方向为信息资源和知识产权制度、信息服务。主持国家社会科学基金项目2项,省厅级社会科学规划项目多项。出版专著1部,发表专业论文50余篇。

目　录

图表目录

1 引 言

在人类文明发展史上,知识生产和传播对于知识的积累和传承起着举足轻重的作用。自 19 世纪中后期以来,随着全球科技文化事业的发展,尤其是出版业和公共图书馆事业的兴起,知识在生产和传播的过程中呈现快速流动的趋势,使得越来越多的公众有机会获得更全面、更专业的知识,进而推动社会的发展。知识交流系统中的作者、出版商和图书馆作为知识生产和传播的主体,一方面积极合作,促进知识交流的广度和深度;另一方面,出于维护行业利益的考虑,始终追求着自身权利的实现。本义为作者享有的图书馆借阅补偿金的公共借阅权(Public Lending Right,以下简称 PLR)就是三方利益群体共同关注和重视的权利之一。

1.1 研究背景与意义

1.1.1 研究背景

(1)公共图书馆事业的蓬勃发展

19 世纪中叶,公共图书馆几乎同时在英国和美国出现,成为现代意义的图书馆走向成熟的最重要标志[1]。英国于 1850 年颁布世界上第一部公共图书馆法案,允许地方政府通过征税支持公共图书馆建设,由此建立的图书馆向公民免费开放。各国政府逐渐认识到公共图书馆具有提高公民素质的作用,开始通过立法促进公共图书馆的发展。一些社会慈善家也乐于捐建公共图书馆,如著名的钢铁企业家卡内基一生捐建了 2509 所公共图书馆。

图书借阅是公共图书馆向读者提供的最主要服务。随着公共图书馆数量和馆藏资源的增加,图书馆读者人数迅速扩大,图书馆的图书借阅量也持续增加。例如,在英国,自 20 世纪 90 年代中期以来,公共图书馆注册用户占

---

① 于良芝.图书馆学导论[M].北京:科学出版社,2003:55.

整个英国人口的比例达到60%左右①。2003—2004年度,英国公共图书馆共借出图书3.41亿册、音乐CD950万张、有声书籍1360万册和录像带1620万盒②。公共图书馆的迅猛发展和版权③作品复制件被借阅次数的持续上升引起相关权利人④的恐慌,他们认为公共图书馆的免费借阅活动影响到作品复制件的正常销售,损害了他们的经济利益,于是发起争取图书馆借阅补偿金的权利运动,即PLR运动。由此,版权人对图书馆提出的利益诉求与公共图书馆向读者提供的免费服务之间形成了一定的利益冲突。从现实情况看,一方面,国际PLR制度发展较快,已有30个国家建立PLR制度,50多个国家在其法律体系内承认PLR,激励版权人的创作热情;另一方面,公共图书馆承担着社会教育的职能,面向普通公众推行免费的公共借阅服务,在推动全民阅读和提高民族素质方面发挥重要作用。如何处理和协调PLR问题,已成为当今图书馆界必须面对的重大课题。

(2)国际版权保护的强化趋势

自从1709年英国颁布了世界上第一部版权法——《安娜法》以来的300年时间里,版权制度随着印刷术、磁光电技术等信息传播技术的进步不断变迁,经历了从封闭走向融合,从单一走向多样,从差异走向整合的历程,并呈现出不断强化的趋势。一些作品使用方式刚开始并未纳入版权体系,但随着版权保护的日益强化,越来越多的作品使用方式被立法者纳为版权人的专有权范畴,如改编权、翻译权、汇编权、公共借阅权等⑤。

PLR的立法始于1942年,丹麦政府修订图书馆法,规定公共图书馆向公众借阅版权作品应向作者支付报酬。当时PLR的主体、客体范围都很狭小,主体仅限于本国作者,客体是独著的文学类图书。直到1972年,德国率先将PLR纳入版权法体系,扩大PLR的主客体范围。1992年11月19日,欧盟最高立法机构欧共体理事会(European Community Council)颁布《知识

---

① 于良芝.图书馆学导论[M].北京:科学出版社,2003:86.

② 黄长著,等.网络环境下图书情报学科与实践的发展趋势[M].北京:社会科学文献出版社,2009:106.

③ 本书所指的"版权"与"著作权"同义。本书根据不同语境使用"版权"或"著作权"。

④ 为行文方便,如无特别说明,本书的"权利人"包括版权人和邻接权人。

⑤ 江向东.版权制度下的数字信息公共传播[M].北京:北京图书馆出版社(今国家图书馆出版社),2005:64.

产权领域中的出租权、出借权及某些邻接权的指令》(Council Directive on Rental Right and Lending Right and on Certain Rights Related to Copyright in the Field of Intellectual Property,简称 EC92/100 指令),要求欧盟各成员国对出租权、出借权实行统一的法律制度。此后,在欧盟理事会、欧盟委员会和欧洲法院的共同干预下,EC92/100 指令推动更多的欧洲国家将 PLR 纳入版权法体系。虽然 PLR 尚未纳入国际版权公约内,但从版权保护强化的趋势看,将会有越来越多的国家对 PLR 立法,进而对我国的版权制度产生影响。

(3)促进文化繁荣成为国际组织和各国政府的共识

在当今世界发展趋势中,发展问题不仅仅属于经济范畴,从某种角度上看,它亦属于文化范畴。1995 年,联合国教科文组织世界文化与发展委员会发表了题为《我们的创造的多样性》的报告,深入论述了文化在人类发展中的重要作用①。报告认为,经济的发展是一个民族文化的一部分,脱离人或文化背景的发展是一种没有灵魂的发展。文化作为发展的手段尽管很重要,但它最终不能降低到只作为经济发展促进者这样一个次要地位。报告还指出,文化的繁荣是发展的最高目标。20 世纪 70 年代,欧美国家由于经济持续增长,加大对文化的扶持力度。一些国家根据本国情况制定各具特色的文化政策,其中 PLR 制度就是扶持本国文化发展的重要工具。例如,丹麦、瑞典、芬兰和挪威等北欧小国出于保护本国语言和文字的需要,规定只有本国公民或用本国官方语言创作的作品才能享有 PLR。加拿大、澳大利亚虽然是英语语系国家,但其制定 PLR 制度的初衷是抵御英美文化大国对本国文化的冲击,支持本土作家发展本国文化事业。虽然各国 PLR 制度差异很大,但立法目标都旨在促进本国文化发展。

我国政府高度重视和支持文化发展。特别是 2011 年 10 月,中共中央通过《关于深化文化体制改革 推动社会主义文化大发展大繁荣若干重大问题的决定》,促进文化发展和繁荣已成为我国政府工作的重点之一。是否引入 PLR 制度以推动本国文化发展是当今我国文化部门应当关注的重要问题。

---

① 李怀亮. 当代国际文化贸易与文化竞争[M]. 广州:广东人民出版社,2005:322.

1.1.2 研究意义

（1）理论意义

1）PLR 研究是丰富和完善应用图书馆学体系的需要

图书借阅活动是图书馆最基本的服务方式，原是大多数国家版权法不干涉的情况下，发生的最终用户使用作品的行为。但随着图书馆事业的发展、借阅规模的扩大和借阅文献载体类型的增多，版权人的经济利益受到影响。西方发达国家逐渐对图书馆借阅行为的法律评价发生变化，并将此行为纳入版权法或文化政策的调整范围。图书馆版权问题研究是应用图书馆学体系的重要组成部分，当前国内业界对涉及图书馆的复制权、信息网络传播权和版权例外研究形成热点，但对借阅服务的版权问题重视不够。开展 PLR 研究有利于丰富和完善应用图书馆学体系。

2）PLR 研究是发展文化创新理论的需要

PLR 本质上是版权人的一项权利。激发人们从事科学、文化艺术的创作热情，鼓励他们为人类的精神文明和物质文明建设作出积极贡献是各国版权立法的主要目标之一。从多个国家 PLR 制度实施效果上看，PLR 制度对于鼓励创作、发展文化起到积极的推动作用。我国是一个传统文化积淀深厚的国家，是一个经济、文化大国，但不是文化强国，面临英、美、日、韩等发达国家的文化入侵。因此，加强 PLR 制度研究，系统研究 PLR 的理论基础、制度内容和演进过程以及主要国家的制度经验，进而构建我国的制度模式，对于发展文化创新理论具有现实的理论意义。

（2）实践意义

1）为我国图书馆事业的发展提供重要参考

进入 21 世纪以来，我国图书馆事业蓬勃发展，借阅服务规模不断扩大，借阅的作品形式多元化，纸质文献已不再是读者唯一的选择，录音制品和视听资料成为青年读者青睐的对象。国内图书馆学界对 PLR 的态度分歧很大，不利于图书馆界正确认识 PLR 问题。本研究对于确认图书馆借阅服务的法律行为、处理图书馆借阅服务的版权问题、改善图书馆信息资源载体结构、推动图书馆借阅服务以及管理工作具有一定的现实意义。

2）为我国文化体制改革提供重要参考

由于 PLR 立法的理论基础、国情不同，导致各国 PLR 制度差异较大。本研究将深入分析 PLR 的理论基础，探讨不同利益群体的态度，比较主要国家实施 PLR 制度的异同点,并结合我国当前经济、社会和文化背景,提出适合我国国情的 PLR 立法框架和立法建议,为我国文化体制改革提供新思路,对于完善我国文化立法建设和合理配置文化资源具有现实意义。

3)为我国版权制度的完善提供重要参考

国外多数国家的 PLR 立法例纳入到版权保护体系,充分地保护了版权人的利益,有力地推动了国家经济、文化的发展。西方发达国家的版权制度值得我国学习和借鉴。本书系统地研究了 PLR 制度,并提出适合我国国情的基于版权模式的 PLR 立法框架,为我国版权制度的完善提供了重要参考。

1.2 文献综述

1.2.1 国外研究

(1)文献统计

1)期刊文献

为了解国外 PLR 研究现状,2012 年 1 月 2 日,笔者利用剑桥科学文摘(CSA)、EBSCO、HeinOnline 等多种数据库,选取"public lending right"为主题词①,检索途径包括"abstract"、"title"和"keyword",检索出文献 542 篇,剔除不相关和重复的文献,得到 486 篇。其中多数文献收录在 CSA 的 LISA(Library and Information Science Abstracts)和 EBSCO 的 LISTA(Library,Information Science & Technology Abstracts)中,说明国外学术界通常将有关 PLR 的文献归入图书情报学数据库内。以下对该领域期刊文献年度产出、主要刊源作出统计分析。

a. 文献产出的时间分布分析

文献产出量与年代状况可以反映该领域研究的历史发展轨迹,揭示其研究发展趋势。可检索到有关国外 PLR 最早的期刊文献产生于 1967 年,最近的年份是 2011 年。为了更直观反映文献年度产出量分布,笔者将

---

① 虽然"public lending right"的概念有很大的歧义,但该专指词自从 20 世纪 60 年代产生以来,得到各国学术界的承认,有关公共借阅权的文献基本上以该词作为检索标目词。

1967年至2011年间的45年划分为5年一个时间段,共9个时段。国外有关PLR的期刊文献年度产出量分布走势如图1.1所示。从图中可以看出,第1时段发表文献最少,第2时段发文最多,之后发文量逐步走低,到第6时段达到谷底,第7时段发文量开始上升,到第8时段达到新的峰值。第1时段发文少反映了PLR研究当时并不受业界重视;第2时段发文量急剧攀升到峰值,原因主要是这个时间段正是德国、新西兰和澳大利亚建立PLR制度的时间,PLR立法在德国首次被纳入版权法体系,并且首次在欧洲以外的国家——新西兰和澳大利亚得到确认,立法的争议和借鉴引起业界的关注和研究;进入新世纪以来发文量增多与欧盟EC92/100指令的推行及实施障碍、研究者对指令发表不同观点有关。9个时段发文量的均值为52篇,可以预计,未来有关PLR的期刊文献产出量将平稳波动,维持在50—70篇的幅度。

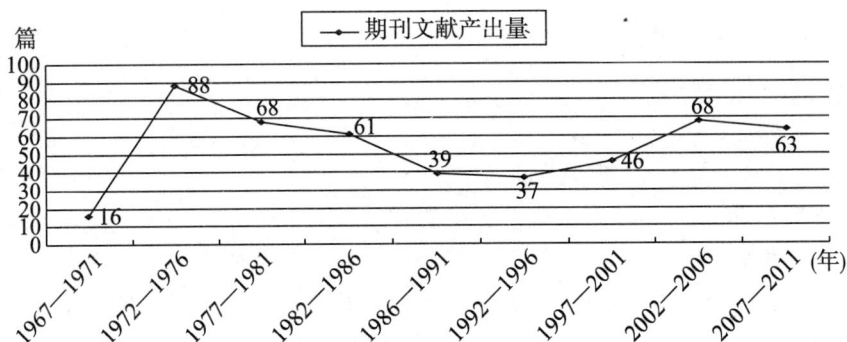

图1.1 1967—2011年国外有关公共借阅权期刊文献年度产出量分布走势图

b. 对来源期刊的统计分析

经统计,共有170种刊物发表486篇文献。表1.1反映了1967—2011年国外有关PLR期刊文献的主要刊源分布情况。从表中可以看出3个现象,一是9种刊物共发表PLR文献191篇,占文献总量近40%,明显属于该领域研究的主要来源期刊;二是9种刊物中有7种属于图书馆学刊物,说明图书馆学期刊是刊载PLR的主要专业期刊;三是9种刊物由5个国家主办,英国是研究和报道PLR最权威的国家,有4种刊物入围主要刊源,荷兰、德国、丹麦和美国等国学者对PLR的研究也占据重要的地位。

表 1.1 1967—2011 年国外有关公共借阅权期刊文献的主要刊源分布

排名	刊源名称(中文名)	载文量(篇)	占总量的百分比(%)	累积载文量(篇)	累积载文量百分比(%)	主办国家
1	Bookseller(书商)	72	14.82	72	14.82	英国
2	Bibliotheek en Samenleving(图书馆和社会)	22	4.53	94	19.35	荷兰
3	Library & Information Update(图书馆和信息快递)	21	4.32	115	23.67	英国
4	Library Association Record(图书馆协会报告)	18	3.70	133	27.37	英国
5	Bibliotheksdienst(图书馆服务)	13	2.68	146	30.05	德国
6	Author(作者)	13	2.68	159	32.73	英国
7	BibliotheekBlad(图书馆学刊)	12	2.47	171	35.20	荷兰
8	Library Trends(图书馆趋势)	10	2.06	181	37.26	美国
9	Bibliotekspressen(图书馆通讯)	10	2.06	191	39.32	丹麦

注:载文量是指某一期刊在一定时期内所刊载的相关学科的论文数量。

英国发表 PLR 文献最多的原因主要有三点:一是英国出版业发达,重视 PLR 的报道和研究,*Bookseller*、*Library & Information Update* 和 *Author* 3 种刊物以报道出版、图书馆和作者新闻为主,经常介绍英国 PLR 的管理、补偿金方案的修订、不同利益群体对 PLR 的看法以及从抽样图书馆汇总的出借数据分析读者的阅读倾向等;二是英国的 PLR 制度较为成熟,特别是补偿金的计算方式在各国中最为科学,引起业界的研究兴趣;三是 PLR 制度建立和实施的参与者积极撰文推动 PLR 运动,如 John Sumsion、Jim Parker 和 Brigid Brophy 发文都达到 10 篇以上。Sumsion 和 Parker 先后担任英国 PLR 注册局局长职务,Brophy 则是成立作家行动联盟、发起 PLR 运动的创始人。丹麦、荷兰和德国刊载 PLR 文献较多,是因为 3 个国家 PLR 立法早,而且各有特色,是其他国家学习和参照的对象。如 *Bibliotheek en Samenleving* 在 1976 年第 11 期的 PLR 专刊上发表用荷兰文、德文和英文 3 种文字撰写的论文 6 篇。美国是上述国家中唯一未建立 PLR 制度的国家,但并不意味着美国业界对此问题不关心,相反,为了推动美国 PLR 的研究热潮,*Library Trends* 在 1981 年春季号推出 PLR 研究专刊,发表 10 篇高水平的研究论文,探讨 PLR 制度的理论和实践进展。

2）图书信息

笔者利用美国国会图书馆①的高级检索功能，对题名含有"public lending right"的图书进行了检索，共检索到图书 13 种，其中 20 世纪 60 年代出版 1 种，70 年代 6 种，80 年代 3 种，90 年代 3 种。从内容上看，Morris②和 Brophy③的两部专著主要介绍了 PLR 原理和英国实施 PLR 的做法；H. Cohen Jehoram 编辑的有关 PLR 的报告由两部分组成，第一部分收录了 1977 年 9 月国际文学艺术协会（the International Literary Artistic Association，简称 ALAI）在比利时举办的 PLR 专题讨论会中的 11 篇论文，第二部分是会议后增补的 5 篇论文④。该书汇编了丹麦、英国等 13 个国家 PLR 立法调研、制度实施报告以及多国的总体性研究报告，反映了 20 世纪 70 年代世界 PLR 制度的发展状况。

3）学位论文

从国外学位论文的研究情况看，有 5 篇相关的硕士论文。这 5 篇硕士论文分别是：1974 年美国明尼苏达大学 Sneide 的论文《1951 年至今英国公共借阅权争论史》⑤、1979 年澳大利亚莫纳什大学 Rasmussen 的论文《丹麦、澳大利亚两国公共借阅权历史、发展和管理》⑥、1980 年南非比勒陀利亚大学 Westra 的论文《公共借阅权理论和实践及其启示》⑦、1981 年美国迈阿密大学 Seemann 的论文《公共借阅权研究》⑧、1987 年美国德克萨斯大学 Hawkins 的论文《公共借阅权研究：以美国的视角》⑨。从论文出版时间看，5 篇论文集中发表

---

① The Library of Congress[EB/OL].[2012 - 01 - 03]. http://www. loc. gov/index. html.

② Morris R. J. B. *The Public Lending Right Handbook*[M]. Chichester：Rose，1980.

③ Brophy B. *A Guide to Public Lending Right*[M]. Aldershot，Hampshire：Gower，1983.

④ Jehoram H. C. *Public Lending Right：Reports of an ALAI Symposium and Additional Materials*[M]. Deventer，Netherlands ； Boston ：Kluwer Law and Taxation Publishers，1983.

⑤ Sneide H. A Chronicle of the Public Lending Right Controversy in the United Kingdom from 1951 to the Present[D]. USA：University of Minnesota，1974.

⑥ Rasmussen，H. Public Lending Right（PLR）：Its History，Development and Machinery in Denmark and Australia［D］. Australia：Monash University，1979.

⑦ Westra P. E. Public Lending Right in Theory and Practice with Special Reference to South Africa[D]. South Africa：Universiteit van Pretoria，1980.

⑧ Seemann E. A. A Look at the Public Lending Right[D]. USA：University of Miami，1981.

⑨ Hawkins J. A. The Public Lending Right：United States Prospects[D]. USA：University of Texas，1987.

在 20 世纪 70—80 年代,之后 20 年来未出现新的学位论文。

4)会议信息

举办 PLR 会议为各国交流 PLR 观点和制度实施经验提供了重要平台,目前国际上有影响力的 PLR 会议有两个,分别是国际 PLR 系统会议(the International PLR Network Meets)和欧洲 PLR 研讨会(European PLR Seminars)。

a. 国际 PLR 系统会议

国际 PLR 会议①每两年举办一次,从 1995 年到 2011 年已举办了 9 届会议,具体内容见表 1.2。2013 年 9 月第 10 届国际 PLR 会议在爱尔兰首都都柏林举办。

表 1.2　国际公共借阅权会议情况表

届次	时间	主办国	地点	议题
1	1995 – 09	英国	伦敦	英国的 PLR 制度;EC92/100 指令的转换
2	1997 – 09 – 08—10	丹麦	哥本哈根	作为文化政策的 PLR;PLR 与版权的关系;PLR 与新媒体;澳大利亚的 PLR 和 ELR
3	1999 – 10 – 01—04	加拿大	渥太华	全球 PLR 制度的发展;EC92/100 指令的转换问题;美国 PLR 立法进展;作者的地位和知识产权保护;PLR 和新媒体
4	2001 – 10 – 25—26	澳大利亚	堪培拉	数字环境下 PLR 的发展;各国 PLR 制度;澳大利亚的 ELR 制度;欧盟委员会与 PLR;未来的 PLR 系统
5	2003 – 09 – 10—12	挪威	奥斯陆	北欧 PLR 制度实施经验;EC92/100 指令的要求;新加入欧盟的 10 个成员国对指令的转换
6	2005 – 09 – 21—23	德国	柏林	北欧的语言限制原则与 EC92/100 指令的冲突
7	2007 – 09 – 06—08	法国	巴黎	评估全球 PLR 制度的现状和问题
8	2009 – 09 – 23—25	葡萄牙	里斯本	EC92/100 指令在成员国中的转换和实施
9	2011 – 09 – 22—24	比利时	布鲁塞尔	数字时代的 PLR;全球各国 PLR 制度进展;欧盟委员会有关 PLR 的政策

---

① Events & Seminars[EB/OL].[2012 – 01 – 03]. http://www.plrinternational.com/events/events. htm.

b. 欧洲 PLR 研讨会

欧洲 PLR 研讨会是在欧盟委员会和欧洲各国作家协会的参与和支持下促成的,对 EC92/100 指令的推广、转换和实施起到重要作用。2003—2008 年间,欧洲 PLR 研讨会举办了 5 届会议,具体内容见表 1.3。

表 1.3　欧洲公共借阅权研讨会情况表

届次	时间	主办国	地点	议题
1	2003 - 10	英国	伦敦	敦促所有未建立 PLR 制度的欧盟成员国采取步骤尽快建立和实施符合 EC92/100 指令的 PLR 制度
2	2004 - 09	意大利	罗马	高度评价作者在争取 PLR 而付出的努力,评估成员国在 PLR 方面取得的进展,关注 PLR 制度进展缓慢的问题
3	2006 - 03	西班牙	马德里	西班牙 PLR 制度的现状;英国 PLR 制度的经验;欧盟委员会发布 EC92/100 指令实施情况的报告
4	2007 - 04	匈牙利	布达佩斯	未来的 PLR 的权利主体和权利客体是什么;法国、爱沙尼亚、立陶宛、拉脱维亚、斯洛文尼亚 PLR 制度的实施状况
5	2008 - 09	罗马尼亚	布加勒斯特	评价欧盟委员会在确保成员国正确实施指令中起到的核心作用;欧洲建立 PLR 制度的国家从 15 个增加到 24 个

(2)主题研究

基于以上文献统计,可以将国外 PLR 研究划分为六大领域。

1)PLR 立法理论研究

各国由于政治、经济和社会背景不同,PLR 立法的理论基础也不尽相同,学者对此问题也有不同的看法。Ole Koch 认为支持 PLR 存在的理论与原则,依立场与观点的不同主要分为著作权保护原则、社会福利原则和文化奖励原则[①]。Dennis Hyatt 认为 PLR 应属于版权法中不可分割的部分,对已立法国家

① Koch O. Situation in Countries of Continental Europe[J]. *Library Trends*,1981,29(4):641—660.

中仅德国将 PLR 纳入版权法的立法现状不满意,指出 PLR 运动由于缺少明确的立法原则成效不大①。William Z. Nasti 考察了 PLR 立法中的冲突,认为 PLR 应该归属于版权法,但最好的方式是单独立法②。Ernest A. Seemann 从自然人权和财产权两个方面阐述 PLR 的法律基础,分析权利穷竭原则、追续权和强制许可理论对 PLR 立法理论的影响③。公共图书馆借阅活动损害作者经济利益是 PLR 立法的直接动因。Maes 在比利时通过访谈、问卷等方式调查蒂尔瑙特市(Turnhout)公共图书馆借阅活动对图书销售的影响,调查显示 75% 的市民是公共图书馆的注册读者,82% 的图书馆读者是书店的常客,图书馆借阅活动对图书销售存在一定影响,但要得出准确结论,需要进行经常性和更广泛的调查④。

2)PLR 制度个案研究

各国 PLR 立法内容不同,其实施的制度也不同。北欧地区是世界上最早对作家给予图书馆补偿金的地区。北欧的率先做法引起学者的兴趣,R. C. Ellsworth⑤ 和 Ole Koch⑥ 分别对北欧的制度作了详细介绍。Äyräs 和 Henriksen认为将 PLR 纳入版权法的措施将对北欧各国文化事业带来冲击,有悖于实施 PLR 制度的目标⑦。英国是实施 PLR 制度最成熟的国家,介绍该国经验的论文较多。例如,英国首位 PLR 注册局局长 Sumsion 回顾了本国 PLR 的管理工作,介绍了 PLR 的注册、出借数据的抽样和补偿金的分配⑧;英国第

① Hyatt D. Legal Aspects of Public Lending Right[J]. *Library Trends*,1981,29(4): 583—595.

② Nasti W. Z. Public Lending Right:Fair or Welfare[J]. *Journal of Library Administration*,1985,6(2):7—11.

③ Seemann E. A. A Look at the Public Lending Right[D]. USA:University of Miami,1981.

④ Maes M. A Study of the Borrowing and Buying Habits of Book Consumers in Turnhout [J]. *Bibliotheek-en Archief gids*,1992,68(5):13—24.

⑤ Ellsworth R C. Library Compensation to Authors Nordic Style[J]. *Canadian Library Journal*,1972,29(6):474—480.

⑥ Koch O. Public Lending Right in Scandinavia[J]. *Bibliotheek en Samenleving*,1976,4 (11):632—634.

⑦ Äyräs A. , Henriksen C. H. *Nordic Public Lending Right* [M]. Copenhagen:National Library Authority,1997.

⑧ Sumsion J. W. PLR:An Appraisal[J]. *Library Association Record*,1986,88(2):71,73, 75—76.

二任 PLR 注册局局长 Parker 认为 PLR 制度在本国实施 30 年来取得巨大成功,公共图书馆在其中作出了积极贡献,抽样的出借数据对于引导读者的阅读倾向具有很好的指导作用①。德国、新西兰、澳大利亚、加拿大、荷兰等国 PLR 立法早,其制度实施各有特色,得到学者的关注②③④⑤⑥。一些新加入欧盟的国家,如克罗地亚介绍了本国 PLR 的立法模式⑦。

3)PLR 发展史和趋势研究

探究 PLR 的产生根源和发展历程是考察 PLR 制度是否合理的重要方面。学者一般从两个方面展开分析:一是从整体发展态势分析,Thomas Stave 认为 PLR 的产生主要归结为 5 个因素:①公共图书馆的发展;②版权的扩张;③政府对文化事业的支持;④部分国家对繁荣本土文化意识的加强;⑤集体组织介入个人经济利益活动的增长趋势⑧。二是以已经建立制度的国家为研究对象,分析 PLR 产生的背景和原因。Sumsion 通过分析 PLR 制度在英国的发展历程,认为提高作者收入是英国建立 PLR 制度的直接原因⑨。J. H. Foley 提出数字借阅权(digital lending right)的概念,认为数字借阅权能解决数字环境下图书馆公共借阅活动和版权保护的冲突,使图

---

① Parker J. Happy Birthday PLR! [J]. *Public Library Journal*,2009,24(2):14—15,18.

② Kreile R,Mundt. H. J. Lending Rights in the Verwertungsgesellschaft Wort,West Germany[J]. *Bibliotheek en Samenleving*,1976,4(11):643—649.

③ Sage J. P. Comparison for Library Use:Some Aspects of the N. Z. Authors' Fund[J]. *New Zealand Libraries*,1987,45(6):114—116.

④ Biskup P. Libraries,Australian Literature and Public Lending Right[J]. *Australian Library Review*,1994,11(2):170—177.

⑤ Lariviere J. Public Lending Rights in Canada[J]. *Documentation et Bibliotheques*, 1991,37(2):53—58.

⑥ Dittrich K. How Will a Law on Library Lending Right Work? [J]. *Borsenblatt fur den Deutschen Buchhandel*,1985,41(7):216—217.

⑦ Radicevic V. The Model of Public Lending Right in Croatian Libraries[J]. *Vjesnik Bibliotekara Hrvatske*,2010,53(1):87—100.

⑧ Stave T. Public Lending Right:A History of the Idea[J]. *Library Trends*,1981,29(4):569—582.

⑨ Sumsion J. W. Public Lending Right (PLR):the UK Experience[J]. *Journal of Library and Information Science (India)*,1988,13(1):83—95.

书馆更好地发挥其功能①。

4）对 PLR 的立场或态度

不同的利益群体或同一利益群体内的成员，基于本行业的目标或个人的认识，对 PLR 持有不同的立场或态度。Dan Haslam 回顾了 1951—1976 年英国作家发起 PLR 运动争取权利的历史②。George Piternick 总结了图书馆员反对 PLR 的理由，质疑的内容有：作家是否能够对其作品有自然的财产权？图书馆是否侵犯作家的权利？作家是否从图书馆借阅活动中损失经济利益？PLR 对图书馆有什么影响？谁应该获得 PLR 利益？最后作者提出替代 PLR 的若干方案③。国际图联发布了有关 PLR 的声明，不赞成有损害公共图书馆免费借阅服务的"出借权"原则，主张 PLR 的引进不应增加读者获取信息的成本④。

5）PLR 制度实施问题研究

英国 PLR 技术调查组调查以出借次数和购书经费比率两种不同方式计算 PLR 补偿金的可行性，建议开发计算机管理系统管理 PLR 的运作过程⑤。Hasted 等学者采用实证研究方法分析 PLR 数据，对抽样图书馆的选择、补偿金的计算和分配提出科学的建议⑥。Cullis 和 West 通过数学模型分析图书的价格和复本数、图书馆对作者收入的影响以及读者分享图书的喜好等因素与 PLR 补偿金的关系，认为作者获得的补偿金数额应当依据图书的借阅次数，

---

① Foley J. H. Enter the Library：Creating a Digital Lending Right［J］. *Connecticut Journal of Int' l Law*，2000（16）：369—400.

② Haslam D. Authors' Rewards：the Continuing Struggle for a Public Lending Right in Britain［J］. *Bibliotheek en Samenleving*，1976，4（11）：635—643.

③ Piternick G. Points of View of Librarians：Alternatives to PLR［J］. *Library Trends*，1981，29（4）：627—640.

④ IFLA CLM. The IFLA Positon on Public Lending Right［EB/OL］.［2012 – 02 – 05］. http：//www. ifla. org/en/publications/the-ifla-position-on-public-lending-right.

⑤ Office H M S. *Public Lending Right：Final Report of an Investigation of Technical and Cost Aspects*. London，1975.

⑥ Hasted A，et al. Statistical Analysis of Public Lending Right Loans［J］. *Journal of the Royal Statistical Society. Series A*，1991，154（2）：191—222.

作者获得的补偿金收入对提高作者的额外收入作用不大①。对于欧洲各国是否能够正确将 EC92/100 指令转化成国内法的问题,欧盟委员会经过调查后发布评估报告,认为指令实施效果不好,一些国家随意免除实施 PLR 义务主体的责任,忽视版权人申请补偿金的要求②。

6)PLR 本土化研究

各国在准备引入 PLR 制度前,都要谨慎地根据本国国情,探讨 PLR 是否适合在本国发展以及如何立法、如何制定详细的实施制度等问题。德国在对 PLR 立法前,调查图书馆员对支付作者图书馆补偿金的态度③。Ellsworth 概括了加拿大图书馆界对 PLR 的态度,突出加拿大图书馆协会支持 PLR 的积极作为④。Dennis Hyatt 介绍了美国两次 PLR 议案的内容,认为立法起草者在成功地引入 PLR 前应当认真研究有关的政策、法律和管理问题⑤。Richard LeComte回顾了美国作家协会发起的 PLR 运动所取得的成绩,总结了立法未能成功的原因和教训⑥。Masango 和 Nicholson 概述世界上 PLR 制度发展现状,分析了英国、德国、加拿大、澳大利亚等国的制度经验对南非立法的借鉴,探讨图书馆是否应当为 PLR 立法游说议会以及制度实施中可能碰到的

① Cullis J. G, West P. A. The economics of Public Lending Right[J]. *Scottish Journal of Political Economy*, 1977, 24(2):169—174.

② Commission Finds Uneven Enforcement of Public Lending Right Across EU[J]. *Intellectual Property & Technology Law Journal*, 2003, 15(1):19—20.

③ Literary Copyrights/Author's Royalties: Attitude of the Conference of German Libraries Towards The Proposed Change in Legislation Concerning Authors' Rights (Federal Government document VI/911 and 1076)[J]. *Zeitschrift fur Bibliothekswesen und Bibliographie*, 1971, 18 (1):76—79.

④ Ellsworth R. C. Public Lending Right in its Canadian Context[J]. *Ontario Library Review*, 1976, 60(1):22—26.

⑤ Hyatt D. The Background of Proposed Legislation to Study Public Lending Right in the United States: Issues in Policy, Law and Administration[J]. *Journal of Library Administration*, 1986, 7(4):125—140.

⑥ LeComte R. Writers Blocked: The Debate over Public Lending Right in the United States during the 1980s[J]. *Libraries & the Cultural Record*, 2009, 44(4):395—417.

问题①。

（3）国外研究评价

综观国外关于 PLR 制度的研究,可以看出其研究具有以下特点:

在理论研究方面,早期各国 PLR 立法理论依据分歧较大,经过 20 世纪 70—80 年代的大讨论后,立法理论趋于成熟和统一,越来越多的国家承认 PLR 属于版权人的一项财产权,在版权法体系框架下探讨 PLR 的理论和实践问题。

在研究内容方面,国外研究内容广泛,涉及立法调研、制度内容、实施效果等方面。EC92/100 指令出台前的文献侧重于立法理论和制度经验介绍,指令出台之后的文献重点在于探讨如何将指令转换成国内法以及指令在转换中的问题等内容。根据各国国情探讨 PLR 制度实施问题始终是研究的热点。

在研究主体方面,不仅作家、图书馆员、出版商等相关利益群体积极撰文参与 PLR 的讨论,发表本行业的立场,而且法学研究者、PLR 的管理者也分别从理论和实践两个方面参与研究,推动 PLR 研究深入发展。

但总体上看,国外 PLR 制度研究缺少系统性,过于注重一国或多国 PLR 制度的介绍,缺少从政治、经济、文化等多个视角整体上分析 PLR 制度的现状与趋势、实施障碍等问题。

1.2.2　国内研究

（1）文献统计

1）期刊论文

为了解国内 PLR 研究状况,2012 年 1 月 2 日,笔者利用中国知网的《中国期刊全文数据库》,选取关键词为检索入口,以"（公共借阅权）+（公共出借权）"②为检索式,剔除不相关和重复的文献,得到 131 篇文献。经检索,发现国内 PLR 研究论文最早发表于 1993 年。以下对该领域 1993 年以来的期刊

---

① Masango C. A,Nicholson D. R. Public Lending Right:Prospects in South Africa's Public Libraries？[J]. *South African Journal of Libraries and Information Science*,2008,74(1):49—57.

② 我国内地学者多数将"public lending right"一词译为"公共借阅权",台湾地区则基本上使用"公共出借权"的称谓。两个译名没有本质差别。

文献年度产出、主要刊源作出统计分析。

a. 文献产出的时间分布分析

表1.4反映了1993—2011年国内PLR研究论文年代分布,我们从中可以得出以下几个结论:

表1.4 1993—2011年国内有关公共借阅权的期刊论文年代分布表

年份	1993	1994	1995	1996	1997	1998	1999	2000	2001	2002
论文数(篇)	3	0	3	4	5	4	2	3	4	2
占总量比(%)	2.29	0	2.29	3.05	3.82	3.05	1.53	2.29	3.05	1.53
年份	2003	2004	2005	2006	2007	2008	2009	2010	2011	合计
论文数(篇)	8	15	20	6	7	14	11	13	7	131
占总量比(%)	6.11	11.45	15.27	4.58	5.34	10.69	8.40	9.92	5.34	100

● 1993—2002年为该领域研究起步阶段,10年所发表的论文只有30篇,仅占发文总量的22.90%。这说明该领域的研究尚未引起学术界的关注。图书馆版权问题尚未引起学术界的重视以及公众的版权意识较低是本时期PLR研究论文产生数量少的主要原因。

● 2003—2005年为该研究的升温阶段。3年共发表论文43篇,占发文总量的32.82%。PLR在这一阶段受到学术界重视的原因在于:①我国于2001年修改了著作权法,加大了著作权的保护力度,以适应世界贸易组织的《与贸易有关的知识产权协议》(简称TRIPs)的要求;②在我国市场经济进一步完善的背景下,学术界普遍认为,只有切实保障作者的权利,才能使作者积极投身于文艺创作,从而繁荣本国文化;③2002年,我国第一起数字图书馆版权纠纷案——陈兴良诉中国数字图书馆案的发生,引起了业界的高度重视,一些研究人员开始探讨PLR与数字图书馆版权之间的关系,分析引进PLR制度是否能够解决数字图书馆版权问题①。

● 2006—2011年为该研究的发展阶段。6年共发表论文58篇,占总发文量的44.28%,其中2011年为不完全统计。该阶段成为我国PLR研究发展期的原因有:该阶段我国对知识产权保护力度加大,《信息网络传播权保护条

---

①② 邹盘江,傅文奇.我国公共借阅权研究论文的统计分析[J].山东图书馆学刊,2011(1):22—24,56.

例》颁布和实施使我国进入了 PLR 研究的新时期,研究热点不再仅局限于本
土化研究和数字图书馆版权问题研究,国外个案研究受到重视②。

b. 对来源期刊的统计分析

通过统计,得知有 60 种期刊刊载相关论文 131 篇,其中刊载论文 4 篇及以上
的刊物有 11 种。表 1.5 反映了 1993—2011 年国内有关论文的主要刊源分布。

表 1.5　1993—2011 年国内有关公共借阅权的期刊文献的主要刊源分布

排名	刊源名称	载文量(篇)	占总量的百分比(%)	累积载文量(篇)	累积载文量百分比(%)
1	图书馆论坛	10	7.63	10	7.63
2	图书情报工作	7	5.34	17	12.97
3	图书与情报	6	4.58	23	17.55
3	图书馆工作与研究	6	4.58	29	22.13
5	中国图书馆学报	4	3.05	33	25.18
5	图书情报知识	4	3.05	37	28.23
5	图书馆杂志	4	3.05	41	31.28
5	图书馆学研究	4	3.05	45	34.33
5	图书馆	4	3.05	49	37.38
5	图书馆学刊	4	3.05	53	40.43
5	出版参考	4	3.05	57	43.48

通过表中数据,我们可以看出:①11 种刊物共发文 57 篇,占总发文量的
43.48%,这 11 种期刊可以被认定为国内刊载有关 PLR 论文的主要期刊;
②11 种期刊除《图书馆学刊》和《出版参考》外,其余 9 种均为 2012 年北京大
学认定的中文核心期刊,可以说明国内核心期刊比较重视 PLR 问题研究;
③11 种期刊除《出版参考》外,其余 10 种均为图书情报学刊物,说明了国内
PLR 研究主要集中在图书情报学领域。

2)学位论文

通过对中国知网"硕博士论文数据库"和台湾地区"CETD 中文电子学位

论文数据库"检索,可以查到截至 2011 年年底有 6 篇关于 PLR 的硕士论文①②③④⑤⑥。从论文出版时间看,6 篇论文集中发表在本世纪 10 年内,说明了 PLR 研究在新世纪进入我国研究者的视野。

(2)主题研究

基于以上文献统计,可以将国内 PLR 研究分为六大领域。

1)PLR 制度总体研究

该类论文包括对 PLR 制度产生、发展和概况的研究。刘兹恒是国内研究 PLR 的第一人,早在 1993 年就对 PLR 的产生背景、发展现状和实施中的问题作了较全面的介绍⑦。江向东对 EC92/100 指令颁布以后欧盟各国 PLR 制度的现状作了全面介绍,并分析了欧盟各国 PLR 的发展趋势⑧。傅文奇回顾了 PLR 产生和发展的过程,认为公共图书馆的兴起和发展、作家群体的积极维权、保护本民族文化传统、国际版权保护强化趋势、欧盟的扩张和信息技术的广泛应用等多种原因共同推动 PLR 制度的产生和发展⑨。刘海霞和马良的硕士论文都从总体上对 PLR 进行研究,探讨 PLR 的理论、历史发展、国外经验和国内立法等问题。

2)PLR 立法理论研究

赵建玲从法哲学与经济学的视角,运用财产劳动论和财产人格论以及公共产品理论论证了 PLR 权利形态的合理性⑩。傅文奇对 PLR 概念的内涵作出新的解释,分析 PLR 的法律性质,并对 3 种立法模式类型,即版权模式、准

---

① 曾玲莉."国内"出版社人员与公共图书馆人员对公共出借权之认知与意见调查研究[D].淡江大学,2001.

② 刘海霞.公共借阅权制度研究[D].福建师范大学,2007.

③ 赵建玲.公共借阅权制度在我国的适用性问题研究[D].河北大学,2010.

④ 邹盘江.大洋洲公共借阅权制度研究[D].福建师范大学,2011.

⑤ 马良.公共借阅权法律制度研究[D].中南民族大学,2011.

⑥ 纪宜均.公共出借权体制应用于大专教科书之研究[D].淡江大学,2011.

⑦ 刘兹恒.西方公共出借权的由来、发展及问题[J].图书馆杂志,1993(5):52—55.

⑧ 江向东.20 世纪 90 年代以后欧盟公共借阅权制度的新进展[J].中国图书馆学报,2005(3):75—78.

⑨ 傅文奇,郑金帆.公共借阅权制度的产生和发展[J].图书情报工作,2010(9):26—29.

⑩ 赵建玲,王华.试论公共借阅权权利形态的合理性——从法哲学与经济学的视角透视公共借阅权[J].新世纪图书馆,2010(1):31—33.

版权模式和文化政策模式作了比较分析①。杨祖逵分析了合理使用原则与PLR冲突的根源,认为有必要通过图书馆建立版权保护部门、建立完善的PLR法律制度、建立以政府为主导的协调机制等手段,从而实现合理使用制度与PLR制度的良性博弈②。

3)PLR制度影响研究

江向东就欧盟EC92/100的立法动因、权利主体和客体及其权利限制等方面探讨了指令对图书馆公共借阅活动的影响③。王晓军认为PLR制度是维护版权人个人利益的制度,对于公权力而言,如果在公共资源无法同时满足公共图书馆制度的公益和PLR制度的个人利益时,应当优先维护公共图书馆制度的公共利益④。

4)PLR制度在数字环境中适用性研究

秦珂认为数字技术的发展和在图书馆领域的广泛应用,使得法律对PLR的保护有了强化的趋势,并对该项制度设立中的若干问题提出了建议⑤。王远均等认为,数字图书馆网上借阅服务相关的法律规定,如信息网络传播权、复制权、合理使用、法定许可等并不能构成PLR的有效替代,PLR制度可以使作者的合法经济利益不受损害,又可以为公民创造免费获取信息的机会,还能解除公共数字图书馆难以承受海量作品使用费的困境⑥。刘海霞和傅文奇论述了数字图书馆建立PLR制度的必要性,并从经济、技术和管理角度对其

① 傅文奇,马小方.公共借阅权:概念、特点和立法模式[J].图书馆学研究,2010(11):2—5.

② 杨祖逵.合理使用制度与公共借阅权的良性博弈构想[J].图书馆学研究,2008(4):99—101.

③ 江向东.欧盟92/100指令对图书馆公共借阅活动的影响[J].图书馆杂志,2003(9):67—70.

④ 王晓军.论公共图书馆制度的公共利益优先原则——以与公共借阅权制度相比较为视角[J].图书情报知识,2008(4):41—48.

⑤ 秦珂.网络环境中公共借阅权的强化趋势与法律制度的选择[J].现代图书情报技术,2004(8):66—69.

⑥ 王远均,赵媛,唐莉.我国数字图书馆领域引入公共借阅权的相关问题探讨[J].情报理论与实践,2005(5):488—490.

实施可行性进行分析①。

5）PLR 本土化研究

对 PLR 制度是否应该引进我国的问题，业界形成三种观点：即反对说、赞成说和中间说。持反对说的观点主要认为 PLR 在我国法律中找不到法律依据、我国不具备实施 PLR 制度的条件、影响公共图书馆的发展②③④。持赞成说的观点主要有：有利于规范图书馆公共借阅行为、立法有法律依据、平衡各方利益、简化版权授权程序和保护本国文化的发展⑤⑥⑦⑧。持中立说的又有三种不同的观点，第一种观点认为公共借阅服务是一种文化行为，不是经济行为，赞成给版权人一定形式的经济补偿，但反对以立法形式加以确认⑨；第二种观点认为维系作者的创作热情很重要，在不改变传统图书馆现有运作方式的前提下，可以单独为数字图书馆中涉及的权利义务主体建立相应的补偿制度⑩；第三种观点认为建立我国 PLR 制度应该考虑到不同地区经济和文化情况，在条件不成熟的情况下应当缓行⑪⑫。

①　刘海霞，傅文奇.数字图书馆实施公共借阅权制度的可行性分析[J].江西图书馆学刊,2005(4):117—118.

②　赵静雯，赵怀生.关于公共借阅权的几个问题[J].图书与情报,2007(4):63—71.

③　柳励和.图书馆与公共借阅权[J].图书馆,1997(1):43—45.

④　刘元珺.公共借阅权制度的实然与应然[J].图书与情报,2010(5):57—59.

⑤　江向东.对公共借阅权制度的理性思考[J].中国图书馆学报,2001(3):20—24.

⑥　陈信勇，董忠波.对公共借阅权制度的法律思考[J].图书情报工作,2005(9):38—41.

⑦　刘青，曹超.公共借阅权制度的发展及其对信息资源共享的影响[J].图书情报工作,2008(1):81—84.

⑧　李婉彬.从一个新的角度理解和应用"公共借阅权"[J].图书馆建设,2008(7):39—42.

⑨　吴建中，马远良.图书馆与知识产权——关于图书馆的未来对话之五[J].图书馆杂志,1996(1):57—59.

⑩　余训培.公共借阅权:本土定位与重新解读[J].图书馆,2004(1):17—19.

⑪　王晓军.试论我国建立公共借阅权制度的前提和原则[J].图书馆工作与研究,2008(9):15—18.

⑫　程应红.对西方国家图书馆公共借阅权制度的思考[J].图书馆论坛,2008(4):40—41.

6）国外 PLR 制度个案研究

国内学者对德国、加拿大、澳大利亚、英国、爱尔兰、丹麦和瑞典等 7 个国家的 PLR 制度作了深入阐述，介绍不同国家 PLR 的立法背景、立法模式和补偿金的来源、计算及分配等情况①②③④⑤⑥⑦。

（3）国内研究评价

综上所述，我国 PLR 研究自进入新世纪以来比较活跃，取得较为丰硕的研究成果，为今后我国 PLR 立法和制度设计提供重要的参考资料。但应该看到，我国 PLR 研究存在 4 个不足之处：一是研究的系统性不够。与国外 PLR 制度研究相比，我国重在理论探讨，但理论研究的内容偏窄，视角过于单一。例如，刘海霞、马良和赵建玲的硕士论文仅局限于 PLR 法律基础、制度概况和发展、我国制度构建等研究内容，缺少对全球 PLR 制度的影响、评估、发展障碍和数字环境下的应用分析，没有通过实证研究获得第一手资料。而曾玲莉和纪宜均的硕士论文虽然采用实证方法研究 PLR，但调研的范围仅局限于台湾地区。不少期刊论文停留在思辨研究，存在内容雷同的问题。二是忽视 PLR 概念和制度的动态发展。近几年，国外 PLR 制度发展迅速，一些国家改变 PLR 立法模式，将其纳入版权法体系，但国内研究关注不够，忽视 PLR 制度的演进和变迁。三是存在法理不清的问题。PLR 法和 PLR 制度并不是一个概念，但不少研究者没有意识到这点。例如，多数研究者以为美国没有建立 PLR 制度，就得到该国没有对 PLR 立法的错误结论。四是我国 PLR 的研究力量过于单薄，引导者和主要力量是图书馆员，不像国外 PLR 的倡议和研究源于作家群体。图书馆界研究 PLR 更多的是从自身利益出发，探讨 PLR 在图书馆中的适用以及解决数字借阅版权问题。出版界、法学界和作家介入讨论的缺失，既反映了我国相关利益群体对 PLR 认知度不高，也在一定程度上说明了研究论文的整体质量有待提高。

① 李农.德国的公共借阅权制度[J].情报杂志,2004(4):99—100.
② 江向东,傅文奇.加拿大公共借阅权制度评介[J].图书情报知识,2006(2):111—113.
③ 傅文奇,江向东.澳大利亚公共借阅权制度评介[J].晋图学刊,2006(2):78—80.
④ 郑金帆.英国公共借阅权制度评介[J].图书馆论坛,2008(1):50—52.
⑤ 傅建秀,江向东.爱尔兰公共借阅权制度的新发展[J].图书馆学研究,2009(6):89—91.
⑥ 傅文奇,王玲玲.丹麦公共借阅权制度评介[J].情报理论与实践,2011(6):126—128.
⑦ 王玲玲,傅文奇.瑞典公共借阅权制度评介[J].情报杂志,2011(4):86—88.

1.3 研究思路与研究内容

1.3.1 研究思路

通常研究一种西方的法律制度,首先要分析其产生的理论基础,其次从历史的角度考察其产生和发展的演进过程,再次比较各国制度的实施模式及其差异,最后根据国情提出本国的立法框架。本研究也是沿着这个思路展开阐述,在论证 PLR 立法的理论基础上,不仅分析 PLR 制度的演进过程和国外的制度经验,而且详细阐述了 PLR 制度的内容,并对制度的实施和前景进行评估,从而为构建我国 PLR 制度提供了充分的参考依据。

1.3.2 研究内容

本研究的总体结构由绪论、本论和结论三部分构成。全文共分为八章。

绪论部分,即第一章的引言,就本研究所选课题的研究背景与意义、研究现状、研究目标与内容、研究思路和研究方法、创新点等方面作总体上的概括介绍。

本论部分包括六章,系统研究 PLR 制度的理论和实践问题。具体安排和内容如下:

第二章研究了 PLR 的基本理论。阐述 PLR 的概念内涵和法律特征,辨析 PLR 与出借权、出租权、公开表演权、版权补偿金等相近权利的联系和区别,探讨 PLR 与合理使用、权利穷竭和公共利益原则的冲突和协调,从法哲学基础、社会经济基础和文化基础等 3 个方面分析 PLR 立法的理论基础。

第三章研究了 PLR 制度的内容。对 PLR 制度的立法模式、权利主体和客体、管理模式、义务主体、权利限制、补偿金的来源、计算和分配以及权利救济等方面进行详细的阐述。

第四章研究了 PLR 制度的历史演进。阐述 PLR 制度产生和发展的主要阶段,从经济、社会、文化、法律和技术等角度分析 PLR 制度产生和发展的原因,介绍了全球 PLR 制度发展的现状,从法律、经济、文化等多个视角分析 PLR 制度发展的障碍问题,并探讨 PLR 制度的发展趋势。

第五章对 PLR 制度进行评估研究。考察欧盟委员会发布的 EC92/100 指令实施评估报告及其对欧洲法院判决的影响,阐述了 PLR 制度对作家、出版商、书商、图书馆、读者等不同利益群体的影响,分析 PLR 制度在数字环境中的法律适用性问题和数字借阅服务中的应用,探讨 PLR 制度解决数字图书馆版权问题的途径。

第六章研究了西方主要国家 PLR 制度经验。考察文化政策立法模式下的加拿大、瑞典的 PLR 制度,准版权立法模式下的澳大利亚、新西兰的 PLR 制度以及版权立法模式下的丹麦、英国和德国的 PLR 制度,并在对各国制度经验比较的基础上,提出对我国的若干启示作用。进行制度比较。

第七章研究了我国 PLR 制度的构建。阐述我国 PLR 立法的必要性和可行性,通过问卷调查了解我国作家、出版社人员和公共图书馆人员对 PLR 的认知和态度,分析我国 PLR 制度立法的现实障碍,提出适合我国国情的基于文化政策模式和基于版权模式的两种立法框架。

第八章为结论部分,在前面各章节的研究和探索的基础上,对主要结论进行归纳和总结,并提出相应的建议以及研究展望。

1.4 研究方法与创新点

1.4.1 研究方法

本论文坚持理论与实践相结合、定性与定量研究相结合的原则,综合运用法律、经济、文化、信息管理等多学科知识对 PLR 制度进行系统研究。主要采用的研究方法如下:

(1)历史研究法

历史研究法亦称纵向研究法,是指运用历史资料,按照历史发展的顺序对过去的事件进行研究的方法。本研究从历史的视角考察 PLR 概念的演变、PLR 权利形态的变化、立法模式的变迁、制度的产生和发展的过程,剖析经济、社会、文化、技术等因素对 PLR 制度产生和发展的影响。

(2)比较研究法

比较法是对物与物之间和人与人之间的相似性或相异程度的研究与判断的方法。本研究通过比较法,分析 PLR 概念与其他相关概念的异同点、PLR 三种立法模式的区别以及对不同国家 PLR 制度的差异。

(3)社会调查法

社会调查法是有目的、有计划、有系统地搜集有关研究对象社会现实状况或历史状况材料的方法。本研究通过问卷调查的方式对有关 PLR 利益群体的作家、出版社人员和公共图书馆人员进行调查,旨在了解不同群体对 PLR 的认知和态度。

(4)数理统计法

数理统计法是以概率论为基础,运用统计学的方法对数据进行分析、研究,导出统计规律、得到所需结果的方法。本研究利用 SPSS 软件工具对问卷调查得到的数据进行分析,比较不同利益群体对 PLR 认知和态度的差异程度。

1.4.2 创新点

(1)系统研究 PLR 制度

以往国内研究视角不够宽广,论述不够深入,多数研究者从图书馆的视角分析我国是否应该引入 PLR 制度,而对 PLR 的理论基础、制度的演进过程以及国际 PLR 制度的发展动态和趋势论述得过于肤浅。本研究在充分掌握各国 PLR 立法和制度实施经验的基础上,采用历史研究法、比较研究法、社会调查法等多种研究方法,从历史、社会、文化、法律、经济、技术等多种视角系统地研究 PLR 制度,具体体现在 7 个方面:①重新界定 PLR 的概念;②辨析 PLR 与其他相关权利的异同点和相关原则的冲突;③论证了 PLR 立法的正当性;④详细地分析 PLR 制度的内容和运行机制;⑤总结了 PLR 制度产生和发展的阶段和原因;⑥分析 PLR 制度对不同利益群体的影响及发展障碍和趋势;⑦对 7 个主要国家 3 种不同的 PLR 立法模式做了案例研究和制度比较,为我国制度构建提供参考。

(2)首次对我国不同利益群体的 PLR 认知度进行调查

本研究对我国国内作家、出版社人员和图书馆人员的 PLR 认知度作了问卷调查,调查结果显示:3 个职业群体总体上对 PLR 认知程度不高,对 PLR 的认知既存在共识,也存在差异,没有表现出显著的差异,说明了我国 PLR 的概念和意义有待宣传,目前支持或反对 PLR 立法的力量都不够强大。

(3)构建适合我国国情的 PLR 立法框架

在对我国 PLR 立法的现实环境分析和对相关利益群体的 PLR 认知和态度问卷调查的基础上,提出构建我国 PLR 制度应当采取"先易后难"的"两步走"立法策略,即第一步建立基于文化政策模式的 PLR 立法制度,第二步建立基于版权模式的 PLR 立法制度。前一种立法制度比较容易建立,实施范围较小,经济发达地区可以率先建立和实施;后一种立法制度的建立难度较大,但实施范围广,能够有力地促进本国文化事业和文化产业的发展。

2 公共借阅权概述

PLR 作为一个法律概念,从其产生之时,赞同和反对的争议从来没有停止过。PLR 的概念随着时间的发展和地域的变迁不断演进,具有与其他权利所不同的法律特征。不同的个人、群体和国家,对待 PLR 的态度差异很大。各国 PLR 立法理论来源的不同,导致各国 PLR 立法体系和制度实施差异很大。

2.1 公共借阅权的概念和特征

2.1.1 公共借阅权的概念

公共借阅权又称公共出借权①。在"公共借阅权"这一术语创造之前,许多国家曾经采取了不同的称谓,如"Library Compensation(图书馆赔偿金)""Library Royalties(图书馆使用费)""Author's Lending Right(作者的出借权)""Payment for Public Use(公共使用的报酬)""Author's Lending Royalty(作者的出借使用费)"等。

"Public Lending Right"一词最早出现于 1959 年,由英国作家 J. Alan White 在向议会提交的关于给予作家类似公共表演权(Public Performance Right)的图书馆补偿金的议案中首次提出②。之后,这个新生的创造词很快得到英语世界的承认,被广泛应用在学术刊物和相关法律条文中。最早建立 PLR 制度的北欧诸国原来最常用"Library Compensation",后来为了和欧洲主要国家交流和联系,也逐渐使用"Public Lending Right"。

---

① "Public Lending Right"一词如果仅从字面意思理解,指的是"公共出借权",但考虑到读者使用作品的方式不仅是出借,还包括馆内阅览,而且不少国家计算 PLR 补偿金不按照图书出借的次数来统计,因此笔者更倾向采用"公共借阅权"的称法。

② Astbury R. The Situation in the United Kingdom[J]. *Library Trends*, 1981, 29(4): 661—685.

"公共借阅权"一词充满歧义,仅从名称上,我们很难理解其确切含义①。PLR 的本义,首先,"公共"并不是指公共图书馆,而是指版权作品被公众利用;其次,"借阅"是指根据图书的出借次数计算支付作者的补偿金数额;再次,"权"(利)的归属既不属于图书馆,也不归属于读者,而是作者。因此,"公共借阅权"最初的意思是作者因其图书在公共图书馆出借而享有补偿金的权利。为了避免公众对 PLR 权利归属产生模糊,一些学术刊物将"Public Lending Right"列为检索标目词时,后面加上"(of Authors)",以表明这个权利属于作者。

"公共借阅权"这个术语对于大多数中国人来说还很陌生,即使是与其有直接关系的图书馆员,大多以为"PLR"是"public library right"的缩写,属于国家赋予图书馆免费将文献资料向社会公众提供借阅的一种权利,或者认为是"读者到公共图书馆去借阅书籍的权利"。即使是专业机构出版的工具书,也发生类似的错误。如《中国知识产权法律实务大全》将 PLR 解释为"公共性图书馆向公众借出作品的复制本以及向公众出租唱片或允许公众录制其唱片并向出借方支付一定的费用的权利"②。这定义显然认为 PLR 的权利归属于图书馆。

然而,要对 PLR 的概念作一个准确的界定并不容易。自从丹麦于 1946 年建立了世界第一个 PLR 制度以来,PLR 制度在不断发展和完善,权利主体、客体、实施的义务主体都在不断扩大。由于 PLR 概念的内涵和外延不断扩展,PLR 的定义需要重新界定。

目前国际上有代表性的 PLR 概念主要有以下几种:

(1)国际 PLR 网站的定义

PLR 是指作者因其作品在图书馆被免费利用而享有补偿金的权利③。

(2)英国 PLR 网站给的定义

PLR 是指法律赋予作者因其图书在公共图书馆出借而享有补偿金的

---

① 英国公共借阅权运动的倡导者 Brigid Brophy 严厉批评"公共借阅权"术语不如其他同义词容易理解,从其字面意思常常让人误解此权利是公众向图书馆借书的权利。参见:Brophy B. *A Guide to Public Lending Right*[M]. Aldershot,Hampshire :Gower,1983 :41.

② 周忠海,阎建国. 中国知识产权法律实务大全[M]. 北京:北京广播学院出版社,1992 :101.

③ "PLR is the right of authors to receive payment for free public use of their works in libraries. "[EB/OL]. [2012 – 11 – 02]. http://www. plrinternational. com.

权利①。

(3)国际图联(IFLA)的定义

2005年4月,国际图联版权与法律事务委员会发布关于PLR的立场文件。在该文件中,IFLA认为PLR有两种不同的定义②:

a. 从其严格的法律意义上说,PLR应当是指一种版权,即赋予受保护作品的著作权人的一种有限的专有权利。在作品面向大众传播后,它授予著作权人许可或禁止其受保护的作品以实体形式进行公共借阅的权利。只有得到著作权人的许可,并由著作权集体管理机构向作者支付版税的情况下,才能对作品进行公共借阅。

b. 在一些情况下,PLR被视为"报酬补偿权",即作者(不一定是著作权人)因其作品向公众出借而拥有的获得补偿金的权利。如果某些国家选择建立"报酬补偿权",他们就将建立起适合本国情况的付酬标准,在一些(并非所有)情况下,这样做的目的是为了促进文化发展的需要。在一些国家,法律制度下的"报酬补偿权"作为"公共借阅权"(即a定义所指的法律意义)的一种替代形式,因而被认为是与版权相关的。在另外一些国家,"报酬补偿权"则完全不属于版权范畴。但是,无论是上述哪种情况,这种报酬补偿都不能被认为是支付给作者的版税。

(4)我国著名法学家郑成思先生是国内最早使用"公共借阅权"这一术语的学者。他认为:"PLR是指作者按其每本有版权的图书在公共图书馆中被借阅的次数收取版税的权利。"③

(5)江向东教授认为,"PLR是指作者因其版权作品在图书馆中被公众借阅而享有获得报酬的权利"④。目前国内研究者多采用这一定义。

(6)我国台湾地区的邱炯友教授认为,"PLR是指法律赋予作家或出版社因图书馆机构出借图书给民众可能影响该图书销路,因而由政府经费拨予该

① "PLR is the right for author to receive payment under PLR legislation for the loans of their books by public libraries." [EB/OL].[2011 - 11 - 02]. http://www.plr.uk.com/all-AboutPlr/whatIsPlr.htm.

② The IFLA positon on public lending right[EB/OL].[2012 - 11 -02]. http://www.if-la.org/en/publications/the-ifla-position-on-public-lending-right.

③ 郑成思. 知识产权法若干问题[M]. 兰州:甘肃人民出版社,1985:118.

④ 江向东. 版权制度下的数字信息公共传播[M]. 北京:北京图书馆出版社(今国家图书馆出版社),2005:146.

著作人补偿金权利"①。

笔者认为,对 PLR 定义要抓住其本质,即其属于版权人的一项权利,同时要兼顾其定义是否适合国际 PLR 制度的主流发展现状。从这两方面考虑,以上定义均存在不足之处。定义(1)将享有报酬的权利人局限于作者,PLR 的主体范围过小,客体范围却过大;定义(2)源于英国 PLR 法案,权利客体仅限于图书,作品利用方式仅限于出借行为;(3)定义对 PLR 的解释很全面、很具体,但外延过大,表述不够精炼;定义(4)对权利主体和客体的限定过窄;定义(5)对 PLR 主体范围限定过窄;定义(6)同样存在对权利主体和客体及作品利用方式过窄的问题。

笔者认为,PLR 的概念可以表述为:PLR 是法律赋予版权人和邻接权人的,由于其版权作品的原件或复制件被图书馆等公益性机构提供给公众利用而对其市场销售造成影响,因而由公共财政经费对权利人进行补偿的权利。

这个定义的内涵至少包含以下几个方面内容:

第一,PLR 的权利主体是多样的,既包括创作作品的作者和依法享有版权的相关权利人,也包括作品传播者——邻接权人,如出版者、表演者、录音录像制作者、广播电台、电视台等组织。

第二,图书馆向读者出借的是版权作品的原件或复制件,但 PLR 的权利客体不是作品的载体形式,而是指版权法所称的作品,包括文学、艺术和科学领域内具有独创性并能以某种有形形式复制的一切智力创作成果。享有版权保护的作品是获得 PLR 客体资格的前提条件。图书馆的出借行为并未导致作品的商品所有权转移,而是构成了对作品的利用,这种利用方式与复制、翻译和改编作品相似。

第三,PLR 实施的义务主体是公益性借阅机构,既包括公共图书馆、科研图书馆、学校图书馆等公益性图书馆,还包括未使用"图书馆"名称的公益性借阅机构。

第四,作品利用的方式不仅包括出借,还包括馆内阅览。本定义笼统地使用"利用"来概括两种作品利用方式。作品利用方式决定 PLR 补偿金的计算方式。

第五,PLR 立法的起因是版权人和邻接权人因为图书馆等公益性机构的

---

① 邱炯友,曾玲莉. 公共出借权之演进与发展[J]. 台北市立图书馆馆刊,2003,21(1):62—78.

借阅活动而造成经济收入受到影响,因而得到国家财政的补偿。

第六,PLR 补偿金来源于公共财政经费,既包括中央政府或地方政府拨款,也包括政府通过图书馆转移支付的专项费用。

需要指出的是,笔者所认为的 PLR 概念的外延仅限于版权角度,因此该概念并不能适用于所有国家。少数国家不承认 PLR 是版权人应有的一项权利,而是将 PLR 当作文化奖励政策或者仅给予权利人报酬补偿权。

2.1.2　公共借阅权的特征

PLR 作为法律赋予版权人和邻接权人的一项法律权利,具有版权的基本特征,同时又有着与其他版权财产权不一样的特征,概括起来有如下几点:

(1)PLR 本质上是一项版权权利

PLR 具有版权法所规定的权利主体、权利客体、权利内容、权利限制等基本要件,其权利归属于版权人和邻接权人,客体是非物质性的作品,权利人享有获得报酬权[①]。因此,PLR 契合版权法追求的保护作者和作品传播者合法利益的立法目标,符合版权的法律特征,其本质上属于版权中的财产权。虽然有一些国家不承认 PLR 属于版权,但其立法内容具有版权法的基本特征,所以不影响 PLR 的本质属性。

(2)PLR 属于法定许可制度

PLR 立法的起因是补偿版权人或邻接权人因为其作品在图书馆利用而产生的经济损失。虽然不少国家将 PLR 纳入版权法保护体系,授予版权人和邻接权人一项排他性的专有权,可以许可和禁止图书馆出借其作品。但是在其他条款中通常又排除这种专有权,将其降为由版权集体管理机构或专门机构来代为主张的公平获酬权。EC92/100 指令第 5 条第 1 款也有类似规定[②]。如果权利人有许可和禁止图书馆出借其作品的专有权,势必严重影响图书馆正常的文献采购工作,进而阻碍公众获取知识的权利和公共

---

① 傅文奇,马小方. 公共借阅权:概念、特点和立法模式[J]. 图书馆学研究,2010 (11):2—5.

② 该条款规定:成员国可以在公共出借领域排除第 1 条所赋予的专有权,但至少应当保证作者对于此种出借获得报酬。参见:(英)尼格尔. G. 福斯特(Nigel G. Foster). 欧盟立法(2005—2006)下卷:次级立法 英国国内法 欧盟—中国关系协定[M]. 何志鹏,等,译. 北京:北京大学出版社,2007:585.

利益的实现。因此,PLR 赋予权利人的其实是一种获取报酬的权利,其本旨并非是对作品的控制,而是属于法定许可制度①的一种类型。

(3)各国 PLR 立法差异大

由于各国 PLR 立法背景不同,导致 PLR 的权利性质和立法宗旨也不尽相同。这导致各国 PLR 立法和制度实施差异很大。PLR 立法内容主要涉及权利主体、权利客体、实施的义务主体、补偿金的来源、计算和分配等多个方面。如果采用不同的立法模式,立法内容就有较大差异。即使是将 PLR 纳入版权法体系加以保护的国家,其立法内容也不尽相同。例如,欧盟委员会允许成员国在遵守 EC92/100 指令的前提下,可以根据本国国情进行立法调整。可以说,没有哪一个国家 PLR 的立法例完全相同,各国的立法例都是不同利益群体相互博弈的结果,国际 PLR 保护一体化很难实现②。

(4)PLR 兼顾社会公共利益原则

权利人获得的 PLR 补偿金不像其他版权财产权来自于作品的使用者。作为保障公民平等信息权利的公共图书馆,其提供的公共借阅服务虽然不属于版权法规定的合理使用范围,但由读者负担支付 PLR 补偿金的义务显然违背了国家设置公共图书馆的目的④。而由公共图书馆支付 PLR 补偿金也是不现实的,图书馆属于非营利性单位,其运行费用主要来源于国家财政拨款,不可能具有雄厚的财力承担起支付补偿金的义务。因此,PLR 补偿金最终得落实到公共税收,即来源于政府公共财政支出。由国家支付 PLR 补偿金相比其他支付主体来说,对权利人的补偿最有效、最稳定,同时兼顾社会公共利益原则。

(5)PLR 的实施有一套复杂的程序

在版权法中,权利人难以行使的一些"小权利"一般集中交给著作权集体管理组织。然而,PLR 作为一种制度,其实施比其他版权权利更为复杂,不仅专门的管理机构负责权利的管理事务,而且需要 PLR 实施的主要义务主体——图书馆提交相关数据完成补偿金的计算。PLR 补偿金的计算方式主

---

① 法定许可制度,也称"颁布法律许可证使用"制度,它是指根据法律的直接规定,以特定的方式使用他人已经发表的作品,除版权人声明不得使用外,可以不经版权人许可,但应向版权人支付使用费,并尊重版权人其他各项人身权和财产权的制度。

②④ 傅文奇,马小方.公共借阅权:概念、特点和立法模式[J].图书馆学研究,2010(11):2—5.

要依据作品的出借次数、馆藏复本数、馆藏种数和购书经费的固定比例等4种方式。制度实施的基本程序是:由专门的机构负责受理权利人的申请和资格审查、权利继承或转让等工作,并通过图书馆汇总数据推算每单位文献获得的补偿金,最后决定向权利人支付报酬。

(6)PLR保护地域性强

PLR是一种特殊的版权,国际版权公约并没有将其纳入保护的对象。EC92/100指令对以版权模式立法的国家有约束力,要求成员国保护彼此之间的PLR。但非版权模式立法的国家采取国籍原则、互惠原则来保护本国文化利益。例如,在北欧诸国,只有拥有本国国籍的公民或长期居住的公民才有资格享有PLR;英国与德国、荷兰等国通过签订双边互惠协议保护本国作者的利益。可以看出,PLR的地域性特征明显与国际版权公约所强调的国民待遇原则①相违背。

(7)PLR立法有力地促进本国文化事业的发展

各国对PLR立法的目的有一点是相同的,即促进本国文化事业的发展,这与版权法立法的宗旨是一致的。各国PLR补偿金的分配方式各不相同,而且数额相差很大。有的国家甚至补偿金用做权利人的社会福利基金,用于支付他们的养老金、保险金和救济金。权利人不仅得到了一些经济利益,最主要的是精神上获得了公众更多的尊重。很多作者由此激发创作热情,生产出更多的精神文明成果。PLR的立法事实上起到了激励本国作者的创作热情,维护和弘扬民族文化的积极作用。

2.2　公共借阅权与相关权利辨析

2.2.1　公共借阅权与出借权

PLR和出借权(Lending Right)这两个术语非常相似,国外有的文献将两者混合使用,认为两者是同一个意思。但在阅读国外文献中,笔者发现将PLR

---

①　例如,《伯尔尼公约》第5条第1款对国民待遇原则作出规定:就享有伯尔尼公约保护的作品而论,对于一个成员国中最初产生的作品,其作品或者是该国国民或者是该国有长期住所的人或者是该国首次出版其作品的人,在每一个其他成员国享有法律现在给予和今后可能给予其国民的权利,以及本公约特别授予的权利。

纳入版权法体系的德国、荷兰等国较多使用"出借权"术语,北欧国家则基本上不用这个术语。笔者以为有必要将这两个概念作个比较,特别是 EC92/100 指令①突出了出借权的法律地位,有意区分出借权与 PLR 的不同。

EC92/100 指令对出借权作了明确的解释。指令第 1 条第 1 款规定,出借权是指权利人许可或禁止有关机构出借其权利客体的权利;第 1 条第 3 款规定:"出借"必须是向公众开放的机构非为直接或间接的经济或商业利益而将出借权客体在限定的时间内交付他人使用的行为②;第 5 条第 1 款规定,成员国可以在公共出借领域排除第 1 条所赋予的专有权,但至少应当保证作者对于此种出借获得报酬③。由此可以看出,"出借权"可以是一项权利人拥有的专有权利,这种专有权利可以减损为法定许可权利,权利人仅享有获得报酬权。可以说,版权法框架下的出借权与基于版权模式立法的 PLR 内涵是相同的。

本章第一节已对 PLR 作了较完整的定义,通过对两个概念内涵的比较,笔者认为,PLR 和出借权是种属关系,前者包含后者,其权利的属性种类多于后者,除了具有版权性质外,还有非版权性质的报酬补偿权和文化奖励措施。

2.2.2 公共借阅权与公开表演权

西方作家最初争取 PLR 时,无不举出公开表演权(the performing right)作比较对象。他们认为,既然有版权的乐曲每一次公开演奏都有报酬,为什么有版权的著作每一次由图书馆公开出借不能得到报酬呢? 音乐作品的公开演奏与提供图书给大众阅读,都构成了对作品的重复使用,因此作者理应得到公平的经济权利。这种保护作者权益的认识,得到了西方国家普遍的赞同,PLR 的立法有了可资参照的法律依据。

---

① EC92/100 指令自 1992 年 11 月颁布以来,历经多次修订。最新的版本是 2006/115/EC。新旧版本有关出租权和出借权的内容没有变化。下文引用指令条款仍依据 EC92/100 版本。

② Art. 1 para 3: "lending" means making available for use, for a limited period of time and not for direct or indirect economic or commercial advantage, when it is made through establishments which are accessible to the public. 指令在前言中规定,出借不包括在公众可以接触到的机构之间实现出借。

③ Art. 5 para 1: Member States may derogate from the exclusive right provided for in Article 1 in respect of public lending, provided that at least authors obtain a remuneration for such lending.

作家强调的公开表演权,实为机械表演权。机械表演是相对于演员的现场表演而言,是借助录音机、录像机等设备将前述表演公开传播,即以机械的方式传播作品的表演。许多国家对音乐作品的演奏都有这样的法律规定,"若非合理使用或著作权法另有规定,音乐作品的公开演奏都须经著作权人授权或支付报酬"。《伯尔尼公约》第 11 条第 2 款也有类似的规定:"戏剧作品、音乐戏剧作品和音乐作品的作者享有授权用各种手段公开播送其作品的表演和演奏。"

从策略上看,作者以公开表演权作为争取 PLR 的手段是非常成功的,两者确实在对作品的重复利用和管理上都有相同之处。但是,从传播范围上看,图书借阅是私人借阅行为,而机械表演是商业性公开行为,图书借阅的传播范围远比机械表演范围小得多,从而给权利人造成的经济损失也就比后者更小,引发权利人关注和抗争也就更少了。因此,PLR 的立法比公开表演权的立法困难得多。

2.2.3　公共借阅权与出租权

研究者对 PLR 与出租权(Rental Right)的关系认识并不一致。郑成思认为 PLR 实质上也是一种出租,只不过租金不是由借阅人直接支付,而是由国家拨款支付①。也有其他学者认为,PLR 是国家为了弥补权利人的损失,并由国家拨款支付,不是完全意义上的出租②。因此,我们有必要辨析 PLR 和出租权的不同和关系。

出租权为版权人或者邻接权人的经济权利,主要为权利人通过许可他人出租其版权作品而获取相应报酬,以补偿其利益损失,维持权利人利益与公众利益的平衡。其权利内容为许可权、获酬权。EC92/100 指令第 1 条第 2 款规定,出租是指"在限定的时间内为了直接或间接的经济或商业利益而提供使用"③。

通过比较 PLR 和出租权概念内涵、特征和立法情况,两者的相同点和不同点可以概括如下。

PLR 和出租权的相同点主要有三点:①两者权利主体相同,包括作品的

---

① 郑成思.知识产权法[M].北京:法律出版社,1997:390.

② 刘凯.著作出租权相关制度研究[J].电子知识产权,2003(12):10—13.

③ Art. 1 para 2:"rental" means making available for use, for a limited period of time and for direct or indirect economic or commercial advantage.

创作者和作品的传播者,即版权人和邻接权人。②两者都是在作品传播中法律赋予权利人的一个具体财产权权项。③在权利限制方面,出租权和出借权作为一种经济权利,都受到合理的权利限制。如 EC92/100 指令允许成员国采用法定许可制度对 PLR 和出租权实行强制集体管理,即不允许权利人自己行使用权报酬请求权,而只能由代表其利益的集体管理机构来行使。

PLR 和出租权的不同点主要有六点:①在权利主体方面,PLR 的权利主体资格受到的限制更多,有的国家规定国籍、语言的限制或者权利人的作品需要满足规定的条件;出租权的权利主体资格没有特殊的限制。②在权利客体方面,多数国家 PLR 的权利客体侧重于印本图书,而多数国家出租权的权利客体侧重于电影制品、录音制品和计算机软件。③在作品利用行为方面,PLR 涉及图书馆等非营利性公共机构的作品借阅行为;而出租权涉及营利性机构的作品租赁行为。④在版权使用费来源方面,PLR 费用来源于中央政府或地方政府,由政府拨款向权利人支付 PLR 补偿金;出租权费用则由从事出租业务的经营者向代表版权人利益的著作权管理组织支付版权使用费。⑤在立法动因方面,PLR 的产生缘于上世纪初不断发展的公共图书馆的借阅活动影响了作家的版税收入,在北欧作家的积极游说下,最终在议会上通过立法;而出租权的产生是因为上世纪 80 年代以来音像制品的大规模商业性出租,影响音像制品的销售,特别是 90 年代计算机软件的出租以及由此引起的广泛复制,严重损害了版权人的经济利益,由此引起各国政府的关注,从而加强对出租权的立法支持。⑥在立法速度方面,出租权立法的时间虽然晚于 PLR,但在立法速度上远远快于PLR,国际上对出租权立法的重视程度远高于 PLR,如《与贸易有关的知识产权协议》(简称 TRIPs)第 11 条专门设置出租权条款。

但是,有的国家并没有将 PLR 和出租权分开,而是将两种权利混合成一种新的权利,如日本。日本《版权法》赋予表演者、录音制品制作者和电影作品制作者一项借贷专有权①,这种"借贷"包括以有偿或无偿的方式使他人取

---

① 日本版权法第 26 条第 3 款规定:著作人享有以借贷复制品(不包括复制下来的电影著作物的复制品)的方式将电影著作物的复制品提供给公众的专有权。

第 95 条第 3 款规定:表演者对将其表演录音而灌制的商用唱片,享有通过借贷提供给公众的专有权。

第 97 条第 3 款规定:录音制品制作人享有通过向公众借贷唱片的复制品、将唱片提供给公众的专有权。

得作品复制件使用权的行为。

2.2.4　公共借阅权与版权补偿金比较

版权补偿金(copyright levy)立法首见于联邦德国1965年《著作权法》。其初衷是通过从可能被用以侵害复制权的录音、录像设备或空白录音、录像带中收取一定金额,以解决私人复制对版权人经济利益的侵犯,它既满足了消费者进行私人复制的实际需要,又使版权人获得了一定补偿①。PLR也是一种补偿金制度。

PLR和版权补偿金的相同点主要有四点:①两者都是补偿金制度。其特点是强调"补偿",核心权利为获得报酬权②。补偿金制度的最大特点是"双向限制性",一方面极大地制约了权利人的权利行使,使其绝对权利降格成为一种获得合理报酬的权利;另一方面又使公众利用作品的行为受到限制,使法律原本认同的许多合理使用行为变成了法定许可③。②两者的权利主体相同,都包括版权人和邻接权人。③两者立法目标相同,在一定程度上实现了版权和邻接权保护与使用者间的利益平衡。④各国在两者立法中差异都很大,都要根据本国国情建立法律实施制度。

PLR和版权补偿金的不同点也有四点:①在补偿的原因方面,PLR是为了补偿权利人因版权作品在公益性机构利用而造成的经济损失,版权补偿金是补偿权利人因私人非商业性复制遭受的损害。②在补偿金的来源方面,PLR补偿金基本来源于国家或地方政府的财政预算拨款,除个别国家PLR补偿金来源于其他渠道,如法国补偿金的50%来源于图书经销商;而版权补偿金来源于复制设备和(或)存储介质的厂商或销售商,考虑到复制设备和存储介质最终要由消费者来购买,所以补偿金实际上最终是由消费者支付。③在补偿金的计算方法方面,PLR补偿金计算更加精确,通过抽样图书馆统计推导出全国图书馆的利用情况,再测算每种(册)书的单位补偿金费率;而版权补偿金主要根据设备或载体的固定金额或销售定价的一定比例作为收取补

---

① 曹世华.论数字时代的版权补偿金制度及其导入[J].法律科学,2006(6):143—151.

② 许波,马海群.从公共借阅权制度到数字版权补偿金制度的理性思考[J].情报资料工作,2006(4):69—71.

③ 秦珂.版权补偿金制度和数字图书馆版权问题[J].情报理论与实践,2005(2):155—158.

偿金的标准。④在补偿金的管理方面,PLR 补偿金管理主体多种,除了著作权集体管理组织外,还有国家图书馆、文化部属机构或者专门管理机构;而版权补偿金的管理机构通常只有著作权集体管理组织。

2.3 公共借阅权与相关原则的冲突

2.3.1 公共借阅权与合理使用原则的冲突

（1）PLR 对合理使用制度造成冲击

合理使用(fair use)是指在特定情况下,使用人可以不经过版权人的许可,也无需支付报酬即可使用该享有版权作品的制度。它是版权法中对版权人权利最为重要和应用最为广泛的限制方式。历史证明,在版权领域,作为使用者的一种消极权利,合理使用从产生之日起就发挥出重大的作用,它维持了"理性的公平正义原则",消除了作品传播中的市场失灵,缓解了独占的著作权与公众信息获取及言论自由之间的冲突,维护了个人利益和公共利益之间的平衡①。

图书馆借阅活动是图书馆最基本的服务方式,原是大多数国家版权法不干涉的发生在最终用户之间的行为。读者的借阅行为被视为为了学习、研究和欣赏的目的,可以不经版权人许可,不向其支付报酬而使用其作品的合理使用权利。但随着公共图书馆事业的发展和图书馆借阅规模的扩大,版权人的经济利益不可避免地受到影响。由此,越来越多国家的作家为了他们的经济利益要求政府给予他们 PLR,补偿他们因其作品在图书馆利用而造成的经济损失。一些政府同情作家的经济困境,开始在法律体系内承认 PLR。这也意味着,读者在公共图书馆的借阅行为不再是合理使用,需要付费阅读。但是,公共图书馆作为公众获取知识和信息的一种制度安排,承担了重要的社会责任,追求的是知识和信息传播的社会效益最大化,其作为公众权益的代表,必然以读者利益的最大化为目标,不可能要求读者付费借阅文献。因此,PLR 补偿金最终还得由政府负担。但是并非所有政府愿意负担这笔不菲的公共财政支出。公共财政支出就像切一块大蛋糕,一个地方多了,另一个地

---

① 肖尤丹. 冲突与协调:网络环境下合理使用的合理性考察[J]. 知识产权,2006(6):21—26.

方就可能少了。例如,荷兰和卢森堡两国要求图书馆负担一定比例的补偿金,这就可能造成图书馆购书经费的下降,荷兰一些公共图书馆通过有偿服务向读者收取费用以支付这笔补偿金,增加了读者的阅读成本,影响了图书馆的服务质量。

（2）PLR 与合理使用原则冲突的根源分析

PLR 与合理使用冲突的实质在于权利人要求的报酬补偿权和读者的免费借阅权之间的冲突,权利人 PLR 的行使挤压了读者合理使用的空间。目前绝大多数国家的版权法和相关的国际版权保护条约并没有图书馆的公共借阅行为属于"合理使用"性质的条款。《伯尔尼公约》和《与贸易有关的知识产权协议》均规定了国际上通行的合理使用"三步检验法",即限于一定的特例、不与作品的正常利用相冲突、不得不合理地损害版权人的合法权利。图书馆作为公共机构,虽然不以营利为目的,但对书刊文献的大量廉价传播与利用使公众对作品的需求得到很大的满足,明显不符合"三步检验法"的第三原则,影响了作品的潜在市场和价值。从国际版权加强保护的发展趋势看,版权法的每一次修改都是对合理使用范围的压缩,即使再次修改国际版权条约或者各国的版权法,图书馆的公共借阅行为也不可能被纳入合理使用的范围。

（3）PLR 与合理使用原则冲突的协调

从 PLR 立法的初衷和实施成效来看,PLR 制度是维持版权人或邻接权人、图书馆和读者利益平衡的最佳模式。协调 PLR 与合理使用原则冲突的路径有:一是政府通过财政专款支付所有的 PLR 补偿金费用,不影响图书馆正常的业务工作,读者仍然享受免费借阅文献的权利;二是免除某些公开借阅服务单位支付补偿金的义务,如 EC92/100 指令第 5 条第 3 款的规定,各国可以根据情况免除个别公共机构承担 PLR 补偿金的义务,读者在规定的机构内借阅文献,仍然适用合理使用原则。

总之,PLR 与合理使用原则在法理方面存在一定的冲突,但是在 PLR 实施中,绝大多数政府通过财政专项拨款的形式支付 PLR 补偿金,并没有妨碍公众免费利用图书馆的权利,从而化解了 PLR 与合理使用原则之间的矛盾。因此,从这个意义上说,PLR 制度是对合理使用制度的一种补充,有利于公众免费利用信息资源。

2.3.2　公共借阅权与权利穷竭原则的冲突

国外 PLR 立法早期并不被纳入版权法体系,最主要的原因是如果 PLR 纳入到版权法体系,权利穷竭原则将成为 PLR 制度实施的最大障碍。一般认为,图书馆购买图书后就有权采取各种方式处置图书,包括最常见的出借和阅览的方式,作者没有权利对销售后的图书进一步控制。国内也有研究者认为 PLR 与权利穷竭原则相冲突,一个是限制著作权人对图书自由流通的控制,一个是允许著作权人对图书自由流通的控制,因此,在一个国家如果采纳权利穷竭原则,则不能同时又设立 PLR 制度,反之亦然①。事实果然如此吗?笔者认为应从法理上理解 PLR 与权利穷竭原则的关系。

权利穷竭(exhaustion of rights)又称为权利用尽或权利耗尽,由于与首次销售密切相关,因此又被译为"首次销售原则"(principles of first sale)②。它是指在知识产权领域,知识产权人或其授权人将知识产品第一次置于市场流通后,他对于被销售出去的那部分知识产品的再次销售就无权控制了,也就是说,权利人相关的知识产权即告"穷竭"。权利穷竭是著作权法中一项不可或缺的重要制度,它是立法者为了消除作品原件或复制件自由流通的障碍,平衡作品创作者、传播者和使用者之间的利益关系而创设的一项法律制度。权利穷竭原则在各国和地区的知识产权法律中均得到了体现。例如,美国1976 年《著作权法》第 109(a)条规定:"尽管有第 106 条第(3)项的规定,依据本法合法制成的特定的复制件或录音制品的所有者,或者经该所有者授权的任何人,无须经版权所有者的许可,仍然有权出售或以其他方式处置该复制件或录音制品的占有权。"③

但是,我们应该看到立法不是一成不变的。从最早将 PLR 纳入版权法体系的德国立法变化可以看出 PLR 立法如何突破权利穷竭原则的障碍。德国

---

① 赵静雯,赵怀生.关于公共借阅权的几个问题[J].图书与情报,2007(4):63—71.

② 一般而言,在欧洲多使用"权利穷竭"一语,而美国则习惯用"首次销售"一词。

③ 第 106 条第(3)项规定有版权作品的专有权利包括通过出租或出借,向公众发行有版权作品的复制件或录音制品。但第 109(a)条对 106 条第(3)项作了限制规定,即版权人享有专有性出租权和出借权被权利穷竭原则排除,版权人无法获得报酬权。参见:《中外版权法规汇编》编写组.中外版权法规汇编[M].北京:北京师范大学出版社,1993:229,233.

在 1901 年和 1907 年版权法中明确规定权利穷竭原则,当作品首次销售后,版权人的权利耗尽,其专有权没有延伸到复制件的出借。联邦德国 1965 年《著作权法》第 17 条第 2 款①重申该原则,但在第 27 条规定营利性出租必须向权利人支付赔偿。1972 年修订的版权法对第 27 条第 1 款作了修改,规定免费出借应向著作人支付报酬②。由此,德国率先打破权利穷竭理论壁垒,为 PLR 的版权立法提供了法律典范。EC92/100 指令第 1 条第 4 款也明确规定权利穷竭原则的例外③。

　　笔者认为,正因为图书馆事业的发达导致版权人经济利益受到损失,利益的天平再一次失衡,版权权利穷竭原则不得不面临新的调整。因此,PLR 立法以民法中的非常损失规则为理论依据,符合公平、效益的法律价值,它从某种程度上削弱了权利穷竭原则,体现为对版权限制的反限制,合理地保护了版权人的权利。

　　世界上并非所有国家承认权利穷竭原则。欧洲大陆法系有的国家就不承认该原则,如法国和比利时,两国作者有绝对控制其作品利用的专有权利。如果法国作家在图书题名页上标明严禁出借的字眼,法国法律允许作家对其作品出借。比利时也有相同的法律规定。但两个国家有"droit-de-suite"(追及力)条款,规定对于图书或其他非营利性文献并不适用④。

　　综上所述,将 PLR 纳入版权法体系的前提是在版权法中规定权利穷竭原则的例外,以此解决 PLR 与权利穷竭原则的冲突。

---

　　①　该条款规定:如果著作原件或复制物经在本法适用范围内传播的权利人的同意以让与的方式进入流通领域,则允许对该著作对再次传播。参见:《中外版权法规汇编》编写组. 中外版权法规汇编[M]. 北京:北京师范大学出版社,1993:331.

　　②　该条款规定:如果出租或出借第 17 条第(2)款允许再次传播的著作复制物是用于出租者或出借者的营利目的或者通过公众可到达的机构(图书馆、唱片中心或其他复制中心)出租或出借复制物,则应向著作人支付适当报酬。该获酬权项只能通过实施机构主张。参见:《中外版权法规汇编》编写组. 中外版权法规汇编[M]. 北京:北京师范大学出版社,1993:333—334.

　　③　该条款规定:第 1 款中所指的权利不应该通过任何销售或其他原版本的发布和版权的复制件以及第 2 条第 1 款中所列的销售行为而使其用尽。

　　④　Seemann E. A. A Look at the Public Lending Right[D]. USA:University of Miami,1981.

2.3.3 公共借阅权与公共利益原则的冲突

公共利益目前尚无一个通用的、令人满意的定义,但其作为一个法律概念,通常被认为是社会中大多数人共享的正当利益。而 PLR 立法的主要目标是保护版权人和邻接权人的经济利益。版权人和邻接权人的数量在社会人口总数中毕竟处于少数,从这个角度看,PLR 的立法似乎与公共利益原则产生冲突。国内有研究者认为 PLR 制度是维护版权人个人利益的制度,如果在公共资源无法同时满足公共图书馆制度的公益和 PLR 制度的个人利益时,应当优先维护公共图书馆制度的公共利益①。甚至还有人认为实施 PLR 在实质上损害了公共利益,加重人民现已不轻的负担,阻碍国民素质的提高②。笔者认为以上观点是片面的,从法理上来说是站不住脚的。主要理由有以下三点:

首先,PLR 是一种特殊的版权,其权利受到很大限制。权利人实际上不能享有专有权,无法许可或禁止图书馆借阅权利人的版权作品,权利人仅享有报酬补偿权。有的国家将 PLR 单独立法,视其为社会福利或文化政策,权利人在经济利益的补偿上往往让位于公共利益,权利人的补偿得不到充分保障。

其次,PLR 在实施中充分顾及公共利益原则。在已实施 PLR 制度的国家,绝大多数国家的 PLR 补偿金来源于国家财政专项拨款,并非由图书馆的读者或图书馆支付这笔费用,没有动摇图书馆的公益性质,阻碍图书馆免费借阅活动的开展;而且,不少国家对补偿金的支付规定最高和最低的限额,既防止高收入的畅销书作者再次获得过高的补偿金,造成更大的贫富不均,又达到对多数版权人实现物质奖励和精神奖励的双重目的。

再次,公共利益具有可还原性③。虽然公共利益具有普遍性,但并不说明公共利益是脱离个人利益而存在的。公共利益来源于社会成员的个人利益需求,其价值取向就是为了个人利益和个人尊严的维护和实现,公共利益也由此获得了存在的正当性。PLR 立法的目标除了保护版权人的利益,而且促

① 王晓军.论公共图书馆制度的公共利益优先原则:以与公共借阅权制度相比较为视角[J].图书情报知识,2008(4):41—48.

② 郑庆胜,易晓阳.略论 WTO 对中国图书馆馆藏和服务的影响[J].大学图书情报学刊,2003(1):33—34,56.

③ 韦景竹.版权制度中的公共利益研究[M].广州:中山大学出版社,2011:38.

进文化事业的发展。PLR 激励下的作品越丰富,形式越发达,由"私有"重构而来的"公共领域"才能越具生机和活力。文化事业的发展符合社会上大多数人的利益。因此,从某种意义讲,对 PLR 的立法实质上是国家通过保护版权人经济利益来谋求和扩大公共利益的一种手段。

综上所述,PLR 作为权利人的一项较弱的财产权,其在立法和实施中避免了权利滥用和过度的权利垄断,维护图书馆事业的发展,既使私人经济利益得到保障,又在一定程度上维护了公共利益。因此,我们在看到 PLR 与公共利益相互冲突的同时,也应当看到 PLR 与公共利益相互统一的另外一面。

2.4　公共借阅权的理论基础

PLR 的理论基础是指 PLR 立法的哲学思想和价值取向。世界各国政治制度和文化传统的差异、经济发展水平的不同,再加上受到不同法律传统和法律哲学思想的影响,PLR 立法的理论基础有很大差别。对于 PLR 的一些核心问题,如 PLR 能够作为一种权利的形态存在吗? PLR 是一种特权还是一项权利? 政府给予的 PLR 补偿金是政府的恩赐还是政府的义务? 以下从法哲学基础、社会经济基础和文化基础三个方面探讨 PLR 存在的理论基础。

2.4.1　公共借阅权的法哲学基础

PLR 作为一种法律制度,其产生和发展有其自身的合理性。劳动财产论和财产人格论为 PLR 的正当性提供了很好的论证。

(1)从劳动财产论看 PLR 权利形态的正当性

劳动财产论作为自然法哲学理论中的一个分支,从劳动的角度为财产权的发生提供了正当性,经常被用来解释知识产权的正当性。劳动财产论思想起源于古罗马。在对待占有的问题上,罗马人最早确认了"一个人通过自己的劳动和努力所创造的东西属于他自己"的观念[①]。英国哲学家约翰·洛克在其《论政府》(下篇)中提出的有关获得财产的自然劳动论是劳动财产论集大成者。他从自然状态出发,认为人对自己的身体享有财产权,由此对自己身体里的劳动享有财产权。当一个人享有财产权的劳动施加在无主物上,使

---

① 冯晓青. 知识产权法哲学[M]. 北京:中国人民公安大学出版社,2003:6.

无主物脱离自然状态或改变了它的自然状态时,这个人就享有了其施加了劳动的无主物的财产权,从而说明财产权的来源和其正当性。洛克对通过劳动获得财产的正当性加以论述的同时,也对取得财产权条件与财产权的范围进行了限制。洛克要求一个人通过劳动取得财产时,"至少还留有足够的、同样好的东西给其他人所共有"①。洛克的劳动财产理论虽然产生于一个有形财产居于主导地位的时代,但其理论可以应用到无形财产上②,从整体上为 PLR 提供比较好的理论基础。

根据劳动财产论观点,作者在作品创作中付出了劳动,理应获得一定的报酬,即作者因创作作品享有财产权。PLR 的立法体现了法的正义价值,使用他人作品就应当支付适当报酬。欧洲早期发起 PLR 运动的作家在争取权利时,有意识地将 PLR 与公共表演权作比较,认为既然作曲家因为其作品每次公共演奏都可以获得报酬,为什么他们的作品在图书馆被利用不能获得报酬权。他们的权利要求逐渐引起政府的重视。图书馆的公众借阅行为虽然出于学习、研究、教育等目的,但各国著作权法和国际公约中均未规定公益性图书馆的借阅活动属于合理使用的范围。公共借阅机构自身并未营利,但它这种廉价的传播方式必然要影响到著作权人的利益,因而公共借阅行为同样要经著作权人的许可并向其支付相应的报酬。

以作者权益为保护重心的"个人本位"强调了作者的个人利益,但绝对的、放任的"个人本位"容易导致作者权利的滥用,作品垄断者若索取高额报酬将会阻止精神产品进入市场,限制社会公众对作品的利用,阻碍科学文化事业的发展。这个问题的棘手之处就在于"没有合法的垄断就不会有足够的信息生产出来,但是有了合法的垄断又不会有太多的信息被使用"③。因此,对 PLR 的限制是法律直接追求公益的表现。对权利人的权利限制包括作品的法定许可使用、权利保护期限以及权利主体、权利客体的限制等等。对 PLR 的限制,有利于保护公共利益,实现作者、传播者和作品利用者三者的利益平

① (英)洛克.政府论:下编[M].叶启芳,瞿菊农,译.北京:商务印书馆,2004:24.
② 阿根廷著名学者斯伯克特对洛克的劳动财产论应用到无形财产领域作了解释,他认为洛克所说的"身体"包括"头脑","劳动"包括"智力劳动",无主物包括"被发现之前的所有思想和理论"。参见:韦景竹.版权制度中的公共利益研究[M].广州:中山大学出版社,2011:74.
③ (美)罗伯特·卡特,托马斯·尤伦.法和经济学[M].上海:三联书店,1991:185.

衡,体现了洛克的财产权限制的思想。

（2）从人格财产论看 PLR 权利形态的正当性

用来解释对包括知识产权在内的抽象物和无形财产的另一个传统的法哲学思想是由康德、黑格尔等人建立起来的人格财产论。康德提出了著作权属于人格权的学说,他认为作品不仅仅是作者的财产,它不是一种随便的商品,从某种程度上讲,是作者人格的延伸。黑格尔在其《法哲学原理》中从强调个人人格重要性的角度来论证财产权,他同样认为财产是人格的体现和延伸,人格要实现自由,必须要实现对财产的控制。康德和黑格尔的观点被认为是"作者权"产生的哲学基础。在康德、黑格尔人格财产论的影响下,大陆法系国家建立了以"天赋人权说"为指导思想的版权制度,主张版权是一种天赋的人权(human right),是一种自然权利,重视对作者精神权利的保护,当经济权利的行使与作者的精神权利发生冲突时,精神权利具有优先保护效力。

由于欧洲大陆法系国家认为版权是绝对的人权,进而认为对任何版权作品的利用都必须给予经济补偿。因此,当欧洲作家针对蓬勃发展的公共图书馆免费借阅活动开展 PLR 运动争取补偿金时,很多欧洲人支持作家的主张,他们认为对作家版权作品的保护是一种基本人权,这种权利是永久的、不可转移的、不因法律变动而改变。德国最早将 PLR 纳入到版权法体系的原因正在于该国属于大陆法系国家,具有 PLR 立法的深厚土壤。

综上所述,劳动财产论和财产人格论为 PLR 的正当性提供了理论依据。两种理论阐释 PLR 立法的理由基本一致,强调版权人享有的 PLR 是一项"自然权利",认为只要作者的版权作品在公共机构内被读者利用就有权获得财产权,不受他人和国家及法律的支配。我们可以称这种立法主张为"自然权利说"。

2.4.2　公共借阅权的社会经济基础

马克思主义认为,在一切社会发展的因素中,经济因素是所有社会意识形态的决定力量和最终源泉。任何人都无法回避作为基本生存和发展需要的社会经济因素的强大作用,它是决定人们社会意识的最终因素。PLR 的出现也不例外,其产生有广泛的社会经济基础。

（1）作家的贫困处境需要得到政府的救助

通常作家的收入取决于其著作的销售量和出版商给付的固定版税。不可否认,有一些作家的收入来源于额外的收入,如长篇连载、改编为电影剧本、翻译成其他语种等其他由原作品衍生的权益,但大多数作家很难从中获得收入。1972 年英国对著作者协会(the Society of Authors)3250 个成员中过半数作者的写作收入情况进行了调查,超过半数的被调查者写作收入不及全国年平均工资 1500 英镑的三分之一①。1979 年美国哥伦比亚大学对 225 名本国作家收入作了调查,发现他们写作年收入的中位数为 4775 美元,有 10% 的作家年收入超过 45 000 美元,50% 的作家年收入少于 5000 元;46% 的作家除了写作外,还有其他职业;调查结论是多数作家仅靠写作很难谋生,多数作家年收入处在贫困线以下②。其他国家也有类似情况,如丹麦只有 11% 的作者能够依靠版税生活,60% 的作家写作收入仅占其收入的 20%③。因此,不少国家在建立 PLR 制度时即基于这样一个事实,即本国作家收入偏低的情况。

美国哲学家罗尔斯在《正义论》的开篇即指出,正义是社会制度的首要价值④。他认为,作为一种公平的正义观包含两个最基本的原则:第一个原则要求平等地分配基本的权利和义务;第二个原则认为,如果社会和经济平等只要其结果能给每一个人,尤其是那些最少受惠的社会成员带来补偿利益,它们就是正义的⑤。政府在进行制度设计时,应当给社会的最少受惠者以最大程度的保障。作家通常被视为国家重要的人力资源、文化事业的栋梁,如果他们的经济困境没有改变,从事创作的作家势必会越来越少,国家的文化事业也将会萎缩。因此,从正义的角度出发,政府有义务也必须对社会上的经济贫穷的作家救助,促进社会正义的实现。政府给予作家因公共图书馆出借其作品而造成经济损失的补偿金,就是政府帮助作家实现社会正义的途径之一。

---

① Astbury R. The Situation in the United Kingdom [J]. *Library Trends*, 1981, 29(4): 661—685.

② Mayer D. Y. Literary Copyright and Public Lending Right [J]. *Case Western Reserve Journal of Int' l Law*, 1986, (18): 483—500.

③ Jehoram H. C. *Public Lending Right: Reports of an ALAI Symposium and Additional Materials* [M]. Deventer, Netherlands ; Boston : Kluwer Law and Taxation Publishers, 1983: 142.

④ (美)约翰·罗尔斯. 正义论[M]. 何怀宏,何包钢,廖申白,译. 北京:中国社会科学出版社,1988:3.

⑤ (美)约翰·罗尔斯. 正义论[M]. 何怀宏,何包钢,廖申白,译. 北京:中国社会科学出版社,1988:14.

（2）图书馆公共借阅服务减少了作家版税收入的观点得到民众的认可

公共图书馆借阅活动是否损害了图书的销售量？对于这个问题各方争议很大。如果公共图书馆借阅活动影响了图书销售量，那受到损害的数量如何统计？这个数据更是难以估量。

英国作家 John Fowles 用数据表示公共图书馆的借阅服务对作者版税的影响，"读者每买 1 本书，就有同样的 11 本书被公共图书馆购买。而每本私人所购之书将被 6 个人阅览。每所公共图书馆拥有的复本在被剔除前，每本书有 100 个读者借阅。因此，每卖出 12 本书，就会出现每有 6 个读者能收到 1 份版税和每有 1100 个读者却只获得 11 份版税的比率"①。Fowles 的统计数据②常被 PLR 的支持者用来说服民众支持 PLR 立法。但反对 PLR 的人认为图书馆馆藏图书提供了最好的、最低廉的橱窗展示宣传渠道，吸引更多的读者阅读和购买图书；一些有价值但价格高昂的图书，如果没有图书馆购买就没有太大的市场销量，因此对于市场销量小的图书，图书馆对作者版税收入的提高反而起到促进作用。

但更多的人认为公共图书馆图书的高利用率与作家从作品中获得的低收益有很强的相关关系。二战后，西方公共图书馆的快速发展促进了图书馆借阅规模的壮大，图书借阅数量的持续增长整体上减少了公众对图书的购买量。例如，英国在 1960—61 年度有 4.4 亿册图书出借量，其中 70% 是文学类图书，1968 年上升到 6 亿册，1970 年达到 6.6 亿册；联邦德国在 1975 年图书出借量达到 1.6 亿册，其中文学类图书出借量不到 1/3；荷兰在 1975 年公共图书馆馆藏图书 0.2 亿册，流通量却达到 1.15 亿册③。另据英国 1974 年的统计，一本在公共图书馆的开架图书每年平均被出借 7 次（同时期瑞典是 4 次，联邦德国是 4.5 次），每册书在图书馆流通的平均年限为 5.6 年，也就是说，英国公共图书馆每册图书平均出借 39—40 次；1965 年英国著作者协会的

---

①　Stave T. Public Lending Right：a history of the idea［J］. *Library Trends*，1981，29（4）：569—582.

②　Fowles 用数据推导出的"挤出效应"常受到学界人士怀疑。李洪武采用信息经济学的方法分析图书馆借阅服务对私人购买者的影响，认为图书馆与私人购买者有不同的需求曲线，Fowles 的论证至少没有考虑市场中价格对需求的调节配置作用。参见：李洪武. 关于公共借阅权之成本收益分析［J］. 电子知识产权，2001（1）：49—53.

③　Seemann E. A. A Look at the Public Lending Right［D］. USA：University of Miami，1981.

调查表明本国作家认为越来越少的作家能够凭着写作维持生计,出版商的统计也揭示了精装本的种数从 1958 年的 3.5 万种下滑到 1973 年的 1.5 万种①。在这种情况下,很多作家认为,如果公共图书馆不存在,至少有 5% 的公共图书馆读者会去购书,或者只要 40 个读者中有 2 人购书,作者的版税收入就会翻一倍②。但是,我们也应当看到,由于各国公共图书馆发展水平、国民阅读习惯和购书意愿不同,公共图书馆借阅服务对作者经济收入的影响也是不同的。例如,国民的图书消费力比较上,1965 年法国人均购书 10 册,西德 1.4 册,美国 1.1 册,荷兰 0.7 册,英国 0.1 册③。从数据中可以看出,法国作者的版税收入受公共图书馆借阅服务影响最小,英国作者则受到的损害最大。

总之,日益发展的公共图书馆借阅活动在总体上影响了作者的版税收入,作者受损害程度根据各国国情有较大的差异。虽然作者受损害的程度无法衡量,但作者要求获得图书馆借阅补偿金的诉求赢得广大民众的同情和理解,使得 PLR 立法有了一定的社会基础。

(3)西方国家社会福利政策的推行惠及作家群体

二战后,随着西方国家经济迅猛发展,西方国家纷纷建立起福利国家,社会政策开始发挥了不可替代的作用。特别是 20 世纪 60 年代以来,福利国家的社会保险无论是覆盖人群还是保障水平都得到很大发展,原先为解决特定人群而设计的计划被放宽限制逐步扩展到全民,最初设定为接近最低生存标准线的援助水平也放宽到符合主流社会的合理标准水平。社会福利覆盖面的全民化,使几乎所有的收入群体都逐渐变得越来越依赖政府的帮助,政府在福利提供方面扮演着越来越重要的角色④。

福利国家的社会政策追求"满足多数,保护少数"的目标。满足多数是指公共政策要兼顾社会绝大多数人的需要;保护少数是指公共政策要优先考虑处于社会底层的最劣势的那一部分人,尽可能使受益者扩大。西方国家加大对公共图书馆的建设力度,促进免费的公共借阅服务,体现了政府的社会福

---

① Brophy B. *A Guide to Public Lending Right*[M]. Aldershot,Hampshire :Gower,1983:51.

② Brophy B. *A Guide to Public Lending Right*[M]. Aldershot,Hampshire :Gower,1983:52.

③ Seemann E. A. A Look at the Public Lending Right[D]. USA:University of Miami, 1981.

④ 彭华民,黄叶青. 福利多元主义:福利提供从国家到多元部门的转型[J]. 南开学报(哲学社会科学版),2006(6):40—49.

利政策重视普通公众的要求。而处于经济困境的作家属于社会底层的一类人。例如,联邦德国的自由作家(free-lancer)除非受到雇佣,否则不能享受社会保障和保险待遇。1971 年,自由作家平均年收入为 1.8 万马克,其中 1/3 的作家年收入不到 1.2 万马克,仅有 1/4 作家办理社会安全保险,1/3 的作家有私人养老保险,超过 60 岁的作家中有 1/5 没有办理任何保险①。很多作家认为 PLR 能够为他们提供劳动保障和提高他们的经济地位,政府应当支持作者获得 PLR 补偿金,但他们反对将 PLR 纳入版权法体系,因为以出借次数来计算 PLR 补偿金的数额将使成功的作家更加富裕,贫困的作家仍然贫困,不符合国家福利政策的宗旨。德国 PLR 补偿金的分配也确实采取福利政策,照顾多数作家的利益。因此,德国 PLR 立法形式实际是版权法体系掩盖下的社会福利法。多数图书馆员也不赞成将 PLR 纳入到版权法,认为是违背图书馆服务理念和公共利益的原则,而采用社会福利立法形式对作家经济损失作一定的补偿,符合自然公平的原则。

PLR 立法最早的地区——北欧国家长期以来坚持国家福利主义,将社会公共资源中较大比重用于鼓励作家创作更多作品。正如丹麦图书馆员 Preben kirkegaard 指出,北欧国家的社会结构和政治经济环境是使 PLR 得以实施的最具决定影响的因素。他认为,"北欧诸国作为'福利国家',社会的目标在于保证使国民的收入达到平均。为实现这个目标,政府采取的措施之一是对高收入者课以重税,同时提高低收入者的收入,以减少贫富之间的差距。而以写作为职业的作家,通常是那些国家的低收入者"②。从本质上看,福利是国家的一种强制性的转移支付,即政府通过强制的方式征收税款,然后提取部分比例税款救援弱势群体。

综上,从社会经济基础考察 PLR 的立法理论,我们可以将其概括为"利益补偿说",或"恩惠主义",该理论的成立基础是国家有必要为创作者所付出的劳动因为公共利益所造成的经济损失而给予一定的利益补偿。作家对 PLR 的主张本质上来源于一种基本的道德诉求:人作为人应当有尊严地生活。在现代民主国家中,让每一个国民过上有尊严的生活是国家的义务。在公民因

---

①　Jehoram H. C. *Public Lending Right：Reports of an ALAI Symposium and Additional Materials*[M]. Deventer，Netherlands ； Boston ：Kluwer Law and Taxation Publishers，1983：144.

②　Stave T. Public Lending Right：a History of the Idea[J]. *Library Trends*，1981，29(4)：569—582.

为自身无法控制的原因失去赖以生存的手段或机会时,国家应当提供必要的援助以维持公民最低限度的有尊严的生活。正是在这个意义上,公民对国家享有一项道德权利。但是,公民对国家提供福利给付的请求权不应只是一种道德权利,还应转化为法律权利,获得实体法的支持和保障。如果没有立法,PLR补偿金将被看作国家给予的"恩赐",国家可以自由决定给还是不给。国家无须经过告知或听证程序,就可以直接拒绝或撤销这一"特权"。因为所有的福利都来自于公共资金,即使它们已经到了受益者手中,公众也可以合理地从这些资金中获益。也就是说,政府可以依据公共利益撤销已经给予当事人的福利救济,当事人通常得不到补偿。

2.4.3 公共借阅权的文化基础

(1)文化发展已成为西方国家日益重视的政策重点

二战后,由于西方国家经济的快速发展和福利国家的出现,文化平等、文化民主概念日益兴盛,欧洲很多国家的作家发起PLR运动,向政府不断争取自身的权利。20世纪70年代被认为是大多数西方国家文化发展的"黄金时代"。经济繁荣为社会提供了足够的资源关注文化事务。在欧洲福利国家体制中,文化事务在公共支出和行政管理中占有稳固的一席之地。1970—1975年间,意大利和法国政府的文化支出增长了2.5倍,英国和奥地利增长了2倍,1972—1975年间瑞典政府文化支出则增加了60%①。政府通过文化政策对文化实行有效的监管和指导,是现代国际社会普遍的文化政治行为②。通常各国文化政策的目标是通过资金分配方式,即公共财政支持,来引导文化发展,维护国家文化利益和文化安全。

PLR是版权问题,同时又是文化问题。一些国家,如丹麦、瑞典、加拿大等国,不承认PLR是版权问题,更希望将其作为文化问题纳入到国家的文化政策中,通过采取经济激励措施刺激作家创作的热情,进而促进国家文化事业的发展。另一些将PLR纳入版权法体系的国家,其立法的目标之一也是为了促进本国文化事业的发展,从某种意义上说,其立法也属于一项文化政策。因此,对于一些西方国家来说,建立PLR制度是促进文化发展的有效手段之一。

---

① 郭灵凤.欧盟文化政策与文化治理[J].欧洲研究,2007,(2):64—77.
② 胡惠林.文化政策学[M].太原:书海出版社,2006:2.

（2）文化多样性得到国际社会和主要国家的认同

当今国际文化权利斗争可分为两大阵营，一方是以美国为首的推行贸易自由化的集团，认为文化不应被排除在国际贸易之外，否认文化的特殊性；另一方是以法国和加拿大为首的强调文化例外和保护文化多样性（cultural diversity）的集团，主张文化产品不同于一般商品，不能用一般的贸易规则规范文化产品，文化多样性是人类社会共同的宝贵财富，要像保护生物多样性一样保护文化多样性①。联合国教科文组织于 2001 年 11 月通过了《世界文化多样性宣言》，倡导用尽可能多的语言来表达思想、进行创作和传播作品。

一些国家，如北欧诸国，在维护文化多样性的努力中认识到 PLR 可以成为反抗美国文化霸权主义和维护本国文化的有力武器。即使是英语国家的澳大利亚、新西兰和加拿大，也由于英美两个出版大国的图书大量输入，有使本国文化陷入绝境的忧虑，也视 PLR 制度为保护民族文化的积极政策，坚持"文化例外"和文化多样性原则。PLR 运动的初衷原是为了补偿作者因图书馆公共借阅服务对其造成的版税流失，但最终结果却大大超过了经济上的意义，成为许多国家促进本国文化的重要政策，这是很多 PLR 运动发起者所没有想到的。我们认为可以将 PLR 立法理论概括为"激励机制说"，即国家一方面通过经济利益激励人们的创作热情，另一方面给人们施惠的每一种激励在整体上都将为社会带来某种利益。

综上所述，法哲学、社会经济和文化等理论依据和现实依据从不同角度为 PLR 立法的正当性提供了充分的依据。各国由于国情不同，PLR 的理论基础并不完全相同，但 PLR 立法本质上体现版权人、作品利用人和作品传播者之间的利益平衡原则。

当然，各国 PLR 的理论基础不是一成不变的。从 PLR 权利形态的发展变化看，PLR 从政府的恩惠逐渐演变到新财产权确立，PLR 立法的层次从政策法规转变到权利法律，说明更多的国家采用"自然权利说"作为 PLR 立法的理论学说，而"利益补偿说"和"激励机制说"逐渐在一些国家遭到抛弃，或者成为"自然权利说"的补充。

---

① 张玉国.国家利益与文化政策[M].广州:广东人民出版社,2005:44.

3 公共借阅权制度的内容

根据国际 PLR 网站的统计,截至 2012 年 2 月,全球有 52 个国家在法律上承认 PLR①。需要指出的是,在法律上承认 PLR 并不意味着建立 PLR 制度。PLR 制度的建立必须具有详细的实施计划。PLR 制度的概念外延大于 PLR,其既包括了 PLR 的立法,也包括 PLR 的实施规定或计划。有了 PLR 实施规定或计划,才能表明某个国家建立了 PLR 制度。各国由于国情不同,其 PLR 制度差异很大。本章将对 PLR 制度的内容进行详细阐述。

3.1 公共借阅权的立法模式

立法理论基础的不同,导致各国 PLR 立法模式(legislative model)的不同。根据立法状况的不同,我们可以将 PLR 立法模式划分为文化政策、准版权和版权三种模式。需要指出的是,国际 PLR 网站对 PLR 立法状况的描述存在不准确或是更新不及时的问题,不少国家在版权法中已明确承认 PLR。笔者认为,此时的 PLR 法应当属于版权法中 PLR 的实施细则,而不能算是独立于版权法之外的 PLR。

3.1.1 文化政策模式

文化政策模式在 PLR 立法模式中产生最早,如北欧国家、澳大利亚和新西兰等国初期都采用文化政策模式。PLR 立法最初的本意是政府通过该制度的实施鼓励本国作者创作热情,促进本国文化事业的发展。但随着国际版权加强保护的发展趋势,一些采取文化政策模式的国家重新调整立法模式,制定专门的 PLR 法或直接将 PLR 纳入版权法保护体系。采取文化政策模式的国家相比已对 PLR 立法的国家居于少数,目前仅有加拿大、瑞典、以色列等3 个国家。该模式的主要特点有:①立法主要目标是通过经济激励措施鼓励

---

① [2012 – 05 – 12]. http://www.plrinternational.com/indevelopment/indevelopment.htm.

作家创作出更多的精神产品,推动本国文化的发展;②将 PLR 纳入艺术家地位法案或图书馆法调整范围内,立法效力较低,不承认 PLR 是一项版权权利;③PLR 补偿金一般由作家组织、作者基金会或国家图书馆管理;④PLR 的权利主体一般限定于本国国民或长期居住本国的公民,权利客体是符合一定条件的图书;⑤PLR 的程序较繁琐,作者需要申请才可以获得补偿金;⑥PLR 保护期限短,一般仅局限于权利人的有生之年。

3.1.2 准版权模式

准版权(quasi copyright)模式是通过制定专门的 PLR 法或图书馆法对权利人的 PLR 进行保护,使其成为权利人"准版权"层面上的一种权利,性质与现在欧盟实施的"数据库特殊权利"相类似①。从目前来看,采用准版权立法模式的国家越来越少,如丹麦、挪威、芬兰等国放弃文化政策模式,将 PLR 从图书馆法中分离出来,制定单独的 PLR 法,但 21 世纪初在欧盟委员会的干预下被迫将 PLR 纳入版权法体系。澳大利亚和新西兰分别于 1974 和 1973 年建立 PLR 制度,但直到 1985 年和 2008 年才各自制定专门的 PLR 法。两国远在欧洲大陆之外,未受到 EC92/100 指令的约束。

目前采取这种立法模式的国家以澳大利亚、新西兰为代表。准版权模式的主要特点有:①强调给予作者的 PLR 补偿金是补偿图书馆借阅服务给他们造成的经济损失;②权利主体多限于文字作品的著作权人,权利客体大多数只涉及图书,比图书版权价值更高的录音制品、视听制品和计算机软件反而排除在外;③管理机构多数是设在文化部或教育部的下属机构;④权利注册登记是权利人享有补偿金的前提;⑤PLR 保护期限短,一般仅局限于权利人的有生之年。

一些国家 PLR 立法模式从文化政策向准版权模式转变,有其内在和外在的原因,我们认为主要有几点:①权利人主张通过更高级次的立法形式保护他们的 PLR,他们认为文化政策给予的补偿金属于政府对作者的恩赐,其享有的补偿金并不能得到长期保证;②PLR 制度的实施是个复杂的过程,特别涉及到补偿金的计算、分配等繁琐的过程,原有的文化政策模式不适合 PLR 制度的发展;③保护本国作者经济利益的需要,如果采用版权模式立法,必须适

---

① 江向东.版权制度下的数字信息公共传播[M].北京:北京图书馆出版社(今国家图书馆出版社),2005:153.

用《伯尔尼条约》中的国民待遇原则,其他国家公民也有权利享受立法国家的PLR补偿金;④EC92/100指令中有关出借权的弹性条款成为一些欧盟国家避免在版权法中确立出借权的正当理由。

3.1.3 版权模式

所谓版权模式,就是将PLR纳入版权法体系,在版权法中规定出借权,使出借权成为权利人的一项新的专有财产权。这种模式又可以分为四种类型,第一种类型是法律赋予版权人专有的出借权,但又通过权利穷竭原则作出例外规定,使版权人不能行使出借权,权利人自然也无法享有获得报酬权,如本研究在前面提到的美国版权法在106条赋予版权人出借权,但又在109条将该权作了例外规定。第二种类型是赋予版权人PLR,但由于没有制定实施计划,PLR制度实际上并未真正建立。如埃及的《著作权与邻接权》第147条、第156条分别赋予作者和表演者专有出借权①,但该国的PLR制度并未建立。同样情况也存在非洲一些国家。第三种类型是赋予版权人专有出借权,该权利在作品首次授权发行后终止,版权人仅享有获得报酬权。第四种类型是法律通过强制许可方式规定权利人仅享有获得报酬权,权利人没有授权或禁止他人使用其作品的权利。由于第一种类型的模式从法理上限制了版权人的PLR,第二种类型的模式没有PLR实施计划,因此可以与前两种立法模式进行比较的是后两种类型的版权立法模式。

版权模式最早产生于1972年的德国,目前采用这种立法模式的国家最多,其中以英国、德国和荷兰最有特色。该模式的主要特点有:①权利主体和客体的范围相对前两种立法模式更为宽泛。在权利主体方面,不少国家规定除了图书作者外,期刊作者、作曲家、摄影家和画家,以及邻接权人中的出版社、音像制品制作者、电影作品制作者等权利人均可享有出借权。权利客体则包括文字作品、美术作品、音乐作品、音像制品和电影作品等。②保护期限

---

① 第147条规定:作者及其继承人享有以任何方式授予许可或者禁止使用其作品的专有权,特别是复制、广播、重播、公开表演、公开传播、翻译、改编、出租、借阅或者向公众提供,包括以计算机、互联网、信息或者传播网络或者任何其他方式使用作品。第156条第1款规定:表演者享有向公众传播表演,许可向公众提供、出租或者借阅该表演的原始录制品及其复制件的财产专有权。见:十二国著作权法编写组.十二国著作权法[M].北京:清华大学出版社,2011:38,40.

长,不少国家将 PLR 保护期限等同于其他版权财产权利的保护期限。③地域
性不强。EC92/100 指令要求欧盟成员国实行国民待遇原则,对权利主体资格
取消国籍限制。英国、法国、德国等国通过签订互惠协定,对签约国公民给予
同等的法律保护。根据 EC92/100 指令,欧盟区成员国对 PLR 的保护必须采
用国民待遇原则,适用于其他国家公民。④权利人主要通过著作权集体管理
组织机构来行使权利。⑤EC92/100 指令的实施对版权模式的推行起到重要
的促进作用。

需要指出的是,即使是同样采取版权模式的国家中,其 PLR 制度实施
内容差异很大。北欧国家,如丹麦、挪威和芬兰虽然也将 PLR 纳入到版权
法体系,但其保留国籍或语言的限制,PLR 权利主体和客体的范围仍然狭
窄,立法的主要目标仍是发展本国文化事业,兼有文化政策立法模式的
特点。

3.1.4　三种模式的比较

通过对以上三种立法模式特点的分析,我们可以对三种模式作出比较。
表 3.1 反映了三种模式的具体差异。

表 3.1　公共借阅权立法模式的比较

项目＼模式	文化政策模式	准版权模式	版权模式
立法时间的先后	早	较早	晚
立法国家的数量	少	较少	多
立法体系	行政规定	PLR 法或图书馆法	著作权法
权利主体的范围	窄	较窄	宽
权利客体的范围	窄	较窄	宽
管理机构	文化部或艺术团体	文化部、教育部或类似机构	著作权集体管理组织为主
国籍或语言标准	有	较多国家	个别国家
权利的取得	注册制度	注册制度	注册制度或法定取得
作者死后享有 PLR	无	较少国家	多数国家

通过对三种立法模式的比较,笔者认为,从对权利人的保护力度上看,版权模式最强,准版权模式次之,文化政策模式最弱;但从公共利益角度看,文化政策模式最好,准版权模式次之,版权模式最差。代表公共利益的国际图联(IFLA)于2005年4月发表《关于公共借阅权的立场》,提出"如果要引进PLR制度,它应当作为一种文化支持计划实施,或者在著作权制度以外以'报酬补偿权'形式单独立法"的建议①。因此,发展中国家如果要引进PLR制度,从公共利益的角度考虑,首选的立法模式是文化政策模式,其次是准版权模式,最后逐步过渡到版权模式。

孟德斯鸠说过,"法律应该和政制所能容忍的自由程度有关系;和居民的宗教、性癖、财富、人口、贸易、风俗、习惯相适应"②。各国PLR最初立法的确无不依据本国国情,但世界各国法律制度存在相互影响、相互借鉴的现象,全球PLR立法模式呈现有规律的变迁规律,大致沿着文化政策模式→准版权模式→版权模式、准版权模式→版权模式的路径演变。特别是在EC92/100指令的影响下,PLR立法模式出现向版权模式一边倒的倾向,反映了国际版权保护的强化趋势。

3.2 公共借阅权的权利主体

3.2.1 公共借阅权主体资格的认定

PLR主体是指依法享有PLR补偿金的版权人和邻接权人。然而正如民法学家史尚宽先生所指出,"作为权利主体,第一须有适于享有权利之社会的存在。第二须经法律之承认。虽有适于为权利主体之存在,如法律不予承认,仍不得为权利主体"③。也就是说,版权人和邻接权人可以作为PLR的权利主体,但并不意味着在每个国家都可以作为权利主体,是否成为权利主体以及权利主体的范围要根据该国PLR的法律规定。

PLR的权利主体是多样的,概括来说主要有两类,一类是普通的权利人,

① The IFLA Positon on Public Lending Right[EB/OL].[2012-03-05].http://www.ifla.org/en/publications/the-ifla-position-on-public-lending-right.

② (法)孟德斯鸠.论法的精神:上册[M].张雁深,译.北京:商务印书馆,1959:8.

③ 史尚宽.民法总论[M].北京:中国政法大学出版社,2000:86.

即作品的创作者或者继受者;另一类为邻接权人,即作品传播者,包括出版商、表演者、录音录像制作者、广播电台、电视台等组织。PLR 的发展初期主要以普通权利人为主体,而且往往限制于文学作品的创作者,权利仅由作者有生之年享有,其继承者无法享有权利;而后在非文学作品作家组织的努力争取下,PLR 主体逐步扩大到翻译家、插图画家、改编者等创作者。随着人类信息传播技术的进步和作品形式的增加,录音制品和视听作品①的创作者也逐步被纳入权利主体中来。当 PLR 被纳入到版权法体系后,从理论上讲,PLR的权利主体应该等同于版权法规定的权利主体,包括版权法意义上的作者和邻接权人,PLR 权利享有期限与其他财产权受保护的时间期限相同,版权人的继受者的财产权同样得到保护。

不同立法模式的 PLR 权利主体的范围是不一样的,主体范围从文化政策模式到准版权模式再到版权模式依次递增。即使同是版权模式的立法例,主体范围差异也十分明显。例如,丹麦的权利主体只限于用丹麦语言创作的图书作家、插图画家、翻译家、艺术家、摄影家、作曲家和其他对图书创作作出贡献的人,版权人去世后,其在世配偶、离婚配偶或同居者享有 50% 的 PLR 补偿金。而德国 PLR 的主体和权利保护期限如同其他财产权一样并没有减损,作者及其继受者、邻接权人的利益得到最大程度的保护。

国家与国家之间签订的互惠协议也是权利人获得 PLR 主体资格的重要途径之一。例如,英国尚未实施 PLR 制度时,英国作家因为本国政府与德国政府签订了双边协议而享有德国政府发放的补偿金。虽然 EC92/100 指令出台 20 年了,但由于英文作品占有绝对地位,一些国家采取国籍或语言原则避免本国向国外权利人支付不菲的补偿金。而在实行双边互惠协议的国家中,文化小国必然向文化大国支付更多的 PLR 补偿金,而从文化大国那边得到的补偿金数额肯定少得多。

---

①　"视听作品"(audiovisual work)的称谓多用于国外版权法,我国的版权法尚未使用。国内多数法学专家认为,在我国现行《著作权法》中,"视听作品"包括"电影作品和以类似摄制电影的方法创作的作品"以及"录像制品"。在国家版权局 2012 年 3 月的《著作权法》(修改草案)中将"电影作品和以类似摄制电影的方法创作的作品"改为国际社会较普遍使用的"视听作品",同时取消了"录像制品"的规定,并给它作出定义:"视听作品,是指固定在一定介质上,由一系列有伴音或者无伴音的画面组成,并且借助技术设备放映或者以其他方式传播的作品。"

3.2.2　公共借阅权主体资格的获得方式

PLR 主体资格的获得有两种方式,一是法定取得,二是通过注册取得。法定取得方式指的是权利人根据法律规定自然获得权利。PLR 的法定取得有 3 个途径:①著作权集体管理组织通过强制集体管理方式管理权利人的 PLR,权利人无需自行申请 PLR;②权利人通过被转让、分配或许可合同方式获得 PLR;③权利人通过继承者身份获得 PLR。

第二种方式则必须以权利人注册、管理机构批准为条件,权利人才有资格享有 PLR 主体资格。这种方式存在于文化政策模式、准版权模式和一些近年来转变为版权模式立法的国家。注册制度为权利人获得 PLR 多了一道门槛,常常使权利人忘记注册时间或者不熟悉注册制度而丧失了 PLR。丹麦和英国都曾发生一起有关 PLR 注册的纠纷。2006 年,在 Lars Boes 状告丹麦文化部①一案中,Lars Boes 因为其拥有版权的邮票目录未登记注册没有获得 PLR 补偿金,向法院起诉 PLR 的主管部门——文化部。最高法院最终驳回了 Lars Boes 的诉讼请求,认为丹麦文化部的做法并未违背本国《公共借阅权统一报酬法》的规定,同时也未与 EC92/100 指令的规定相冲突。2009 年,英国作家 Jon McGregor 和 Danny Scheinmann 要求 PLR 管理机构对作者给予更多更好的指导,他们的著作《Blood River》于 2007—2008 年度在旅游类图书中读者出借量最多,但因为他们没有注册而失去了该书的 PLR 补偿金②。旅游作家 Tim Butcher 认为出版商和图书责任编辑没有尽到告知作者注册 PLR 信息的义务致使许多作家错过了获得 PLR 补偿金的机会③。PLR 注册局局长 Jim Parker 表示要带领他的团队努力宣传 PLR,在已开通的电子注册系统中方便作者实现网络注册。④

注册对于权利人来说,是个权利备案的过程。但注册制度毕竟带给权利人不少麻烦,他们需要关注和了解 PLR 计划,如注册时间、作者身份的认定、合著作者人数的限定等规定。例如,丹麦权利人必须在补偿金发放的前一年

---

① Distribution of Public Lending Right Remuneration not in Contravention of EU Law [EB/OL].[2012 - 02 - 01]. http://www. domstol. dk/hojesteret/english/ECLaw/Pages/DistributionofpubliclendingrightremunerationnotincontraventionofEUlaw. aspx.

②④ Authors Call for Better PLR Guidance[J]. *Bookseller*,2009(5385):6.

③ Authors Could Miss Out on PLR[J]. *Bookseller*,2009(5384):7.

的 10 月 15 日前完成注册,英国规定权利人必须在前一年的 6 月 30 日前完成注册。又如,对合著作品权利人的限制,超过规定的人数,将不享有主体资格。如果权利人事先不知道这些情况进行注册,将不会通过 PLR 管理者的审核。这些规定都为权利人带来很多不便。

3.2.3　国籍和语言原则对主体资格的限制

PLR 的国籍原则指的是权利主体必须具有本国国籍或长期居住本国的居民,语言原则指的是权利主体必须采用本国语言创作,语言要求相对国籍要求而言,对主体资格的限制更为严格。

语言是信息传播的基础。为了维护本国语言文化利益,扩大在国际传播中的份额,目前许多国家都在有计划地实施各自的语言战略,努力扩大本国语言的国际影响。对权利主体的国籍和语言有要求的一般是北欧国家和欧洲以外的国家,如澳大利亚、新西兰、加拿大对权利主体的国籍有要求,瑞典、挪威、冰岛对权利主体的国籍或者语言有要求,而丹麦和格陵兰对权利主体只有语言要求。这些国家通过国籍和语言要求,可以达到刺激本国作者创作热情和抑制其他国家作品对本国文化事业冲击的双重目的。但是,国籍和语言要求对欧洲建立统一的法律制度造成很大的障碍,并影响到欧洲统一市场的建立,因此受到欧盟委员会的强烈批评。

3.3　公共借阅权的权利客体

3.3.1　公共借阅权客体资格的限制

PLR 的客体是指受 PLR 法保护的各类作品。客体范围的大小对权利主体有很大的影响。一般而言,客体范围越大,主体越多;反之,主体就越少。

早期建立 PLR 制度的国家考虑到公共图书馆流通服务最主要的载体类型是图书,图书出借对作家产生不利的经济影响,因此将 PLR 保护的客体范围限定为图书。不少国家对图书是否享有 PLR 客体资格作出严格的限制。表 3.2 是新西兰、澳大利亚和英国三国 PLR 法案中关于图书享有 PLR 资格的限制条件(除了对图书页数的要求)。

表3.2　新西兰、澳大利亚和英国公共借阅权客体资格的限制条件比较表

排　除　的　类　别	国家		
1.未出版的图书	NZ		GB
2.未装订成册;乐谱			GB
3.提供给公众的非卖品			GB
4.超过版权保护期的图书	NZ		
5.连续出版物(杂志、报纸等)	NZ	A	GB
6.未能在国家书目检索中检索	NZ	A	
7.超过一个作者的百科全书、字典等		A	GB
8.图书著作者是法人组织		A	GB
9.属于皇室版权的图书	NZ	A	GB
10.无法识别作者身份的图书		A	
11.图书首次出版距 PLR 实施时间超过 50 年,除非图书作者仍在世		A	
12.学校采用的课本	NZ		
13.乐谱、地图、表格等资料汇编	NZ		
14.在国外出版的地方版本的图书	NZ		
15.将作品或作品的片段通过选择、排列、顺序或删改而成的汇编作品	NZ		
16.赠送给图书馆的图书	NZ		
17.在雇员受雇期间为完成本职工作或者雇主交给的工作而创作的作品	NZ		

注:NZ 为新西兰,A 为澳大利亚,GB 为英国。

资料来源:Brophy B. *A Guide to Public Lending Right*[M]. Aldershot,Hampshire:Gower,1983:35.

从表3.2可以看出,新西兰对 PLR 客体资格的限制条件比澳大利亚和英国更为严格,一些限制条件是新西兰所特有的,融入了版权法的色彩,如第4、15 和 17 条。澳大利亚和英国对 PLR 客体资格的限制条件也并不完全一样。总的说来,各国对 PLR 客体资格不同程度的限制体现了各国实施 PLR 的特色,也在一定程度上说明了 PLR 的行使受到更多的权利限制。

3.3.2 公共借阅权客体资格的扩张

信息传播技术的迅猛发展使作品的载体形式发生极大的变化,磁带、磁盘、VCD 等新的有形载体以及无依附载体的数字作品的产生和发展促使版权保护客体范围的不断扩大,对于这些作品能否纳入 PLR 客体范围引发有关利益群体的激烈争论。公共图书馆事业不断发展壮大,收藏和借阅文献载体呈现多元化、规模化的特点,不断刺激权利人版权保护的意识。随着 PLR 立法的理论基础从"利益补偿说"和"激励机制说"逐渐转向"自然权利说",越来越多的权利人认为他们的智慧成果作为无形财产,应当得到法律的保护。在一些权利人组织的压力下,立法者逐渐将录音制品、视听制品纳入到 PLR 保护的范围。可以说,PLR 客体范围扩张的过程也是有关 PLR 利益群体博弈,最终多方达到暂时利益平衡的过程。版权模式立法的国家客体范围相对文化政策模式和准版权模式来说,明显要宽泛些。

1992 年,EC92/100 指令的颁布又将 PLR 的客体范围作了进一步的扩张。根据指令第 2 条第 1 款规定,出借权的客体几乎涵盖所有作品类型,包括文字作品、录音制品和电影①作品的原件和复制件。由此可见,欧盟出借权客体的范围之广在 PLR 发展史上是空前的,基本上覆盖了版权法保护的客体类型。

对于 PLR 能否将数字资源纳入到保护范围的问题,EC92/100 指令并没有给出明确答案,仅规定出借所涉及的客体限于作品的有形载体。有学者认为通过网络传播作品的行为不属于出借,而被视为作品的再现②。国际 PLR 会议多次讨论 PLR 在新媒体中的适用,认为有必要将新媒体纳入到 PLR 客体范围。已有个别国家如英国将某些类型的电子图书纳入 PLR 保护的客体范围内。从 PLR 的发展趋势看,PLR 的客体范围仍将进一步扩张。

---

① EC92/100 指令对"电影"这个术语进行特别解释,指出"电影"一词是指电影摄影作品、视听作品或者有声、无声活动的动画。欧洲一些国家在对指令进行转换时,沿用欧盟对"电影"的解释。由于我国"电影"一词与指令的"电影"意思差异很大,为了避免歧义,笔者文中采用的"视听作品"一词的含义与 EC92/100 指令的"电影作品"相同。

② 江向东. 版权制度下的数字信息公共传播[M].北京:北京图书馆出版社(今国家图书馆出版社),2005:166.

3.4 公共借阅权的权利限制

PLR 本质上属于版权法中的一项经济权利,理应受到合理的权利限制。PLR 的权利限制通常包括三种情况,一是对权利行使的限制;二是对权利的期限限制;三是权利的地域限制。对 PLR 权利限制,有利于保护公共利益,实现作品创作者、作品传播者以及作品使用者之间利益关系的平衡。

3.4.1 公共借阅权的行使限制

对版权行使的限制指的是对权利人专有权行使的限制。有些国家称之为"例外"。法律承认作者享有特定的专有权利,但为了社会文化发展的目的,公众在一定条件下可使用版权作品,亦即由法律对作者专有权进行必要的限制①。PLR 的行使限制也是如此。虽然不少国家将 PLR 纳入版权法保护体系,授予版权人和邻接权人一项排他性的专有权②,但同时又通过法定许可的形式规定在其他条款中限制这项权利,使权利人只能享有获酬权,而且不允许权利人自己行使报酬请求权,只能由代表其利益的集体管理组织、专门机构或基金会来行使。

EC92/100 指令对出借权作出了明确的限制规定,如第 5 条第 1 款规定,"成员国可以在公共出借领域排除第 1 条赋予的专有权,但至少应当保证作者对于此种出借获得报酬"。第 5 条第 2 款规定,"当成员国不运用第 1 条赋予的关于录音制品、电影以及计算机程序出借专有权时,他们至少应为作者提出报酬的问题"。这两个条款事实上排除权利人的 PLR 的专有权,使其享有获酬权。第 5 条第 3 款还规定,"成员国可以从第 1、2 两款中关于报酬给付中排除一定的种类",这意味着一些公共借阅机构被免除支付报酬的义务,权利人将可能碰到没有公共机构有义务支付 PLR 补偿金的尴尬情况,即一方面法律给予权利人获酬的权利,另一方面权利人事实上拿不到补偿金。欧盟委员会曾就比利时、葡萄牙等国出现这种过多免除公共机构义务的做法向欧洲

---

① 陈传夫.高新技术与知识产权法[M].武汉:武汉大学出版社,2000:147.

② 一些国家版权法规定权利人对计算机软件和数据库的出借享有专有权,如墨西哥、波黑等国。

法院①提起诉讼。有的国家采取权利穷竭原则将出借权规定例外,如美国。可以说,如果对 PLR 权利限制过多,权利人要想得到补偿金是非常困难的。

3.4.2 公共借阅权的期限限制

各国 PLR 法都规定了 PLR 的保护期限。这个期限是法律对权利人享有 PLR 有效性认可的时限。保护期届满,PLR 便自动失效了。一般来说,保护期越长,对版权人越有利,但对社会的利益限制越大。

采取文化政策和准版权模式立法的国家,其 PLR 的权利期限一般较短,多数限定于作者的有生之年,或者最多延及到作者的配偶及其子女。版权模式立法的国家,其 PLR 的行使期限往往与版权中财产权保护期限一致,欧洲国家一般是版权人的有生之年加死后 70 年,高于《伯尔尼公约》中使用的最低标准——作者有生之年加死后 50 年。

3.4.3 公共借阅权的地域限制

PLR 具有明显的地域限制,各国的 PLR 计划根据本国国情制定,只在本国领土上发生效力,没有哪个国家的 PLR 计划是一样的。例如,在 PLR 主体资格的认定方面,一些国家的国籍或语言原则使 PLR 的主体资格只限于本国公民或用本国语言创作的作者,而一些实施 EC92/100 指令的国家将主体资格限定在欧盟成员国或欧洲经济区国家的公民。在权利客体、补偿金的计算和分配等方面,各国差异也很大。

3.5 公共借阅权的义务主体

3.5.1 公共借阅权义务主体的扩张

义务主体是指在法律关系中履行义务的一方。最初 PLR 义务主体仅限于公共图书馆。从 PLR 的产生原因来看,其立法的最初动机之一就是公共图书馆的日益发展对作者的版税收入产生不利影响。公共图书馆作为政府投资、满足公众文化和教育的主要机构,被作者认为是支付 PLR 补偿金的义务

---

① 欧洲法院(European Court of Justice,ECJ)的正式名称是欧洲共同体法院,也就是欧盟法院。和其他欧盟机构习惯设在布鲁塞尔和斯特拉斯堡不同,欧洲法院设在卢森堡。

主体。但公共图书馆并非营利性机构,如果由图书馆支付这笔补偿金,势必影响图书馆借阅服务,进而增加读者借阅的成本,这与国家设立公共图书馆的目的相违背。因此,多数国家的补偿金最终由政府支付。

但是全球 PLR 实施半个多世纪以来,实现 PLR 的公共机构不断扩张,不少国家实施 PLR 的公共机构从公共图书馆扩展到国家图书馆、学校图书馆、科研图书馆、专门图书馆等机构,甚至有的国家将公共机构扩展到非图书馆的公共机构,如西班牙将实施机构定为公共图书馆、博物馆、档案馆、新闻图书馆、音乐图书馆等公共机构。EC92/100 指令第 1 条第 3 款规定:"出借"是指非为直接或间接的经济或商业利益,而由向公众开放的机构负责管理的条件下,在限定的时间内实现交付他人使用的行为。这条规定为欧盟成员国实施 PLR 不限于图书馆,扩大到档案馆、博物馆等非图书馆范围的公共机构提供了依据。

探究 PLR 义务主体扩张的原因主要有几点:①图书馆自动化管理系统应用普遍,能够迅速、准确地统计图书馆馆藏册数、种数或出借的数据,为 PLR 补偿金的计算提供了最大的便利条件,降低管理运作成本;②公共图书馆馆藏资源偏向通俗类文学作品,学术作品得不到同等保护,扩大义务主体的范围能够扩大 PLR 补偿金的分配对象,激发他们的创作热情;③实施 PLR 的国家经济发展水平总体较高,对文化繁荣和发展比较重视,认为实施 PLR 制度能够促进文化进步和创新。

3.5.2　公共借阅权义务主体责任的豁免

PLR 义务主体一方面存在扩张的趋势,另一方面在个别国家却出现义务责任豁免的规定。这两种现象看似很对立,却又同时存在。大多数豁免公共机构义务责任的国家,是基于政府财政经济压力较大的考虑,减免部分或全部 PLR 补偿金有利于减缓政府财政紧张。EC92/100 指令第 5 条第 3 款中规定,"允许成员国可以针对条款 1、2 免除一些特定机构支付 PLR 补偿金"。但指令出台的主要目的是要求成员国至少赋予权利人享有 PLR 报酬权,而且免除义务责任的公共机构是特定的,并不是全部的。对于葡萄牙、比利时等个别国家不正确实施指令,过多或全部免除公共机构义务责任的做法,欧洲多个国家作家组织提出抗议,欧盟委员会于 2004 年就多个国家免除公共机构义务责任的错误做法向欧洲法院起诉,欧洲法院已作出多国败诉的判决,要求成员国必须正确将指令转换成国内法。

3.6 公共借阅权的管理

实施 PLR 制度是一个复杂的程序过程,需要管理机构负责制度的正确实施,以维护权利人的利益,保证他们获得应有的 PLR 补偿金。

3.6.1 公共借阅权的管理流程

PLR 管理机构的职责包括向政府申请 PLR 补偿金,接受权利人注册,确认权利主体和客体资格,收取、计算和分配补偿金以及提出修改 PLR 计划等内容。PLR 管理流程如图 3.1 所示。

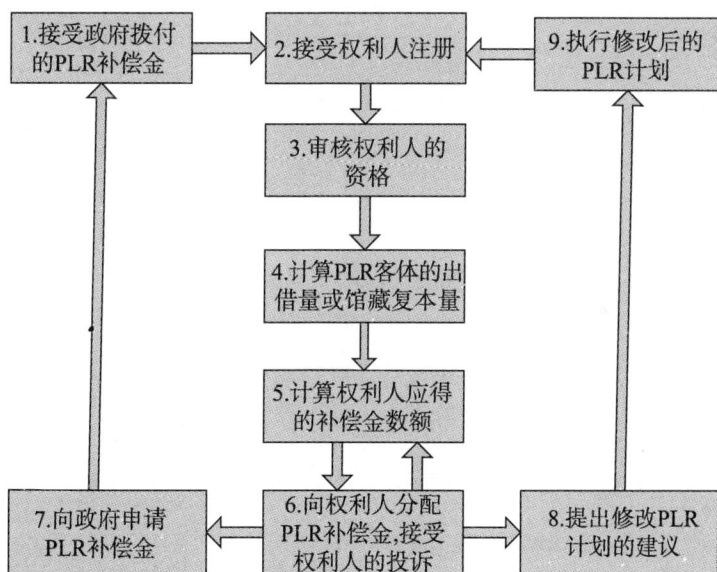

图 3.1　公共借阅权管理流程图

根据图 3.1,PLR 管理机构的管理过程主要有以下环节:
①接受联邦政府或州政府向管理机构拨付本年度 PLR 补偿金。
②接受权利人的注册。有的国家权利人不用注册也可以获得补偿金。
③管理机构审核权利人是否具有 PLR 的主体资格,审核内容包括权利人填报的权利客体等资料。

④从抽样图书馆中推算总体的 PLR 客体的出借量或馆藏复本量。有的国家计算方式不同。

⑤根据单位补偿金率和客体出借量或复本量,统计权利人应得的补偿金数额。

⑥向权利人或相关集体组织、基金会分配全额或部分补偿金。接受权利人的质疑,重新计算权利的补偿金。

⑦向政府申请下一年度 PLR 补偿金。

⑧向主管部门提出修改 PLR 计划的建议,主要是修改单位补偿金率。

⑨执行新的 PLR 实施计划。

3.6.2 公共借阅权的管理模式

根据管理机构的类型,可以将 PLR 的管理模式划分为著作权集体管理模式、专门机构管理模式和作家基金会管理模式三种类型。

(1)著作权集体管理模式

著作权集体管理模式是指由著作权集体管理组织来代替权利人管理、行使权利人难以管理、难以行使的权利。著作权集体管理模式一般在两种情况下采用:其一是版权人行使其权利变得不切实际或得不偿失时;其二是需要使用的版权作品数量巨大,其使用者难以逐一取得使用授权①。PLR 正是一项权利人难以行使的小权利,从经济学视角来看,由著作权集体管理组织代理权利人行使权利能够有效地降低交易成本,使权利人实现最大的经济收益。在已实施 PLR 制度的 30 个国家中,采用著作权集体管理模式的国家有16 个,占总数的 53%②。这一方面说明基于版权立法模式的 PLR 管理最适合采用著作权集体管理模式,另一方面也说明了著作权集体管理模式是 PLR 管理的最主要方式。

根据著作权集体管理的范围不同,可以将著作权集体管理组织分为自愿集体管理机构和强制集体管理机构。自愿集体管理又称为"会员制的集体管理",是在权利人自愿加入著作权管理组织基础上,自愿地、有选择地将有关权利委托给该机构行使。专有使用权通常实行自愿集体管理。强制集体管

---

① 赵媛,王远均.数字图书馆中的著作权保护模式研究:著作权集体管理的原因、问题与对策[J].情报资料工作,2005(3):66—70,52.

② 参见本书附录 A"世界各国或地区公共借阅权制度实施一览表"。

理是指在版权中的某项权利必须由集体管理组织来行使,权利人若不接受强制集体管理就不享有该权利。PLR 属于权利人的一项报酬请求权,在国外通常被归入后者管理。

著作权集体管理组织根据所授作品类型又分为综合性集体管理组织和单一性集体管理组织。前者可以对所有类型作品的权利人行使的权利进行管理。如意大利作者和出版商协会(SIAE)就是全国唯一的著作权集体管理机构,它管理的作品类型涉及文字、音乐、戏剧、美术、摄影、电影、电视等。后者是按不同作品类型分别建立不同的集体管理机构,即一种作品类型建立一个或几个对应的集体管理机构。如德国有多家著作权集体管理组织受理 PLR 请求权,为了提高运作效率,几家集体管理组织联合成立了 PLR 补偿金工作中心(ZBT),统一处理有关 PLR 的事务。两种组织管理效果相比较,前者效率更高,但后者更能保护权利人的利益。

(2)专门机构管理模式

专门机构管理模式是指文化部或教育部等类似政府部门成立 PLR 委员会,专门负责管理 PLR 事务。PLR 委员会是由作家协会、图书馆、出版商和政府部门等多个机构的专家联合组成的非营利性组织。委员会每年召开例行会议,商讨向政府申请的补偿金总额、确定每册(种)补偿金率、分配补偿金以及修改 PLR 计划等内容。由于委员会由不同利益群体的代表组成,反映了不同利益群体的诉求,因此,不同利益群体的博弈能够最大限度维护不同利益群体的利益。

PLR 委员会受政府部门主管,其性质是国家对文化艺术进行资助的准政府国家机构,符合"一臂间距"原则。"一臂间距"原指人在队列中与其前后左右的伙伴保持相同距离。该原则最先用在经济领域,它被挪用到文化政策领域的主要含义是:国家对文化拨款采取间接管理模式,这种管理模式通常要求国家对文化采取分权式的行政管理体制[1]。从对文化的集中管理到分权管理,这是"一臂间距"原则的基本要义。

专门机构管理模式比著作权集体管理模式运作成本更高些,但该模式兼顾到各方群体的利益,特别是与 PLR 权利人联系更加紧密,整个管理过程差错率低,更令权利人感到满意。

---

① 李河."一臂间距"原则与艺术理事会[EB/OL].[2012-10-05]. http://philosophy.cass.cn/zhexueluntan/wenhuayanjiu/0802.htm.

（3）作家基金会管理模式

作家基金会管理模式是指由作家基金会或作者基金会等组织管理 PLR 事务的方式，该模式一般存在于基于文化政策立法模式的 PLR 管理。该模式与专门机构管理模式有共同之处，也是受政府部门主管的国家对文化艺术进行资助的中介组织，但不是多方利益群体共同组成的机构，而是由代表作家利益的作家基金会负责管理，其运行过程可能存在不透明的地方，容易引起其他利益群体的不满。

从已实施 PLR 制度的国家经验来看，以上三种 PLR 管理模式的运行效率高，运行成本约占 PLR 补偿金的 5%—15% 左右。随着计算机应用程度的普遍化，PLR 数据统计比以前更为迅速和准确，管理费用不断降低，权利人注册系统更加便捷，管理机构对权利人提供的服务更加细致和人性化，得到越来越多权利人的认可和赞同。

3.7　公共借阅权补偿金的来源、计算和分配

3.7.1　公共借阅权补偿金的来源

探究 PLR 补偿金的来源，我们还得溯源 PLR 产生的历史。早期发起 PLR 运动的作家认为公共图书馆损害他们的版税收入，要求图书馆赔偿他们的经济损失。但他们的主张激起图书馆的强烈反对，又受到广大图书馆读者的抵制。后来作家改变策略，要求建立公共图书馆制度的主体——政府承担支付 PLR 补偿金的义务。这个主张并不妨碍图书馆正常的借阅服务，逐渐得到公众的支持。因此，由政府支付 PLR 补偿金得到大多数国家的认同。

支付补偿金的政府主体又可分为中央政府和地方政府，或者联邦政府和州政府。通常来说，中央政府或联邦政府支付补偿金数额占总额的大部分，地方政府或州政府摊付小部分 PLR 补偿金。公共图书馆的运行费用一般由地方政府或州政府支付，地方政府或州政府承担的 PLR 补偿金负担少对公共图书馆的财政拨款影响不大。需要指出的是，有的国家或地区 PLR 管理机构是国家图书馆，如丹麦和格陵兰，政府通过图书馆转移支付 PLR 补偿金，并非是图书馆承担 PLR 补偿金支付的义务。

补偿金来源除了政府全额支付途径外，还有三种不同类型的来源方式，即图书销售商支付补偿金、图书馆支付补偿金和多渠道筹集补偿金。

第一种类型是书商支付补偿金。这种类型以法国为代表。法国 PLR 补偿金的 50% 数额来自政府,50% 来自书商。法国书商负担 50% 的补偿金是有理由的。1965 年法国人均购书 10 册,是同时期西德的 7.14 倍,美国的 9.09 倍,荷兰的 14.29 倍,英国的 100 倍①。2003 年至 2011 年间,在电子书强劲来袭的竞争压力下,各国实体书店纷纷倒闭、网络纸质书店被迫降价销售,法国纸质图书的销售额却一枝独秀,逆势增长了 6.5%②。从数据中可以看出,法国人喜欢买书,而英国人喜欢到图书馆借书,两国国民的阅读习惯差异很大。法国人买书多,书商自然得益多,因此,由书商承担部分补偿金就不奇怪了。

第二种类型是由公共图书馆支付补偿金,如荷兰和卢森堡两国。荷兰在 1987 年实施新的 PLR 补偿金支付规定,由政府负担 1/3 的补偿金,公共图书馆负担 2/3 的补偿金③。此项规定遭到公共图书馆界的强烈反对。根据 2000 年针对荷兰公共图书馆馆长的调查,受访者一致要求政府借鉴欧洲其他国家的做法,承担全额支付 PLR 补偿金的义务④。荷兰公共图书馆支付多数的补偿金事实上影响到公共图书馆的服务,该国公共图书馆收费服务多,读者借阅成本比较高,进而导致读者人数的减少。有的地区图书馆,如奥斯特胡特市为了吸引更多的读者到图书馆借阅图书,减少读者的阅读成本,拒绝支付 PLR 补偿金。馆长认为图书馆是社区服务的重要组成部分⑤。

EC92/100 指令第 4 条(4)规定,"成员国既可以规定是否以及在什么程度上由权利团体强制获得公正的报酬,又可规定此报酬可以向谁主张或收取的问题"⑥。根据这项规定,荷兰对 PLR 补偿金支付主体的规定有法律依据,公共图书馆在短时期内取消支付补偿金难以实现。图书馆作为用户重要的

---

① Seemann E. A. A Look at the Public Lending Right[D]. USA:University of Miami,1981.

② 屈菡. 法国人依旧钟情纸质图书[N]. 中国文化报,2012 - 07 - 23(2).

③ Dittrich K. How Will a Law on Library Lending Right Work? [J]. *Borsenblatt fur den Deutschen Buchhandel*,1985,41(7):216—217.

④ De Jong M. Should the State Pay the Bill for Public Lending Right? [J]. *Bibliotheek-Blad*,2000,4(13):11.

⑤ De Jong M. Abolition of Public Lending Right Charges by the Local Authority[J]. *BibliotheekBlad*,2003,7(4):17.

⑥ Art. 4 para 4:Member States may regulate whether and to what extent administration by collecting societies of the right to obtain an equitable remuneration may be imposed,as well as the question from whom this remuneration may be claimed or collected.

代言人,从来没有停止维护用户权利的呼声和行动。国际图联(IFLA)在 2005 年发表的《关于公共借阅权的立场》中明确指出,"为了充分支持国家文化和教育发展,建立和维持 PLR 制度以及为版权人支付补偿金等所产生的费用,绝不能由图书馆的预算承担,而应由政府单独拨付"①。

第三种类型是补偿金来源于多个途径。例如,芬兰 PLR 补偿金由艺术理事会筹集和拨款,艺术理事会每年向约 3500 名艺术家和社团拨付的经费超过 3500 万欧元,这些经费大部分来源于彩票基金②。

3.7.2 公共借阅权补偿金的计算

(1)PLR 补偿金的计算方式

权利人获得 PLR 补偿金的数额依据补偿金的计算方法,不同的计算方法权利人获得的补偿金差异很大。概括起来,PLR 补偿金的计算方法主要有按借阅次数、馆藏量、文献购置经费的比例和混合式四种,其中前两种是最主要的计算方式。

1)借阅次数

这种计算方法指的是在规定的时间内(通常是一年)统计具有 PLR 客体资格的文献被图书馆出借的总次数。如果不考虑补偿金的上下限额和分配方法,那么权利人最终获得的补偿金 = 其作品被借阅的总次数 × 每册文献补偿金率。在已实施 PLR 制度的 30 个国家中,有 19 个国家采用这种计算方法,占总数的 63%。采用借阅次数计算补偿金的方法最符合 PLR 立法的最初本义,能够较准确地反映读者从图书馆出借文献的数量对作者可能造成的损失量。

借阅次数方法在各种计算方法中成本最高,图书馆工作量较大。上世纪 60—80 年代,图书馆自动化应用系统才开始应用,很多馆藏图书没有国际标准书号(ISBN),统计馆藏借阅次数存在效率低、成本高、不准确等问题。但随着图书馆自动化应用系统的推广和普遍应用,国际标准书号的强制推行,文献借阅统计逐渐更加准确,效率提高,成本下降。为了降低统计的误差率和

---

① IFLA CLM. The IFLA Positon on Public Lending Right[EB/OL].[2012 - 02 - 05]. http://www. ifla. org/en/publications/the-ifla-position-on-public-lending-right.

② Funding and Management[EB/OL].[2012 - 04 - 05]. http://www. taiteenkeskusto-imikunta. fi/en/web/tkt/funding-and-management.

统计成本,很多图书馆采用抽样方法进行统计。例如,英国最初确定的抽样图书馆是 16 所,现扩大到 30 所,每年更换 50% 的图书馆,大型图书馆每三年更换一次,中小型图书馆每两年更换一次①。

采用借阅次数计算补偿金的方式必然出现文献出借次数越多,其权利人获得的 PLR 补偿金越多的现象,即权利人的收益取决于读者的借阅次数。这种计算方法也存在不公平的地方,如忽略了参考工具书在馆内被使用的情况。同时,文献的内容性质、图书馆规定的借阅期限以及复本数量的差异都对文献出借次数产生影响。有的国家对文献借阅的天数、多卷书或丛书的借阅作了限制规定,防止同种类的图书借阅次数差异过大。由于文学作品借阅量大,流通周期短,文学作品的作者赞同这种计算方法,但科技作品的作者反对这种不合理的计算方法。采用这种计算方法还会出现补偿金总额增长受到限制的问题。例如,随着近年来读者阅读渠道的多元化和图书馆印本文献总体借阅量下降,英国 PLR 补偿金总额出现连续多年来的下降。

2)馆藏量

利用图书馆的馆藏量计算补偿金又分为两种方式,一是依据馆藏复本量;二是依据馆藏图书书名种类,目前世界上仅加拿大采用这种方法。采用馆藏量计算方法就是在规定的时间内统计图书馆馆藏文献的复本量。如果不考虑最高和最低复本数的限制以及级差因素,权利人最终获得的补偿金 = 其作品被图书馆收藏的复本数 × 每册文献补偿金率。采用馆藏量计算补偿金,意味着馆藏复本量越多,权利人的收益越大。与借阅次数计算法不同的是,不是读者而是图书馆员决定了权利人获得补偿金的数额。

北欧多数国家和欧洲外的多数国家采用这种计算方法。抽样图书馆通常 3 年或 5 年计算馆藏量一次,管理成本明显比第一种方法低。同时考虑到参考工具书的使用情况,不仅平衡了不同文献种类获得补偿金的差异,而且鼓励作者用本国语言创作作品,使他们不再仅仅关注于他们作品的出借量有多少。当然,这种计算方式虽然得到科技作品作者的赞同,却受到文学作品作者的抨击,他们认为这种方法违背了 PLR 的立法本义,抑制了作者的创作热情。

3)文献购置经费的固定比例

这种计算方法是指政府与权利人组织签署的一揽子支付补偿金协议,根

---

① Anne H, et al. Statistical Analysis of Public Lending Right Loans[J]. *Journal of the Royal Statistical Society. Series A (Statistics in Society)*, 1991, 154(2): 191—222.

据图书馆上年度文献购置经费的固定比例拨付 PLR 补偿金,通常这个比例在 5%—10% 之间。这种补偿金计算方法很简单,计算成本在各种计算方法中最低,目前采用这种方法的国家有挪威、芬兰和法罗群岛。例如,挪威 PLR 补偿金数额最初根据上年度图书馆购书经费的 5% 进行拨付,但是随着权利主客体的逐渐增加,原有的比例过低,导致权利人获得的补偿金减少。挪威在 1987 年颁布的《公共借阅权法案》中规定 PLR 补偿金数额采取协商制度,即由权利人组织和政府进行协商后再确定图书馆购置文献经费的一定比例,从而得出 PLR 补偿金的最终总额。

4)混合式

混合式计算方法就是采用两种以上方法计算 PLR 补偿金。如瑞典对出借图书采用借阅次数的计算方法,而对馆藏工具书则采用馆藏量计算方法。芬兰、挪威针对国内外国民身份的不同,采用不同的计算方法,对本国国民创作的作品采用图书馆文献购置经费的固定比例拨付补偿金,而对欧盟成员国创作的作品采用借阅次数计算补偿金。法国采用馆藏量和图书馆注册读者人数两种方法计算补偿金。

不少国家选择补偿金计算方法有一个变化的过程,最初考虑统计成本问题,往往采用图书馆文献购置经费的固定比例统一拨付补偿金数额。随着图书馆自动化系统的普遍应用,统计图书馆数据变得更加简便和快捷,更多的国家考虑到文献的价值和读者的借阅情况,从而选择文献借阅次数或馆藏量的两种方法计算补偿金。

(2)权利人 PLR 补偿金数额的限制

不少国家在 PLR 补偿金的计算中注重公正和效率的结合,其中对补偿金的支付数额设置最高和最低的限额或者对复本数的要求。设定最低限额是为了减少统计和管理成本,如新西兰和澳大利亚 PLR 法案规定抽样图书馆馆藏某图书复本数如果低于 50 册,权利人不能享有补偿金资格;瑞典规定权利人获得的补偿金金额如果小于 150 瑞典克朗,将不能获得补偿金;英国 1982 年 PLR 计划规定每种书获得的补偿金如低于 5 英镑,将不予支付。

一些国家设定获得补偿金的最高限额是为了防止畅销书作者在获得高额版税的同时又获得高额补偿金,避免作家之间收入差距悬殊。例如,1982 年英国 PLR 计划规定权利人每年获得的 PLR 补偿金不得超过 5000 英镑。瑞典则采取不同级差计算方式缩小权利人补偿金收入的差距:某图书在出借第一个 10 000 册以内,其每出借一次,权利人获得 10 克朗;第 2 个 10 000 册以内,图书每出借一次,其权利人获得 5 克朗;下一个 20 000 册,图书每出借一次,其权利人每次获得 2 克朗;再下一个 20 000 册,权利人获得 1 克朗,以此类推①。德国将抽样图书馆的出借量划分为 9 个级差,不同级差得到不同的补偿金收入。

由于考虑到物价上涨因素以及补偿金总额的变化情况,补偿金最高和最低数额以及级差标准和幅度不是一成不变的,常常会发生一些变动。

3.7.3 公共借阅权补偿金的分配

PLR 补偿金的分配关系到权利人 PLR 利益的最终实现,各国在此方面差异很大。

PLR 管理机构在分配 PLR 补偿金前,首先要提取一定比例的管理费用,该费用包括行政费用、统计调查费用、工作人员工资等开支,这个比例一般占补偿金总额的 5%—15% 左右。剩余补偿金的分配主要有以下三种方式:

第一种是全部分配给权利人,如丹麦、英国、澳大利亚等国。如澳大利亚 PLR 委员会工作效率高,支付作者、出版商 PLR 补偿金的数额占总拨款的 96% 以上。

第二种是部分分配给权利人,部分分配给社会基金,如德国、瑞典、加拿大等国。社会基金包含的种类很多,有用于支付权利人养老金、保险金和救济金性质的福利基金,还有文学作品或科技作品促进基金,甚至还有旅游补贴、住房补贴等特殊津贴。因此,各国制定的 PLR 福利政策不同,权利人得到的补偿金差异很大。根据 John Sumsion 在 1990 年的调查,德国、瑞典两国分配给权利人的 PLR 补偿金占 PLR 总额的比例分别为 38% 和 75%②。

第三种是权利人自行申请,这种分配方式主要存在北欧国家。挪威 PLR 补偿金的分配采取申请制度,不同的艺术家群体向相应的艺术家协会提出申请。瑞典的 PLR 补偿金设有"工作津贴"项目,作家基金会每年的 2 月和 8 月接受作家申请,每次有 1000 名左右申请者,大约有 15%—20% 的申请者可以获得批准③。芬兰艺术委员会提供四种 PLR 补偿金津贴,包括住房津贴、个人

---

① Brophy B. *A Guide to Public Lending Right*[M]. Aldershot,Hampshire：Gower,1983:39.

② Sumsion J. W. PLR—Not Yet a World Movement[J]. *Logos*,1990,1(3):48.

③ Swedish Authors' Fund. State Allowances and Grants[EB/OL]. [2012 - 04 - 10]. http://www. svff. se/fondeng. htm.

或者工作小组特别项目津贴、组织特别项目津贴和个人旅游资助金,符合条件的权利人均可以申请适合的津贴。

三种分配方式中哪种方式对权利人更有利? 笔者认为采用第一种分配方式,将补偿金完全分配给权利人,可能会使没有办理社会保险的自由职业作家在日后遭到经济困境。而第三种分配方式需要权利人申请,由评委依据个人判断和权利人申报材料来确定是否批准权利人的申请资格,这种分配方式可能存在不公正的问题。相比之下,第二种分配方式应该对权利人最为有利,既在第一次分配中直接获得现金或支票,又通过集体组织或基金组织的第二次分配获得可期待的福利,对于提高权利人的生活水准和鼓励权利人的创作热情更具有积极的作用。

需要指出的是,权利人所得的 PLR 补偿金并不一定都由权利人单独享有,可能存在再次分配的可能性。如果作者与出版商在图书出版合同中规定作品所得的 PLR 补偿金应该转让或分配一定比例给出版商的条款,作者将不得不履行合同规定,放弃全部或部分补偿金。EC92/100 指令第 2 条第 4 款也规定,第 1 款所指的权利(出租权和出借权)可以被转让、分配或受契约许可支配①。这也意味着,在一些国家出版商原本无法享有 PLR 补偿金,但通过出版合同的约定可以获得作者应得的补偿金。

3.8　公共借阅权的救济

"有权利,即有救济;有救济,斯为权利",这句经典的法律谚语表明了权利和救济之间的密切关联。所谓权利救济,是指防止或矫正(纠正、改正)针对法定权利所发生或者已造成损害(伤害或危害损失)的不当行为②。权利救济对于权利的意义,首先在于它是权利实现的最终途径和最后保障。PLR 的救济,其核心问题是救济方式和法律责任形式问题。

---

① Art. 2 para 4:The rights referred to in paragraph 1 may be transferred,assigned or subject to the granting of contractual licences.

② (英)沃克编.牛津法律大辞典[M].北京社会与科技发展研究所,译.北京:光明日报出版社,1988:764.

3.8.1　公共借阅权的救济方式

根据权利保护方法的不同,权利救济可分为私力救济和公力救济。所谓私力救济,亦即自力救济,是指权利在受到侵害时依本身之实力排除侵害或妨碍,以救济或保护其权利的制度;所谓公力救济,则是当权利受侵害时,权利人请求公权力的保护以排除侵害或妨碍的制度①。

(1)私力救济方式

从 PLR 的发展史上看,PLR 的私力救济手段非常明显。各国作家在发起 PLR 运动争取自身权利的过程其实也是寻求私力救济的过程,尤其是英国作家行动组织(the Writers Action Group,WAG)对议会的游说和对公众的宣传活动。PLR 立法后,权利人组织对政府施加压力,要求尽快制定 PLR 实施计划。PLR 制度实施后,权利人组织定期(通常一年)向 PLR 管理机构、PLR 补偿金支付的义务主体——中央政府或州政府协商 PLR 补偿金的总额。权利人认为其所得的补偿金有误时,可以对该明显错误进行调查,并在规定的时间内向 PLR 管理机构陈述补偿金计算错误的理由。因此,PLR 的产生、发展及其权利的管理、行使无不带着浓厚的私力救济的色彩。

(2)公力救济方式

公力救济方法主要包括司法救济和行政救济。行政救济是指由国家行政机关在权利人权利受到侵害时,依其职权和程序以具体行政行为的方式实施的权利救济;司法救济是由国家司法机关在法定权利受到侵害或有受侵害之虑时,依照法定的方法、程序和制度,以判令侵权人承担一定法律责任的方式,给予权利人的救济②。

由于 PLR 是权利人的一项"小权利",一般由著作权集体组织等专门机构代理其管理和行使权利。因此,在权利救济方式上,由著作权集体组织等机构代理权利人诉讼,为其争取 PLR 利益,主要属于司法救济的形式。

3.8.2　侵犯公共借阅权的法律责任

我国著名的法理学家张文显认为,法律责任是国家对违反法定义务、超越法定权利界限或滥用权力的违法行为所作的法律上的否定性评价和谴责,

---

①　李运华.就业权研究[M].北京:中国社会科学出版社,2009:189—190.

②　李运华.就业权研究[M].北京:中国社会科学出版社,2009:202.

是国家强制违法者做出一定行为或禁止其做出一定行为,从而补救受到侵害的合法权益,恢复被破坏的法律关系和法律秩序的手段①。

PLR 的法律责任,简而言之,即国家对违反版权法或相关法规定的义务、侵害版权人和邻接权人权利的行为人,强制其承担一定的不利后果,以补救权利人受到损害的合法权益的制度。

对于法律责任的设定、认定和执行,各国普遍实行国家垄断原则。法律上保护权利的手段不外乎有民事制裁、刑事制裁和行政制裁三种基本形式,体现在法律规范中即民事责任、刑事责任和行政责任三种责任方式。笔者查阅 PLR 立法主要国家的版权法和 PLR 计划,发现明确规定有关借阅的法律责任的条文很少见。以下简单作个介绍。

(1)行政责任

澳大利亚《PLR 法案》第 20 条对 PLR 委员会裁定复审规定,如果权利人不服委员会裁定,可在收到裁定结果之后的 28 日内以书面形式要求委员会对该裁定进行复审。如果委员会的复审维持原裁定或权利人不服委员会做出更改的裁定,权利人可以上诉到行政裁判法庭,要求行政裁判法庭对该事宜进行公正的裁判②。

埃及《知识产权保护法》(著作权部分)第 187 条(2)规定:所有以销售、出租、借阅或者颁发许可等方式发行作品、已录制的表演、录音制品或者广播的经营者,应保留正规账簿,记录每一作品、录音制品或者广播的数据以及每年的发行数量,违反本条规定应处以 5000 埃及镑以上 10 000 埃及镑以下的罚款,且不影响在任何其他法律中规定的更严重的惩罚③。

(2)民事责任

澳大利亚《PLR 法案》第 25 条规定:除 26 条外,依据计划接受补偿金的权利不因转让、抵押或其他方式而剥夺,并且该权利不能因执行或依据破产法的处理而受到侵犯④。

(3)刑事责任

法国版权法在 L.335-3-1 条和 L.335-3-2 条分别有关于借阅的技术保护

---

① 张文显.法哲学范畴研究[M].北京:中国政法大学出版社,2001:119.

②④ Public Lending Right Act 1985[EB/OL].[2012 - 02 - 05].http://www.comlaw.gov.au/Details/C2012C00240.

③ 十二国著作权法编写组.十二国著作权法[M].北京:清华大学出版社,2011:47.

措施①和权利管理信息②的条款。

L. 335-3-1 条 Ⅱ 规定③：通过销售、出借或出租等方式，直接或间接地取得或故意向他人提供，专门设计的或经过特殊改装的用以侵犯 L. 331-5 条界定的有效技术措施的工具的，处 6 个月监禁及 3 万欧元罚金；

L. 335-3-2 条 Ⅱ 规定④：通过销售、出借或出租等方式，直接或间接地取得或故意向他人提供，专门设计的或经过特殊改装的用以部分地删除或修改 L. 331-11 条所列的信息，侵犯著作权、掩盖或为侵权提供便利的，处 6 个月监禁及 3 万欧元罚金。

这两个法律规定涉及数字借阅的法律问题，但目前法国 PLR 实施仍局限于印本文献。因此，这两个条款其实对法国 PLR 的救济没有多大用处。

需要指出的是，各国关于 PLR 法律责任的规定很少并不完全说明权利人 PLR 侵权难以救济，权利人除了通过权利人组织进行私力救济外，还可以利用版权法或相关法寻求救济途径。特别是欧盟成员国，权利人可以通过欧洲法院寻求 PLR 的救济。例如，一些欧洲国家权利人组织向欧盟委员会主张其 PLR，欧盟委员会已多次就欧洲一些国家不正确实施 EC92/100 指令而将这些国家起诉到欧洲法院，这在很大程度上维护了权利人的 PLR。

---

① 技术保护措施又称技术措施，是指在正常运行中版权人和邻接权人为了有效控制、防范或阻止他人非经授权访问接触作品，或以复制、发行、传播、修改的方式使用其作品而主动采取的技术上的保护措施。

② 权利管理信息，又称版权管理信息，包括作品信息、作品版权人信息、有关作品使用的条款和条件信息及代表此种信息的任何数字或代码。

③④ 十二国著作权法编写组. 十二国著作权法[M]. 北京：清华大学出版社，2011：118.

4 公共借阅权制度的历史演进

德国哲学家黑格尔说过,"存在即合理"①。一个制度的产生和发展同样具有其内在合理性,PLR 制度也概莫例外。考察 PLR 制度的历史演进过程,我们能够清楚地掌握其产生和发展的内在规律及原因,并对其发展的现状和趋势有一个较准确的认识。

4.1 公共借阅权制度的产生和发展

根据 PLR 制度的历史演进过程,其可以分为 4 个阶段。第一阶段为 PLR 制度的萌芽期(1883—1941 年),第二阶段为 PLR 制度在北欧的初创期(1942—1970 年),第三阶段为 PLR 制度在全球的扩张期(1971—1991 年);第四阶段为 EC92/100 指令下 PLR 制度的发展期(1992 年至今)。

4.1.1 公共借阅权制度的萌芽期

PLR 思想起源于 19 世纪的德国。19 世纪 50—60 年代,德意志资本主义经济得到迅猛发展,德意志已从落后的农业国发展成为工业化国家。1870 年,其工业生产已超过法国,跃居仅次于英国的世界第二位。1871 年,德意志帝国建立。经济的强盛和国家的统一刺激德国文化的发展,一种以出租图书向读者收取阅读费的商业性图书馆非常盛行,极大地满足了市民的阅读需求。

商业性图书馆,也可以称为租借图书馆或租书店,产生于 18 世纪上半叶的伦敦及其他大城市。它们向市民提供通俗读物,市民凡有能力付出微少租金的,如每月支付不超过 1 先令,就可以借到书。商业性图书馆产生之前的图书馆,不是由统治阶级经办,就是由高等教育机构设立。

商业性图书馆脱胎于会员图书馆(subscription library)。起先是一些较为

---

① "存在即合理"来源于黑格尔在其代表作《法哲学原理》中提出的"凡是合乎理性的东西都是现实的;凡是现实的东西都是合乎理性的"思想。

富裕的读书人,组织"学术讨论会"或"读书会",并附设图书馆,专供会员使用,这种图书馆叫做"图书俱乐部""图书社""读书社"或"文学社"等。它是采取个人入股的方式建立起来的图书馆,每个会员拿出一定的金额,共同购买和共同利用图书馆①。一些有远见或者有经济头脑的人士发现创办面对普通市民的租书店不仅能提高市民的文化素质,满足社会大生产对劳动力素质的要求,而且能够赚取一定的利润。于是,商业性的租书店在欧洲主要城市发展起来。

商业性图书馆的扩展引起作者的强烈不满。《安娜法》②确认的"作者是法律保护主体"的思想已深入作者的人心。作者与出版商签订的出版合同是大多数作者获取版税的唯一来源。但兴起中的商业性图书馆的出租行为不可避免地造成图书销售量的下降,进而对作者图书版税的流失产生很大的影响。

1883 年 9 月,德国作家协会在达姆施塔特城(Darmstadt)通过一项决议,要求"德国政府立法规定商业性图书馆必须履行对有版权图书的商业利用而给予作者赔偿的义务"③。德国作家维护自身权利的声明可以说是 PLR 思想的肇始。此后,尽管德国作家采取各种方式主张他们的权利,但是他们的努力最终没有获得成功。这主要是 19 世纪下半叶后,商业性图书馆受到公共图书馆的冲击,其数量不断萎缩,德国作家协会的权利声明失去了现实依据。公共图书馆以其广泛的开放性、稳定的经费保障、免费的借阅服务和有力的法律支持等优势吸引越来越多的市民走进公共图书馆,但公共图书馆的兴起却为作家发起 PLR 运动提供了充足的理由。

4.1.2　公共借阅权制度在北欧的初创期

德国作家主张 PLR 的运动首先得到丹麦作家的积极回应。1917 年 6 月 17 日,丹麦著名女作者 Thit Jensen 在丹麦图书馆协会举办的第一次年会上发表演讲,提出公共图书馆每出借一册图书应向作者支付 5 克朗报酬的

---

① 杨威理.西方图书馆史[M].北京:商务印书馆,1988:184—185.

② 1709 年英国颁布的世界上第一部版权法《安娜法》,首次确认了作者是法律保护的主体,给予作品版权保护期,维护了作者的经济权利。

③ Andreassen T. Frustrated Authors, Obstructive Governments:Europe's PLR Impasse [J]. *Logos*,2005,16(2):61—67.

建议,要求图书馆将此报酬转交给丹麦作家协会,再由协会分配给作者①。针对Jensen的主张,作者、图书馆员、图书销售商和出版商等不同的利益群体表达了不同的观点。作家声称图书馆借阅服务使他们的图书版税收入减少,要求得到图书馆出借赔偿金(library loan compensation),但作家的主张遭到图书馆界和出版界的强烈反对。图书馆员认为事实与作家相反,图书馆的借阅服务所起到的宣传作用能促使图书的销售量增加。由于图书馆是出版社的大客户,在这场争论中出版商站在图书馆一方。1919 年,在北欧作家大会上,越来越多的作家主张自己的权利。1920 年,丹麦作家协会要求与教育部举办会议讨论图书馆补偿金的问题。持免费借阅观点的公共图书馆强烈反对向作者支付报酬,认为向读者直接收费会导致国家财政拨款的减少。而后两方不同利益的群体围绕图书馆借阅服务是否会影响图书销售,以及作者在作品出售后是否仍有法定权利享有报酬权等问题展开讨论。但争论没有取得任何进展。

1929 年,当时丹麦最著名的科学探险类畅销小说家 Peter Freuchen 成功地说服了出版商 Steen Hasselbach 在其出版的新书 Nordkaper 上印制"除非支付报酬,否则未经特别许可,禁止公共出借"的字样,要求图书馆为此书的出借向作者支付报酬,或者图书馆用双倍价格购买此书②。打算订阅此书的图书馆遇到前所未有的棘手问题,不得已请求法院为这个权利争端作出裁决。法院最终裁定作者有权利在其著作中采取防止其权利被人侵犯、并对图书的利用加以限制的措施。但是,丹麦作家并不敢大胆利用这个有利裁决,他们担心公众认为他们不合理地从国家领了双份收入,从而不支持他们的主张,而且由于得不到其他出版社的支持,这种在书中印刷"禁止公共出借"的做法在 3 年后被迫停止。20 世纪 30 年代,有关是否建立 PLR 制度的争论仍在继续中,丹麦作家协会开始探讨由国家资金建立 PLR 制度的设想。北欧其他国家的作家也在不断争取图书馆补偿金,声援丹麦作家的行动。丹麦作家持续不断地争取权利的运动引起了本国议会的关注。1941 年,丹麦政府在报告中提出给予作者图书馆补偿金能提高作者的收入,鼓励他们的创作热情,因此补偿金的收取是"有理由的"。1942 年,丹麦政府修改图书馆法,正式对公共

---

① Henriksen C. H. *Nodic Public Lending Right*[M]. National Library Authority,1997:7.

② Henriksen C. H. *Nodic Public Lending Right*[M]. National Library Authority,1997:8.

借阅补偿金制度立法,规定公共图书馆因使用作者版权作品需向作者支付报酬。由于之后德国侵占丹麦,使这项规定被迫推迟到战后实施。1946 年 4 月 1 日,丹麦公共图书馆法(the Danish Public Libraries Law)生效,PLR 计划随之正式实施,标志丹麦建立了世界上第一个 PLR 制度。

在丹麦 PLR 制度的影响下,挪威、瑞典、芬兰和冰岛先后于 1947 年、1954 年、1961 年和 1963 年制定了 PLR 制度。从以上国家建立 PLR 制度的时间可以看出,这些地处于斯堪的纳维亚半岛的北欧国家之所以在 20 世纪 40—60 年代成为世界上最早确立和实施 PLR 制度的地区绝非偶然。

首先,北欧的社会福利制度为北欧 PLR 制度的建立培植了丰厚的土壤。1920 年,庇古的巨著《福利经济学》出版,标志着福利经济学的产生。庇古提出经济福利和国民收入是两个对等的概念,国民收入是一国国民个人福利的总合,要增加经济福利,就要增加国民收入,增加国民产品的数量,消除国民收入分配的不均等。庇古学说促进丹麦等北欧国家社会保障制度的建立和完善。从社会制度和经济发展模式来看,北欧各国在历史上曾经是一个统一的国家,有共同的民族文化背景和相类似的社会经济结构①。除冰岛外,北欧四国在 19 世纪末都成为工业强国,20 世纪初兴起了社会民主运动后,四国国民的物质文化生活水平普遍较高。北欧国家作为高福利国家,其社会目标在于保证国民的收入达到平均水平。为了实现这个目标,政府采取的措施之一是对高收入人群课以重税,同时提高低收入人群的收入,以减少贫富之间的差距。而以写作为职业的作家,通常是那些国家的低收入者。显然,实施 PLR 制度可以增加作家的收入。因此,北欧国家将 PLR 设计成一种社会福利制度,并将重点放在鼓励本国作家进行文学创作上。

其次,北欧各国图书馆事业的迅速发展促进北欧 PLR 制度的建立。北欧国家的统治者比欧洲其他经济发达国家的资产阶级更早地认识到公共图书馆的作用。他们在 20 世纪初至 30 年代,前后发布了旨在促进公共图书馆事业的法令。瑞典在 1905 年、1912 年、1930 年,丹麦在 1920 年,芬兰在 1928 年,挪威在 1935 年分别制定或修改了本国的图书馆法②。四国的图书馆法有一个共同点,即国家在财政上全额担负公共图书馆的经费。1957 年,北欧国家启动了世界上

---

① 江向东.版权制度下的数字信息公共传播[M].北京:北京图书馆出版社(今国家图书馆出版社),2005:152.

② 杨威理.西方图书馆史[M].北京:商务印书馆,1988:294—296.

第一个地区性的跨国文献资源共享计划——斯堪的纳维亚计划,跨国间的馆际互借活动非常活跃,图书流通率高。北欧国家图书馆事业的快速发展对当地的图书销售市场构成了很大的冲击。据瑞典文学委员会的调查表明,该国每年人均阅读的图书有1/3以上是从图书馆借来的,全国公共图书馆系统每年借出总量高达7800万册次,这对一个只有880万人口的国家来说,意味着每年人均向图书馆借阅9册次以上的图书①。同时由于书价的不断上涨,使许多人放弃自购图书的意愿,选择到图书馆借阅图书,从而导致了图书销量的减少和作家版税收入的减少,进而推动PLR制度迅速推广到北欧其他国家。

本阶段PLR制度的特点概括起来主要有:①政府将PLR作为保护本国民族文化政策和社会福利制度的一个组成部分。②将PLR纳入图书馆法或行政规定,PLR的管理机构是国家文化机构。③对PLR的主体和客体作了较多的限制,其主体资格局限于用本国语言创作或拥有本国国籍和长期居住本地的作者,客体范围局限于满足一定条件的图书。

4.1.3　公共借阅权制度在全球的扩张期

20世纪70年代—80年代是PLR制度向欧洲大陆及欧洲以外国家推广的发展期,有9个国家在本国立法体系承认PLR。它们分别是:荷兰(1971年)、德国(1972年)、新西兰(1973年)、澳大利亚(1974年)、奥地利(1977年)、英国(1979年)、加拿大(1986年)、以色列(1987年)、法罗群岛(1988年)。需要指出的是,对PLR的立法并不意味着PLR制度的同步建立,不少国家的PLR制度往往要滞后于立法许多年。如英国的PLR制度直到1982年随着PLR计划的出台才建立起来。

PLR制度在短短20年内扩展到9个国家,究其原因主要有3个方面:首先,PLR制度有效地刺激了本国作家创作的热情,促进本国文化的发展,PLR制度实施的效果引起其他发达国家的关注;其次,各国图书馆事业的蓬勃发展间接减少了作家的版税收入,作家团体以此为由发起持续的PLR运动,争取民众的支持,游说议会通过PLR立法;再次,作家团体作为一股政治力量,得到不同党派的支持,为实现他们的政治主张和经济诉求提供了绝好的机会。

该阶段PLR制度的主要特点有:

第一,PLR制度在欧洲以外的国家建立。新西兰和澳大利亚、加拿大、以

---

① 江向东.瑞典政府对出版物的资助补贴政策[J].世界图书,1990(2):3—8.

色列分别是大洋洲、北美洲和亚洲国家,说明了 PLR 立法开始得到欧洲以外国家的重视和支持。

第二,出现版权立法、准版权立法两种新的 PLR 立法模式。加拿大、新西兰、以色列等国家沿袭北欧国家的做法,视 PLR 制度为一项文化扶持项目,文化政策立法模式的国家在本阶段仍然占据多数。英国建立准版权立法模式,对 PLR 单独立法,承认作者获得报酬权,对作者提供"准版权"保护。英国模式成功运行的经验对其他国家立法提供了很好的借鉴,丹麦于 1982 年将 PLR 法从图书馆法中单独出来,澳大利亚于 1985 年颁布专门的 PLR 法,完成 PLR 行政法令向专门法规的转换。德国则将 PLR 直接纳入版权法,将其作为版权人的一项专有财产权。

第三,各国不断增加 PLR 的主体和客体范围。多数国家原来仅规定文学作品作者可以享有 PLR 主体资格,随着科技作品作者协会、翻译家协会、音像协会等权利人组织的争取,非文学作品作者、翻译家、编辑、插图画家、摄影者等逐渐成为 PLR 的主体资格。PLR 的客体范围也相应扩展到图片、照片、唱片、录音带等非书资料。而德国版权法中有关的 PLR 涉及的权利和客体更为宽泛,权利主体不仅包括原创作者,还包括邻接权人;权利客体包括文字作品、美术作品、音乐作品、音像作品和电影作品等类型。

4.1.4　EC92/100 指令下公共借阅权制度的发展期

1992 年 11 月,EC92/100 指令①的颁布是 PLR 制度进入快速发展期的里程碑。1992—2011 年,对 PLR 立法并制定实施计划的国家有格陵兰(1992年)、希腊(1993 年)、斯洛文尼亚(1995 年)、立陶宛(1999 年)、爱尔兰(2000年)、拉脱维亚(2000 年)、卢森堡(2001 年)、法国(2003 年)、斯洛伐克(2003年)、爱沙尼亚(2004 年)、比利时(2004 年)、意大利(2006 年)、捷克(2006年)、列支敦士登(2006 年)、西班牙(2007 年)、匈牙利(2008 年)等 16 个国家或地区。从以上国家所在地区可以看出,新建立 PLR 制度的国家清一色都是欧洲国家。本阶段 PLR 制度在更多的国家得以实施主要取决于 EC92/100 指令的推动作用,因此,我们有必要分析 EC92/100 指令产生的原因、法律效力、主要内容以及其对 PLR 制度发展的影响。

---

①　该指令经欧盟第 93/98 号指令(OJ1993,L209/9)、第 2001/29 号指令(OJ2001,L167/10)和第 2006/1 15 号指令的修改(OJ2006,L345/31),主要内容未作修改。

（1）EC92/100 指令出台的原因

1）欧洲经济一体化促使欧洲法律的一体化

二战后，由于国际关系新格局的形成，被战争削弱的欧洲国家为了抗衡美苏两霸，开始走联合自保与自强的道路。1957 年 3 月 25 日，法国、联邦德国、意大利、荷兰、比利时和卢森堡六国政府的首脑和外长，在罗马签订了《建立欧洲经济共同体罗马条约》（简称《罗马条约》），提出："通过本条约，缔约各方在它们之间建立一个欧洲经济共同体。"目标是："通过共同市场的建立和各欧洲经济共同体成员国经济政策的逐步接近，在整个共同体内促进经济活动的和谐发展，不断的均衡的扩展，日益增长的稳定，生活水平加速提高以及各成员国间越来越密切的关系。"欧洲经济共同体与欧洲煤钢共同体、欧洲原子能共同体共同组成欧洲共同体。1991 年 12 月 11 日，欧共体马斯特里赫特首脑会议通过了建立欧洲经济货币联盟和欧洲政治联盟的《欧洲联盟条约》（通称《马斯特里赫特条约》，简称《马约》）。1992 年 2 月，各国外长正式签署《马约》。经欧共体各成员国批准，《马约》于 1993 年 11 月 1 日正式生效，欧共体开始向欧洲联盟①过渡。

《马约》的生效标志着欧盟政治、经济、法律一体化进程的正式启动。由于《马约》的主要目标是要破除国内障碍，将国内市场统一为单一的欧盟市场，使成员国形成单一的贸易市场，在各成员国间实现人员、服务和资本的自由流通，因此就必须建立一个趋于统一的法律制度来保证在单一的欧盟市场内的自由竞争不受破坏。《马约》第 3 条(8)明确规定："在共同体内进行的必要限度内，使各国立法趋于接近。"该条款为欧盟协调包括出租权、出借权在内的知识产权制度奠定了法律基础。

---

① 欧洲联盟（European Union），简称欧盟（EU），是由欧洲共同体（European Communities）发展而来的，是一个集政治实体和经济实体于一身、在世界上具有重要影响的区域一体化组织。至 2012 年 1 月共有 27 个成员国，它们是法国（1950 年）、德国（1950 年）、意大利（1950 年）、荷兰（1950 年）、比利时（1950 年）、卢森堡（1950 年）、英国（1973 年）、丹麦（1973 年）、爱尔兰（1973 年）、希腊（1981 年）、葡萄牙（1986 年）、西班牙（1986 年）、奥地利（1995 年）、瑞典（1995 年）、芬兰（1995 年）、马耳他（2004 年）、塞浦路斯（2004 年）、波兰（2004 年）、匈牙利（2004 年）、捷克（2004 年）、斯洛伐克（2004 年）、斯洛文尼亚（2004 年）、爱沙尼亚（2004 年）、拉脱维亚（2004 年）、立陶宛（2004 年）、罗马尼亚（2007 年）、保加利亚（2007 年）。

2)国际版权保护发展的需要

随着信息传播技术的发展,作品的使用方式发生了重大变化,版权人的专有权利开始增多,并形成了复制权、演绎权和传播权三大权利板块。同时,邻接权人的权利也越来越受到人们的重视,逐步产生了与传播作品相关的表演者权、录音制品制作者权和广播组织权。作者和表演者的创作艺术工作需要足够的收入作为将来创作艺术工作的基础,而生产录音制品需要巨额投资,并且风险很大。然而,盗版行为日渐猖獗,权利人损失惨重。因此,加强权利人的版权保护,对于社会经济和文化发展具有十分重要的意义。只有通过对权利人给予充分的法律保护,才有可能确保权利人收入所得以及投资的回收。

国际版权保护大致呈现出两个趋势,一是强化对权利人的保护,二是不断协调各国之间的规定①。由于各国经济往来日益密切,作品的创作、传播和使用行为越来越多地跨越国界,各国原来不同的规定对同一使用行为不一样的评价,会妨碍作品的创作、传播和使用,从而危及文化产业的共同发展②。因此,欧共体认为有必要协调成员国间版权法规定,促进共同体经济秩序的完善和个人权利保护的加强。

早在1988年,欧盟委员会前身欧共体委员会发表了《版权与技术挑战绿皮书》(简称"版权绿皮书")③,认为新技术使国家之间的疆界事实上消失了,明确提出了欧洲知识产权协调保护的目标。这是第一份宣布有必要在版权和邻接权领域的框架下取得协调的欧盟委员会文件。在对相关利益团体广泛咨询的基础上,欧盟委员会批准了《绿皮书后续行动:欧盟委员会在版权与相关权领域的工作计划》④。欧盟的立法咨询过程为 EC92/100 指令的产生提供了必要的立法调研资料。

3)协调成员国之间出租权制度和 PLR 制度的差异

欧盟各成员国在对待出租权问题上存在明显的差异。一些国家认为,出租权是属于有形物产生的权利,是利用有形商品获得报酬的形式,不应属于版权法的范畴;另一些国家则认为出租是利用作品的方式之一,

---

① ② 韦之.《欧共体出租权指令》评介[J].现代法学,1999(5):136—139.

③ Green Paper on "Copyright and Challenge of Technology:Problems in Copyright Calling for ImmediateAction",COM(88) 72 final,17 June 1988.

④ Follow-up to the Green Paper Working Programme of the Commission in the Field of Copyright and Neighboring Rights,COM(90) 584 Final,17 January 1991.

出租权理应成为权利人所享有的一项重要的经济权利①。这种差异在Warner V. Metromome② 案中体现出来,说明出租权制度差异已经妨碍了欧盟各成员国之间的贸易和竞争,不利于共同体内部市场的形成。

1988 年的版权绿皮书虽然没有指出在非商业借阅方面有采取行动的必要性,但在 1989 年 9 月举行的一次听证会上,绝大多数代表将兴趣放在讨论出租权与出借权的协调上。他们认为,如果不将非商业性借阅包含进来,而仅仅协调出租权,那么指令将是不完整的。从经济的观点来看,PLR 是出租权的补充,在某些情况下,PLR 甚至会代替出租权。因此,为了确保欧盟内部市场的合理运行,欧盟有必要对成员国的 PLR 立法进行协调。

欧盟各成员国在 PLR 制度建设上存在明显的差异。成员国 PLR 立法模式不同,存在将 PLR 纳入到文化政策、准版权立法和版权法三种立法模式,不同的立法模式对 PLR 保护程度不同,其主体、客体范围差异很大。不少国家PLR 的权利主体仅限于本国作者,不保护其他欧盟成员国的作者;权利客体仅涉及图书,比图书版权价值更高的录音制品、视听制品和计算机软件反而不受保护,这明显不符合版权保护的宗旨。

在版权法协调方面,欧盟采取的是逐步推进的模式,即哪一方面问题突出就协调哪一方面。由于成员国之间出租权制度、PLR 制度在立法框架和立法实践上存在着明显的差异,严重影响欧洲内部市场的成功运作,因此,在《马约》签署的当年,欧共体理事会迅速通过 EC92/100 指令,加强对成员国出租权和 PLR 制度的协调。

(2)EC92/100 指令的法律效力③

在法律一体化方面,《马约》剥夺欧共体成员国的某些主体权利,将这些

---

① 江向东. 版权制度下的数字信息公共传播[M]. 北京:北京图书馆出版社(今国家图书馆出版社),2005:161.

② European Court of Justice, May 17, 1998, case C-158/86 Warner Brothers Inc. and Metronome Video ApS v Erik Viuff Christiansen [1988] ECR I-02605

该案简介:原告丹麦唱片制作者 Warner 诉丹麦出租店主 Metromome 将其版权作品用于出租,侵犯其出租权。被告以原告选择了不保护出租权的英国作为其作品的首次上市国家,就意味着在整个欧盟市场放弃了出租权作为抗辩理由。受理法院在听取欧洲法院的意见后,做出有利于原告的判决。

③ 江向东. 版权制度下的数字信息公共传播[M]. 北京:北京图书馆出版社(今国家图书馆出版社),2005:162—163.

权利转移给共同体(community),这个共同体既不是一个国家,也不是一个联邦,而是一个"国家间的机构",独立于各成员国。因此,欧共体法作为一种超国家的跨国(supranational)法,将直接适用于各成员国,各成员国的国内议会不能对欧共体法进行修订或补充,否则将导致国内法与跨国法之间的界限模糊不清,造成成员国不平等的法律保护。由欧共体理事会颁布的跨国法分为两种,一种是地区性条例(regulation),要求成员国直接适用,无需由各国立法机关将其转化为国内法;另一种是地区性公约(conventions)和指令(directives),这种性质的跨国法颁布后需由各成员国议会在一定的期限内将其转化为国内法并付诸实施。EC92/100属于跨国法中的第二种类型。

(3)EC92/100指令中关于出借权的内容

EC92/100指令分为4章,"序言"从社会、经济、法律和文化等方面陈述颁布指令的理由,第1章(第1—5条)为"出租权和出借权",第2章(第6—10条)为"与版权相关的权利",第3章(第11—12条)为"期间"(已废止),第4章(第13—15条)为"一般条款"。

1)出借权的含义

根据EC92/100指令第1条(1)、(3)规定,出借权是指权利人许可或禁止有关机构出借其权利客体的权利,"出借"必须是非直接或间接地为经济或商业利益,在限定的时间内由向公众开放的机构将出借权客体交付他人使用的行为。

2)出借权的权利主体和客体

出借权的权利主体是指依法对作品享有出借权的权利人,即作品的创作者和作品的传播者。根据EC92/100指令第2条(1)规定,出借权的主体是作者、表演者、录音制品制作者和电影制作者①。具体来说,作者对其作品的原件或复制件享有出借权,表演者对其表演的录制品享有出借权,录音制品制作者对其录音制品享有出借权,电影制作者对其摄制的电影原件或复制件享

---

① Art. 2 para 1:The exclusive right to authorise or prohibit rental and lending shall belong to the following:

(a) the author in respect of the original and copies of his work;

(b) the performer in respect of fixations of his performance;

(c) the phonogram producer in respect of his phonograms;

(d) the producer of the first fixation of a film in respect of the original and copies of his film.

有出借权。欧盟委员会允许各成员国根据需要保护其他权利主体。

出借权的权利客体是指受版权保护的各类作品。根据 EC92/100 指令第 2 条(1)、(3)规定,出借权客体范围几乎涉及所有作品类型,包括文字作品、录音制品和电影作品的原件和复制件,只有建筑作品和实用艺术作品的实物被排除在外,但它们的设计图纸、图片和模型仍受出借权保护。

3)出借权的权利行使与权利限制

在出借权的权利行使方面,EC92/100 指令在 3 个方面保障权利人获得报酬权。第 1 条(4)规定,出借权不因为销售或其他对原作或其复制品的发行行为而穷竭①。第 2 条(4)规定,权利人可以将出借权转让、授权使用或由合同许可证授予②。第 4 条(3)规定,作者或表演者可以将获得的公平报酬权委托给代表他们利益的集体管理组织管理③。

在权利限制方面,出借权受到合理的权利限制,以平衡作者、传播者和使用者的利益。EC92/100 指令第 5 条(1)规定,成员国可以在公共出借领域排除第 1 条所赋予的专有出借权,但至少应当保证作者对于此种出借获得报酬④。第 5 条(2)规定,当成员国不运用第 1 条赋予作者关于录音制品、电影以及计算机程序专有出借权时,但至少应当保证作者获得报酬⑤。由此,权利人原有的专有权利被减损为法定许可权利,仅享有获得报酬的权利。第 5 条(3)规定,成员国可以从第 1、2 款关于报酬给付中排除一定的机构种类⑥。根

---

① Art. 1 para 4:The rights referred to in paragraph 1 shall not be exhausted by any sale or other act of distribution of originals and copies of copyright works and other subject matter as set out in Article 2(1).

② Art. 2 para 4:The rights referred to in paragraph 1 may be transferred,assigned or subject to the granting of contractual licences.

③ Art. 4 para 3:The administration of this right to obtain an equitable remuneration may be entrusted to collecting societies representing authors or performers.

④ Art. 5 para 1:Member States may derogate from the exclusive right provided for in Article 1 in respect of public lending,provided that at least authors obtain a remuneration for such lending.

⑤ Art. 5 para 2:Where Member States do not apply the exclusive lending right provided for in Article 1 as regards phonograms,films and computer programs,they shall introduce,at least for authors,a remuneration.

⑥ Art. 5 para 3:Member States may exempt certain categories of establishments from the payment of the remuneration referred to in paragraphs 1 and 2.

据这项规定,不同的成员国可以根据本国经济情况免除一定的向公共开放的机构类型支付 PLR 补偿金的义务,权利人获得的报酬将受到影响。第 4 条(4)规定,成员国既可以规定是否以及在什么程度上由权利团体强制获得公正的报酬,又可规定此报酬可以向谁主张或收取的问题①。该项规定说明了成员国可以对出借权实行强制集体管理,即不允许权利人自己行使报酬请求权,而只能由代表其利益的集体管理机构来行使。这为公共图书馆等公共机构使用作品提供了方便。

(4)EC92/100 指令对 PLR 制度发展的推动作用

EC92/100 指令的颁布,对全球 PLR 制度的发展产生了重大的推动作用。其影响主要体现在以下几个方面:

1)全球 PLR 制度进入快速发展期

在 EC92/100 指令颁布之后,欧盟成员国 PLR 立法进程加快,一些位于中东欧地区的发展中国家迫于欧盟指令的压力也调整了本国法律,将 PLR 纳入到本国的法律体系。本阶段建立 PLR 制度的国家数量远超过第二、第三阶段的数量。

2)版权模式立法的国家数量急剧增加

各国原先对 PLR 保护以"准版权"模式为主,而出借权则是版权和邻接权人的一项排他性的专有权,可以许可或禁止图书馆出借其作品。同时,EC92/100 指令也允许成员国对这一排他性的权利进行限制,允许成员国采用法定许可制度将 PLR 降为由版权集体管理机构代为主张的公平获酬权。欧盟成员国在欧盟委员会的压力下,版权立法模式占据绝对上风,PLR 开始向版权意义下的出借权过渡,PLR 管理由著作权集体管理组织负责。原先一些准版权立法模式的国家和文化政策立法模式的国家开始转变立法模式,将 PLR 纳入到版权保护体系,如英国、丹麦等国。

3)扩大 PLR 的主体和客体范围

指令颁布之前的 PLR 权利主体主要是图书作者,而指令颁布后的出借权则延及所有的版权人和邻接权人,包括图书作者、翻译家、插图画家、编辑、作曲家、表演者、录音制作者、录像制作者和电影制片人。在权利授予对象上,

---

① Art. 4 para 4:Member States may regulate whether and to what extent administration by collecting societies of the right to obtain an equitable remuneration may be imposed,as well as the question from whom this remuneration may be claimed or collected.

之前的 PLR 一般以"国籍原则"为标准,只授予本国作者;而出借权则要实行"国民待遇"原则,必须对欧盟区成员国的权利人提供同等的保护。

之前的 PLR 权利客体主要是图书,而出借权的客体则包括所有受版权保护的作品,涵盖图书、录音制品、视听制品、计算机软件等作品类型。

4)迫使欧盟成员国将 EC92/100 指令转化为国内法

根据 EC92/100 指令第 15 条规定,成员国应不迟于 1994 年 7 月 1 日实施适用于本指令的法律法规和行政条款。但是,事实上只有比利时、希腊、法国、意大利和瑞典按时完成了立法工作①。截至 2011 年年底,大多数欧盟成员国通过修改版权法,将 PLR 纳入到版权法体系中,完成了 EC92/100 指令转化为国内法的立法工作。

在各国对 EC92/100 指令转换过程中,欧盟委员会起着协调和监督的作用。由于多数欧盟成员国对 PLR 立法是在欧盟追求法律一体化的压力下不得不采取的被动选择,其制度实施与指令出台的本义有相当的偏差,如比利时、葡萄牙、西班牙等国。欧盟成员国凡对欧盟各种指令在国内法转化过程中因不同解释而导致冲突的,均要由欧洲法院作出最后裁决。由于欧洲法院的判决具有欧盟成员国中类似普通法系中的"判例法"的示范效果,因此,比利时、西班牙、意大利等国开始制定 PLR 实施细则,就指令的转换进行立法调整。

总之,EC92/100 指令颁布后,在欧盟委员会和欧洲法院的共同干预下,欧盟内原已对 PLR 立法的国家多数完成了指令的国内法转换工作,这使得欧盟内出现更加协调的 PLR 制度。由于欧盟在包括知识产权法在内的民商法一体化方面始终走在世界各地区的前列,以及欧盟在国际知识产权产业中所处的重要地位,其立法动向在一定程度上影响着未来国际 PLR 立法的趋势和走向。

4.1.5 公共借阅权制度产生和发展的原因

PLR 制度的建立为什么能在短短半个多世纪从一个偏隅的北欧国家发展到全球数十个国家? 考察 PLR 制度的演进过程,可以发现有政治、经济、文化和法律等多重因素在共同推动 PLR 制度的产生和发展,概括起来有以下几点:

---

① Vinje T. C. Harmonising Intellectual Property Laws in the European Union: Past, Present and Future[J]. *European Intellectual Property Review*,1995,17(8):361—377.

(1)公共图书馆的兴起是 PLR 制度产生与发展的根本原因

PLR 的产生和发展与公共图书馆的发展有着密切联系。如前所述,PLR 的萌芽最早可溯源到 19 世纪 80 年代德国作家要求政府向商业性图书馆征收图书出租赔偿金。当时,欧洲各国商业性出租图书馆占据图书馆的主流地位,其主要满足中产阶级和上层阶级的需要;而新办的公共图书馆主要向工人阶级服务。但是到了 20 世纪初,公共图书馆开始向社会各个阶层服务,得到社会民众的欢迎,其数量和规模逐渐扩大,商业性图书馆已无法与公共图书馆竞争,数量也逐渐减少。二战以后,西方国家的公共图书馆作为将社会知识转化为个人知识的一种社会机制得到各国政府的重点扶持,公共图书馆的数量迅速增长,图书的借阅数量也相应地迅速增加。欧洲人口约 3.75 亿,1998 年图书馆持证用户数达 1.18 亿,约占人口总数的 31%;英国的比例更高,2000 年英国图书馆持证用户数为 3450 万,约占人口总数的 60%①。由于西方公共图书馆服务点分布广泛、合理,公众到图书馆借阅图书非常方便,许多读者认为没有必要自己购买图书,这势必削减了图书市场的个人购买力,使作者的版税收入和出版商的经济利益受到损害。

英国作家 John Fowles 曾对读者购书和图书馆公共借阅服务对图书销售和作家版税收入的影响作过调查,认为公共图书馆的借阅服务是造成作者版税收入减少的重要原因②。这个对作家有利的调查数据虽然受到专业人士的质疑,但是 PLR 的支持者以此来说服公众支持 PLR 制度。因此,作家要求通过 PLR 使其作品因在公共图书馆免费利用造成的损失得到弥补,就容易赢得社会各界的同情和理解,使得 PLR 制度的确立有了一定的社会基础。

(2)作家群体的积极维权是 PLR 制度产生与发展的直接原因

作家是 PLR 制度实施的主要受益者。因此,各国 PLR 的立法和 PLR 制度的建立无不反映了作家积极维护自身权利的过程。从 PLR 发展史上看,PLR 观念的萌芽源于德国作家的维权声明,而 PLR 的产生是丹麦作家经过近 30 年的不断诉求才得以实现。即使是其他国家对 PLR 立法也不是一蹴而就,各国作家协会要持续地向议会游说,寻求议员的支持,积极展开与图书馆、出

---

① 江向东. 版权制度下的数字信息公共传播[M]. 北京:北京图书出版社(今国家图书馆出版社),2005:149.

② Stave T. Public Lending Right:A History of the Idea[J]. *Library Trends*,1981,29(4):569—582.

版商的合作,争取国家政府对 PLR 补偿金专项拨款。如英国作家协会经过 28年努力,8 次提交议案都失败了,直到第 9 次通过立法,但立法到制度的实施经过 3 年,制度的实施到补偿金的发放又过了 2 年,作家终于在 1984 年拿到第一笔补偿金。

在 EC92/100 指令颁布之前,多数国家确立 PLR 是基于这样一个事实,即本国作家收入偏低。如英国当时所做的调查显示,半数以上的职业作家由其著作出版所获得的收入低于全国平均收入的一半。其他国家也有类似情况。这些国家意图通过确立 PLR 制度,增加作家收入,从而刺激文化生产,保证本国文化发展。例如,2007 年,英国作家平均收入下降到不足全国国民平均收入的 25% ,即使是收入居前 10% 的作家,他们的收入也仅比作家平均收入高50% 以上①。因此,PLR 对于作者的重要性是不言而喻的,尤其是以写作为生的自由职业者。他们向政府的不断诉求多数是为了谋求正当的物质生活条件。可以说,PLR 的发展史是各国作家坚持不懈地维护自身权利的历史。

(3)保护本民族文化传统是 PLR 制度产生与发展的文化原因

丹麦、挪威、瑞典、芬兰、冰岛等北欧五国建立 PLR 制度的主要目的是鼓励作者创作,支持本国的文化事业,在其立法中规定享有 PLR 资格的主体是采用本国语言创作的或长期居住在本国的作者。北欧国家的立法特色得到许多国家的借鉴。一些小语种的国家开始认识到建立 PLR 制度可以成为保护民族文化使之免遭外来文化凌驾而衰落的积极措施,如以色列建立 PLR 制度就是鼓励作者用希伯来语创作。即使是英语国家的澳大利亚、加拿大和新西兰,也由于英美两大出版国的图书大量输入,产生本国文化陷入绝境的忧虑。从国家意识和民族文化的层面上看,国外文化的大量输入和本国文化逐渐衰落,这不仅会丧失民族自尊心,而且还会有沦为"文化殖民地"的危险。从国际贸易和经济利益的层面上看,版权产品不平衡的流动,不但会产生贸易逆差,而且面对未来信息服务和国外版权产品的销售压力,很可能因缺乏竞争力而严重窒息本国的科学文化发展②。

建立 PLR 制度,实际上是政府用专款来刺激本国作者的创作热情,进而

---

① [2012 – 06 – 05]. http://www. plr. uk. com/mediaCentre/mediaReleases/feb2009(4). pdf.

② 江向东. 版权制度下的数字信息公共传播[M]. 北京:北京图书馆出版社(今国家图书馆出版社),2005:149.

维护和弘扬民族文化的发展①。20世纪50年代初至70年代初,是西方资本主义国家经济发展的"黄金期",西方发达国家有更多的财力投入本国的文化事业。进入21世纪,随着文化创造力的重要性和保护文化的多样化得到国际社会的普遍共识,各国政府加大了PLR补偿金的拨款力度。

(4)国际版权保护强化趋势是推动PLR制度发展的法律原因

信息传播技术的发展,版权保护的范围不断扩大,特别是音乐作品和戏剧作品的现场表演权的确立,对PLR制度的建立产生很大的影响。PLR的倡导者们问道:既然有版权的乐曲每一次公开演奏都有报酬,为什么有版权的著作每一次由图书馆公共出借不能得到报酬呢?音乐作品的公开表演与提供图书给大众阅读都构成了对作品的重复使用,因此作者理应得到公平的受益权利。这种保护作者权益的观点,得到西方国家普遍的赞同,PLR的立法有了可资参考的法律依据②。早在1960年,英国作家赫伯特(Alan Herbert)就向议会提交了一个有关将PLR与版权法联系起来的提案。

20世纪70年代以后,西方市场经济激烈竞争的加剧使得国家经济利益成为立法的主导,智力成果成为知识经济时代最重要的生产要素,版权保护的法律天平开始向权利人倾斜,并逐步呈现出强化版权保护的国际趋势。德国第一个将PLR纳入著作权法,将其作为版权人的一项专有财产权来对待。1992年,EC92/100指令的出台要求欧盟成员国赋予权利人出借权,并在1994年7月1日指令正式实施前完成国内法的转换。EC92/100指令颁布之前,大部分国家对PLR立法的本意是支持本国的文化事业,鼓励作者进行文学创作。指令的实施和推广改变PLR立法的初衷,促使PLR制度向出借权制度发展。目前,大多数欧盟成员国将PLR纳入版权法体系,使之成为版权人的专有权,这种立法模式已成为欧盟PLR立法的主要模式。

(5)欧盟的扩张是促进PLR制度发展的政治经济原因

欧盟的前身是欧洲共同体,其从1950年创立初的6个国家扩张到2007年的27个国家。目前克罗地亚、土耳其作为候选国也将加入欧盟。欧盟是世界上最有力的国际组织,其通过法律(包括立法和司法)途径来规范成员国与欧盟之间的关系,将国内司法体系纳入到欧盟的司法体系之内从而形成一个整体的司法体系。凡是要加入欧盟的国家,必须按照欧盟的法律体系修改国

---

①② 刘兹恒.西方公共出借权的由来、发展及问题[J].图书馆杂志,1993(5):52—55.

内法律;原来欧盟的成员国,也必须按照欧盟法律在规定的期限内完成国内法的转换。因此,1992 年 EC92/100 指令颁布后,欧洲地区出现了建立 PLR 制度的高潮。2004 年新加入欧盟的 10 个国家出于政治经济上的考虑,不得不被动移植 EC92/100 指令,在本国法律体系内承认 PLR,建立基于版权立法模式的 PLR 制度。法律一体化是欧盟政治经济一体化的重要环节,在欧盟理事会、欧盟委员会和欧洲法院的共同干预下,PLR 制度在欧盟地区的全面建立只是时间问题。

(6)信息技术的广泛应用是推动 PLR 制度发展的重要原因

早期北欧 PLR 制度采用图书馆购书经费的一定比例计算补偿金数额,违背 Jensen 提出的 PLR 的本义,主要是因为图书馆员抱怨用手工方法统计图书出借量的任务太重,PLR 管理成本太高。英国在 PLR 立法过程中,曾就补偿金的计算方式展开激烈的争论,作家行动组织(WAG)坚持采用以计算图书出借次数为基础的 PLR 制度,由于当时图书馆应用计算机管理系统并不普遍,从而推迟了立法成功的时间。20 世纪 70 年代以来,欧洲主要国家图书馆开始应用计算机应用系统管理工作,图书馆可以快速、准确地统计年度图书馆借阅的具体情况以及馆藏资源动态情况。远程通讯技术应用之后,PLR 管理机构可以通过网络查询抽样图书馆的出借数据和馆藏情况,降低了 PLR 管理成本,统计数据更加迅速和准确。信息技术的应用也为权利人主张权利提供了便捷条件,权利人可以通过 PLR 管理网站注册、申请 PLR。管理机构通过对 PLR 数据统计计算出每个权利人应得的补偿金数额,并最终给有资格的权利人寄去现金或支票。

信息技术的发展还深刻地改变了作品的载体形式,信息资源载体呈现纸质型、音像型、缩微型和电子型等多元发展形式,图书馆馆藏资源结构发生改变,这使得 PLR 的客体范围进一步扩大,有声图书和电子图书也成为一些国家 PLR 立法保护的范围。虽然 EC92/100 指令规定出借所涉及的客体限于作品的有形载体,通过网络传播作品的行为不属于出借,而被视为作品的再现,但允许成员国在国内法中对这种情况进行法律规范。一些国家尝试改革原有的 PLR 制度。如英国于 2010 年通过了《数字经济法案》(Digital Economy Act 2010),将 PLR 的客体范围延伸到某些类型的有声图书和电子图书。

综上所述,PLR 制度的产生和发展有着深刻的时代背景和地域特征。公共图书馆的兴起、作家的积极维权和保护本民族文化传统是 PLR 产生的原因,国际版权制度的发展、欧盟的扩张和信息技术的应用等因素共同推动 PLR

制度的进一步发展。虽然各国 PLR 立法的动因和实施方式各不相同,有的甚至差异非常大,但它们有一个共同目标,即 PLR 制度的建立是为了促进本国文化事业的发展。

4.2 公共借阅权制度的发展现状、障碍和趋势

4.2.1 各国公共借阅权制度发展现状

根据国际 PLR 网站统计,截至 2012 年 12 月,全球有 30 个国家或地区建立 PLR 制度[①]。已立法但尚未制定实施计划的有[②]:波兰(1994 年)、哈萨克斯坦(1996 年)、葡萄牙(1997 年)、萨摩亚(1998 年)、安道尔(1999 年)、毛里求斯(1999 年)、不丹(2001 年)、马耳它(2000 年)、圣露西亚(2000 年)、莫桑比克(2001 年)、塞浦路斯(2001 年)、克罗地亚(2003 年)、罗马尼亚(2004 年)、埃塞俄比亚(2004 年)、保加利亚(2006 年)、亚美尼亚(2006 年)、波黑(2010 年)、布基纳法索(2010 年)、土耳其(2011 年)、塞尔维亚(2011 年)、马其顿(时间不详)、乌克兰(时间不详)等 22 个国家或地区。在这些 PLR 新立法的国家中,欧洲国家有 13 个,亚洲国家 3 个,非洲国家 4 个,大洋洲国家 1 个,北美洲国家 1 个,说明了 PLR 制度对欧洲国家影响最大,并对欧洲以外国家,特别是发展中国家产生了影响。

但是国际 PLR 网站统计数据并不完全准确,忽略了对 PLR 承认但又规定权利例外以及对某些作品类型给予 PLR 的情况,例如,美国版权法虽然承认 PLR,但通过首次销售原则作出 PLR 的例外规定;墨西哥对计算机程序和数据库给予专有的 PLR,日本对表演者、录音作品和电影作品给予专有的借贷权;埃及版权法对作者和表演者赋予 PLR。因此,国际上已对 PLR 立法的国家至少在 56 个以上。

国际 PLR 网站公布了已建立 PLR 制度的 30 个国家实施 PLR 的具体信息,笔者在此基础上对其中的错误和缺漏做了修正和增补,编制了"世界各国或地

---

① PLR around the World:New Year Update[EB/OL]. [2012 - 12 - 22]. http://www. plrinternational. com/news/newsarchive. htm.

② PLR Schemes in Development[EB/OL]. [2012 - 05 - 06]. http://www. plrinternational. com/indevelopment/indevelopment. htm.

区公共借阅权制度实施一览表"(参见附录 A)。第六章将对加拿大、瑞典、澳大利亚、新西兰、丹麦、英国和德国等 7 个国家 PLR 制度进行个案研究,本节就不再介绍。以下对其余 23 个国家 PLR 制度的实施现状作简要的概述。

1. 奥地利 PLR 制度概况①

1977 年建立 PLR 制度。1993 年修改版权法,将 PLR 纳入版权法,规定该权利由代表权利人的集体管理组织代为主张。11 个版权集体管理组织与政府达成协议,由中央政府和 9 个联邦省给付 PLR 补偿金,文字作品集体管理组织——LVG 负责抽样图书馆出借数据的收集、补偿金的计算工作,再由 LVG 将补偿金分配给相应的著作权集体组织。

新的 PLR 制度从 1994 年 1 月生效,补偿金总额为 58.1 万欧元,约 75% 的客体出借量源于图书和期刊。主体资格包括作者、编辑、翻译家、摄影者、插图画家、改编者和出版商。客体范围包括印本文献、录音制品、视听制品、计算机软件等。

补偿金的分配:26% 分配于社会和文化目的,在 74% 的余额中扣除 11% 的管理费用,其余分配给作者和出版商;编辑和汇编者享有单位补偿金率的 17.5% ,翻译享有作者的 50% ;分配给公共图书馆的补偿金中,作者和出版商分别享有 70% 和 30% ;分配给学术图书馆的补偿金中,作者和出版商各享有 50% 。

2. 比利时 PLR 制度概况

1994 年 6 月 30 日,比利时修改了《版权和邻接权法》,将 PLR 纳入到版权法保护体系,在 EC92/100 指令要求转换成国内法最后期限前完成了 PLR 立法。但政府迟迟未颁布 PLR 实施细则。2003 年 10 月 16 日,欧洲法院作出裁决,宣布比利时不履行 EC92/100 指令的做法是不正当的,必须在 6 个月内履行义务,否则将面临处罚。2004 年 4 月,皇家法令出台 PLR 实施计划。PLR 计划向图书馆注册读者收取补偿金,成人读者每年支付 1 欧元,儿童减半。但用这个计算方式得到的补偿金总额过低,作者只能拿到象征性的奖励。2011 年,欧洲法院再次要求比利时 PLR 计划必须适合 EC92/100 指令的要求。

比利时 PLR 计划免除教育或学术图书馆等类型公共机构实施 PLR 的义务,规定由复制权组织——Reprobel 管理 PLR,代表音乐家、表演家和录音制

---

① PLR in Austria[EB/OL]. [2012 – 06 – 10]. http://www.plrinternational.com/established/plradministrators/austria.htm.

作商的集体组织——Auvibel 授权 Reprobel 管理 PLR。PLR 的主体资格有著者、编辑、翻译家、摄影者、插图画家、出版商、录音作品制作者、视听作品制作者等,享有客体资格的载体类型有印本文献、录音制品、视听制品、计算机软件等。实施计划将收集和分配 PLR 补偿金的权利下放到不同的 3 个区域,即荷兰语的佛兰芒区、法语和德语区。2006 年,3 个区与 Reprobel 签署 PLR 管理协议。2006 年,PLR 补偿金总额 128 万欧元;2007 年,补偿金总额 153 万欧元;2009 年,补偿金总额 169 万欧元;2010 年,补偿金总额 175 万欧元。补偿金的分配比例为:Auvibel 享有 16.5% 的数额,Reprobel 享有 83.5% 的数额,这部分数额中,70% 分配给作者,30% 给出版商①。

3. 捷克 PLR 制度概况

捷克的 PLR 立法主要是为了满足加入欧盟的政治需要而被动移植欧盟立法的产物。2000 年,政府通过新的《作者权利法案》,给予作者 PLR。但法案一直未正式实施,考虑到西欧多个国家因为实施 PLR 制度不力而被欧洲法院干预,议会于 2006 年 5 月修改版权法,将 PLR 纳入到版权法,《作者权利法案》正式实施。②

根据《捷克版权法》第 37 条第 2 款规定,只要向作者在图书馆的版权作品原件或复制件支付公平的报酬,图书馆就不会侵犯作者的版权。该条规定还免除学校图书馆、高校图书馆、国家图书馆、科研图书馆、国会图书馆等多种类型图书馆承担 PLR 补偿金的义务。《捷克版权法》附录部分规定每出借图书一次,出借报酬费为 0.50 捷克克朗(0.02 欧元)。PLR 的权利主体有著者、翻译家、插图画家和编者。PLR 的管理机构是代表文学作品、戏剧作品和音像作品权益的集体组织——DILIA。2010—2011 年,PLR 补偿金总额为58.3 万欧元,2011—2012 年,补偿金总额为 56.6 万欧元。多数作者对 PLR 制度不满意,认为单位补偿金数额过低,而且免除很多图书馆的义务,作者实际获益并不多。

4. 爱沙尼亚 PLR 制度概况

爱沙尼亚政府于 1999 年 11 月将 PLR 纳入版权法,2000 年 1 月,新版权

---

① PLR in Belgium[EB/OL].[2012 – 06 – 10]. http://www. plrinternational. com/established/plradministrators/belgium. htm.

② PLR in Czech [EB/OL].[2012 – 06 – 10]. http://www. plrinternational. com/established/plradministrators/czech. htm.

法生效。法律给予作者因其作品被公共图书馆出借而享有公平的报酬权。PLR 制度于 2004 年开始运作。法律规定 PLR 的主体资格是本国公民或长期居住当地的著者、翻译家、图表设计者和插图画家；客体范围包括图书、视听制品和音乐资料等。

补偿金来源于中央政府，每年 7 月 1 日发放。PLR 由独立的、无营利性的组织 AHF(作者报酬基金会)管理。AHF 董事会由 5 人组成，分别来自作家联盟、出版商协会、图表设计家联盟、图书馆联盟和文化部代表。AHF 每年与文化部协商补偿金的总额。其管理费用占总拨款的 15%。补偿金的计算方式依据客体出借的次数，每年抽样近一半的公共图书馆，占总出借量的 50%。2009 年，著者获得的补偿金数额占总量的 60%，翻译家占 30%，图表设计者和插图画家占 10%。权利人享有的补偿金最高限额不超过上一年国家统计的平均工资的 4 倍①。

2010 年，PLR 补偿金总额为 12.1 万欧元，2011 年，补偿金总额为 12.0 万欧元。自 2008 年以来，申请 PLR 的权利人增加了 19%，补偿金总额下降 35%，权利人获得的补偿金数额下降了 44%。2011 年，27% 的权利人获得的补偿金少于 10 欧元。

5. 法罗群岛 PLR 制度概况

法罗群岛议会于 1988 年通过《作者拨款和补贴法案》，建立了 PLR 制度。PLR 由国家资助的国家图书馆中心管理，补偿金来源于图书馆拨款经费的 8%。PLR 的主体资格是用芬兰、瑞典或萨米语言创作的作家、翻译家、插图画家等，客体资格有图书和音乐资料。实施 PLR 制度的图书馆类型包括国家图书馆、公共图书馆和学校图书馆。补偿金的计算方式依据馆藏复本量，少于 50 本的不能享有补偿金②。

6. 芬兰 PLR 制度概况

芬兰于 1961 年建立了基于文化政策模式的 PLR 制度。2007 年，芬兰修订《版权法》，在第 19 条赋予权利人 PLR，正式将 PLR 纳入到版权法体系。PLR 的管理由教育部和文化部授权文字作品著作权集体组织 Sanasto、视觉作

① PLR in Estonia [EB/OL]. [2012 – 06 – 10]. http://www.plrinternational.com/established/plradministrators/estonia.htm.
② PLR in Faroe [EB/OL]. [2012 – 06 – 10]. http://www.plrinternational.com/established/plradministrators/faroe.htm.

品著作权集体组织 Kopiosto 和音乐作品著作权集体组织 Teosto 负责。集体管理组织每年向政府协商 PLR 补偿金的拨款数额。PLR 的权利主体限于用芬兰语、瑞典语和拉普兰语创作的、具有本国国籍或长期居住本地的作者。权利人必须通过向芬兰艺术委员会注册申请,芬兰艺术委员会批准后方可获得 PLR 补偿金。PLR 的权利客体较为广泛,包括了文学作品、音乐作品、摄影作品、戏剧作品、视觉艺术作品和电影作品等等。

芬兰 PLR 实施的图书馆类型是公共图书馆,抽样图书馆 PLR 客体出借量约占总量的 10%。权利人可以对最近三年的其有关作品申请 PLR 补偿金。2011 年,PLR 补偿金总额为 300 万欧元,2012 年预计增长 10% ,达到 330 万欧元。芬兰 PLR 制度虽然建立在版权法的基础上,但仍考虑到文化的层面,在分配补偿金方面,往往根据作者的申请资料评估其作品的创作性来分配 PLR 补偿金,并且提供的多种 PLR 补助项目使补偿金的受惠面扩大①。

7. 法国 PLR 制度概况

法国于 2003 年 6 月 18 日修改版权法,将 PLR 正式纳入到版权法,完成 EC92/100 指令向国内法的转换。PLR 由目前代表超过 6000 人的作者和 200 家出版商的著作权集体管理组织——Sofia 管理。

法国 PLR 补偿金的来源和计算方式比较特别。补偿金一部分来自书商,另外一部分由中央政府承担。补偿金的计算方式是混合式,根据馆藏复本数和注册读者来计算。对公共图书馆每一个注册用户拨款 PLR 补偿金 1.5 欧元,对于高校图书馆每一个注册用户拨款 1 欧元。馆藏复本数必须超过 15 本,少于 15 本的图书不具有 PLR 客体的资格②。

PLR 实施的图书馆类型广泛,几乎包括所有出借图书馆,特别是公共图书馆、高校图书馆和研究图书馆以及具有借阅功能的图书馆网点。2007 年秋天,Sofia 开始向作者和出版商分配 2003—2004 年度的 PLR 补偿金,总额为 1077 万欧元,由 11 241 个作者和 1183 个出版商享有。2010 年,补偿金总额达到 1100 万欧元,超过 5.8 万个作者和 2000 个出版商享有报酬资格。Sofia 通过与国外集体管理组织签订互惠协议,同意通过其他国家的集体管理组织

---

① 　PLR in Finland[EB/OL]. [2012 - 06 - 10]. http://www. plrinternational. com/established/plradministrators/finland. htm.

② 　PLR in France[EB/OL]. [2012 - 06 - 10]. http://www. plrinternational. com/established/plradministrators/france. htm.

向国外的作者支付补偿金。

8. 希腊 PLR 制度概况

按照 EC92/100 指令的要求,希腊在 1994 年 7 月 1 日前完成指令转换成国内法的立法工作,但 PLR 制度的实施进展缓慢。其 PLR 管理机构是文字作品集体管理组织 OSDEL。实施的图书馆类型是公共图书馆,补偿金计算方式是根据图书出借的次数。目前,OSDEL 已和很多公共图书馆签订了协定,准备向权利人发放 PLR 补偿金①。

9. 格陵兰 PLR 制度概况

1992 年 10 月,格陵兰建立了 PLR 制度,每年向对本地区图书馆作出贡献的作家、翻译家、插图画家和摄影者支付一定的 PLR 补偿金。PLR 的主体资格有:在本地出版图书的作家;将外国作品译成本国文字的翻译家;对本国图书有贡献的插图画家和摄影师。权利人资格的审查工作由国家图书馆负责,报酬由政府支付。补偿金的计算方式是根据馆藏复本数。由于该国人口稀少,1998 年只有 49 名作者提出资格认定申请②。

10. 匈牙利 PLR 制度概况

2008 年,匈牙利修改版权法,将 PLR 纳入到版权保护体系。PLR 管理机构为 2007 年 11 月成立的文学作者集体管理组织(HLACS)。2011 年,HLACS 与 18 所公共图书馆、高校图书馆和首都图书馆签订协议,通过统计图书出借次数计算权利人应得的补偿金收入。2012 年预计发放第一笔补偿金,总额为33.3 万欧元③。

11. 冰岛 PLR 制度概况

冰岛早在 1963 年就建立了 PLR 制度。现行的法律状态是 2007 年生效的冰岛文学基金法案,PLR 由作家联盟管理,PLR 理事会由文化和教育部、作家代表组成。PLR 的主体资格限于用本国语言创作的著者、翻译家、插图画家、摄影者和作曲者等,客体仅限于图书,三个以上创作者或少于 36 页的图书

---

① PLR in Greece[EB/OL].[2012 – 06 – 10].http://www.plrinternational.com/established/plradministrators/greece.htm.

② PLR in Greenland[EB/OL].[2012 – 06 – 10].http://www.plrinternational.com/established/plradministrators/greenland.htm.

③ PLR in Hungary[EB/OL].[2012 – 06 – 10].http://www.plrinternational.com/established/plradministrators/ hungary.htm.

不享有客体资格。权利人的继承人限于配偶及 18 周岁以下的子女①。

补偿金的计算采取混合式方法,对可以出借的图书采取出借次数的计算方法,对不可以出借的参考工具书采取馆藏复本数的计算方法。补偿金的支付有最高和最低的限额。

12. 爱尔兰 PLR 制度概况

2000 年,爱尔兰在修订的《版权与相关权法案》中承认 PLR,完成 EC92/100 指令的国内法转化。但由于免除了公共图书馆实施 PLR 的义务,作者仍得不到应得的补偿金。爱尔兰作家联盟通过欧洲作者大会向政府施加压力,要求政府尽快履行法律授予作者的 PLR。2007 年 1 月,欧洲法院裁定爱尔兰不正确实施 EC92/100 指令,对公共图书馆承担 PLR 实施义务的豁免规定过于宽泛。2008 年,爱尔兰正式建立 PLR 制度。新制度沿袭英国 PLR 模式,由都柏林的图书馆理事会负责 PLR 事务。

爱尔兰 PLR 实施图书馆的类型是公共图书馆,包括 32 个地区图书馆附属 348 个分馆和 31 个流动图书馆。PLR 的主体资格包括著者、翻译家、编者、插图画家等,权利人必须是向管理中心注册 PLR 的欧盟成员国或欧洲经济区成员国的公民。PLR 的客体仅限于印本图书。2010 年,补偿金总额为 32 万欧元,每本客体出借的补偿金率为 0.88 分,最高补偿金数额为 3000 欧元,最低为 2 欧元,共有来自 26 个国家的 4638 名作者享有补偿金②。

13. 以色列 PLR 制度概况

以色列于 1986 年建立 PLR 制度,该制度属于文化政策,没有立法的明文规定。PLR 的管理机构是政府授权的 PLR 委员会,该委员会由教育和文化部及希伯来语作家代表组成。PLR 的主体资格限于用希伯来语或阿拉伯语创作的、具有本国国籍的著者或翻译家。作者如去世,其 PLR 可以由其配偶享有。PLR 的客体资格仅限于文学作品。

补偿金的计算依据图书出借次数。选取 20 个抽样图书馆,城市和乡村图书馆各占一半。诗歌图书出借次数的统计按照实际出借次数乘以 3 计算。补

---

① PLR in Iceland[EB/OL].[2012 - 06 - 10]. http://www.plrinternational.com/established/plradministrators/iceland.htm.

② PLR in Ireland[EB/OL].[2012 - 06 - 10]. http://www.plrinternational.com/established/plradministrators/ireland.htm.

偿金数额的 30% 分配给儿童文学,70% 分配给成人文学①。

14. 意大利 PLR 制度概况

意大利在 1994 年修改了《版权法》,赋予某些类型的权利人专有 PLR。但由于补偿金没有到位,PLR 制度未能充分实施。为了筹集 PLR 补偿金,2006 年文化部创立 PLR 基金,补偿金的筹集和分配由代表作者和出版商协会利益的集体管理组织——SIAE 负责。

根据 2007 年 6 月 18 日文化部的规定,不同的载体形式,PLR 补偿金的分配有所不同。对于印本文献,作者和出版商平等分享;对于录音录像制品,作者和出版商平等享有 60% 的数额,制作商和艺术家平等享有其余的 40%。根据 2007 年调查,印本图书和有声图书获得的补偿金占总额的 83%,录音带占总额的 5%,录像带占总额的 12%②。

15. 拉脱维亚 PLR 制度概况

拉脱维亚虽然于 2000 年 8 月修改《版权法》,授予作者因其作品出借而获得合理报酬的权利,但直到 2004 年 4 月才制订实施计划。PLR 管理机构是代表作者、表演者、录音录像制作者和电影制作者利益的著作权集体管理组织——AKKA/LAA。PLR 主体包括作者、表演者、录音录像制作者和电影制作者,客体包括图书、录音录像制品、电影作品复制件等。AKKA/LAA 每年就补偿金的拨款数额与文化部进行协商。

在补偿金的分配方面,权利人必须提出权利申请,补偿金的数额根据权利人不同的著作方式享有不同的数额,如对文字作品复制件补偿金的计算上,原创作者享有 100% 单位补偿金率,翻译家享有 50%—75%,插图画家根据其创作的贡献,改编者享有 50%;录音制品的补偿金,作者和作曲者享有单位补偿金率的 40%,制作者和表演者占 60%③。

16. 列支敦士登 PLR 制度概况

列支敦士登于 1999 年修改《版权法》,将 PLR 纳入到版权保护体系。

① PLR in Israel[EB/OL]. [2012 - 06 - 10]. http://www. plrinternational. com/established/plradministrators/israel. htm.

② PLR in Italy[EB/OL]. [2012 - 06 - 10]. http://www. plrinternational. com/established/plradministrators/italy. htm.

③ PLR in Latvia[EB/OL]. [2012 - 06 - 10]. http://www. plrinternational. com/established/plradministrators/latvia. htm.

2006年,建立了PLR实施制度。管理机构是著作权集体管理组织——ProLitteris,PLR的主体仅限于文学艺术作品的创作者①。

17. 立陶宛PLR制度概况

1999年,立陶宛在新生效的《版权与相关权法》第16条赋予作者PLR。但该国的PLR制度直到2002年实施。立陶宛版权保护协会(LATGA-A)是政府指定的PLR集体管理组织,负责对申请报酬的作者进行登记,并对作者和作品的资格进行认定。PLR的客体资格仅限于图书,包括本国公民创作的任何语种的作品、用本国语言创作或翻译的作品。

PLR实施的图书馆类型限于公共图书馆,补偿金计算方式依据客体出借次数。2002年,政府拨款28 962欧元补偿金分配给109名著者、72名翻译家和29名插图画家,其中70%分配给著者和翻译家,30%分配给插图画家②。

18. 卢森堡PLR制度概况

卢森堡于2001年修改《版权法》,在第65条赋予作者和表演者PLR。但由于代表作者和出版商利益的集体管理组织LUXORR尚未建立,有关PLR的实施计划直到2007年1月8日才被政府采纳。

卢森堡PLR的客体包括图书、报纸、期刊和电子媒体。实施PLR图书馆的类型限于公共图书馆,补偿金计算方式依据客体的出借次数,每出借一次权利人获得报酬2欧元。2011年,第一笔补偿金正式发放,总额217.9053万欧元分配给123名作者和出版商,权利人获得的最少补偿金数额为6.80欧元,最多数额为36.6760万欧元③。

19. 荷兰PLR制度概况

1995年,荷兰修改了版权法,将EC92/100指令转换成国内法。荷兰PLR补偿金来源于公共图书馆的财政经费。管理机构是政府授权的著作权集体管理组织Stichting Leenrecht。PLR主体包括著者、译者、插图者、摄影者、编辑

① PLR in Liechtenstein [EB/OL]. [2012 – 06 – 10]. http://www. plrinternational. com/established/plradministrators/liechtenstein. htm.

② PLR in Lithuania [EB/OL]. [2012 – 06 – 10]. http://www. plrinternational. com/established/plradministrators/lithuania. htm.

③ PLR in Luxembourg [EB/OL]. [2012 – 06 – 10]. http://www. plrinternational. com/established/plradministrators/luxembourg. htm.

者、出版商及其他权利人;客体范围广,包括图书、录音制品、视听制品和乐谱等。补偿金的计算方式依据客体出借次数。2011 年,PLR 客体出借 1.31 亿次,补偿金总额为 1740 万欧元。

荷兰的版权法虽然减损权利人的出借绝对权,只赋予其获得报酬权,但规定三种例外情况:软件的出借需要版权人授权;学校图书馆和高校图书馆及皇家图书馆免除支付 PLR 费用;权利人声明拒绝 PLR 补偿金,出借机构不得借阅其作品①。

Stichting Leenrecht 是一个独立的中介机构,由权利人代表和使用者代表组成。该组织的主席由司法部会同教育、文化和科学部任命。如果权利人和使用团体(图书馆)无法达成补偿金筹集和分配方案,由主席作出最后的决定。其就实施的义务主体的例外过于宽泛向法院提出诉讼,要求扩大 PLR 在图书馆的应用范围。

20. 挪威 PLR 制度概况

挪威于 1947 年通过《公共和学校图书馆法案》,建立了 PLR 制度。目前的 PLR 实施计划是根据 1987 年的 PLR 法,属于有关文学、语言和艺术的文化政策管理范围。PLR 的管理机构是文化部,每年文化部与代表权利人利益的 23 个著作权集体组织协商补偿金的数额,在得到议会批准后,再由集体组织分配权利人应得的补偿金。

PLR 的主体限于在本国出版作品的作者,客体范围广,包括图书、录音制品、视听制品和乐谱等。实施 PLR 的图书馆类型包括公共图书馆、学校图书馆、科研图书馆、专门图书馆和监狱图书馆。补偿金计算方式依据客体出借的次数。2011 年,23 个集体组织分享了总额超过 1150 万欧元的补偿金②。

21. 斯洛伐克 PLR 制度概况

1997 年,斯洛伐克在新修订的版权法中对 PLR 加以确认。2007 年,修改了《图书馆法》,法律赋予国家图书馆管理 PLR 的职能。国家图书馆与著作权集体管理组织就 PLR 问题签订集体许可协议,并通过集体管理组织(LITA)向

---

① PLR in Netherlands [EB/OL]. [2012 – 06 – 10]. http://www. plrinternational. com/established/plradministrators/netherlands. htm.

② PLR in Norway [EB/OL]. [2012 – 06 – 10]. http://www. plrinternational. com/established/plradministrators/norway. htm.

权利人分配补偿金。补偿金的总额最终由文化部决定。

斯洛伐克 PLR 客体包括图书、录音制品和视听制品等,实施的图书馆类型有公共图书馆、学校图书馆和科研图书馆。补偿金计算方式依据客体的出借次数。2010 年,补偿金总额达到 25.8 万欧元,权利人得到补偿金后,需要缴纳一定的税收。LITA 认为单位补偿金率过低,而税率过高,要求减免税收①。

22. 斯洛文尼亚 PLR 制度概况

1995 年,斯洛文尼亚在《作者和相关权法》确认 PLR,但直到 2004 年才由文化部建立 PLR 制度。该国将 PLR 当作一项文化政策。PLR 补偿金来源于中央政府,从图书馆购书经费中抽取 25% 作为 PLR 补偿金基金。享有 PLR 主体资格的是用本国语言创作的著者、插图画家、摄影师、翻译家、录音录像制作者、电影作品制作者等,权利人只能在有生之年享有 PLR。客体包括图书、视听作品和音乐作品等。

补偿金的分配分为两个部分,第一部分根据客体的出借量向权利人分配,第二部分作为奖学金通过专业组织培养和奖励文艺作品创作者。2004 年,补偿金共分配给 995 名权利人,其中获得的最高数额为 4160 欧元,最低为 45 欧元;设置了 82 项奖学金,作家协会有 26 个,翻译家协会 29 个,插图和摄影家协会 15 个,音乐和影视协会 6 个。补偿金数额的 60% 分配给著者,20% 分配给翻译者,15% 分配给插图画家,3% 分配给音乐作品作者和歌词作者,2% 分配给影视导演、剧本和配乐作者②

23. 西班牙 PLR 制度概况

1994 年 12 月,西班牙在新修订的版权法中承认 PLR,但是排除了公共图书馆承担实施 PLR 义务的法定责任,使权利人无法获得补偿金。2006 年 10 月 26 日,欧洲法院裁定西班牙不正确地转换 EC92/100 指令。为了避免欧盟委员会开出的罚款,西班牙政府修改《读者、图书和图书馆法》。2007 年 6 月,《读者、图书和图书馆法》获得议会通过。

西班牙 PLR 补偿金来源于中央政府、自治区政府和居民人口超过 5000

---

① PLR in Slovak [EB/OL]. [2012 – 06 – 10]. http://www.plrinternational.com/established/plradministrators/slovak.htm.

② PLR in Slovenia [EB/OL]. [2012 – 06 – 10]. http://www.plrinternational.com/established/plradministrators/slovenia.htm.

人的地方政府。管理机构是著作权集体组织(CEDRO),该组织属于强制性集体组织。PLR 的主体有著者、编辑、翻译家、插图画家、摄影者、改编者和出版商,客体包括图书、视听资料和音乐资料等。实施 PLR 的公共机构类型包括公共图书馆、博物馆、档案馆、新闻图书馆、音乐图书馆等。补偿金的计算依据客体出借的次数,每出借一次(单位补偿金率)为 0.2 欧元①。

2008 年,文化部向 CEDRO 拨付约 130 万欧元的 PLR 补偿金。但到了2009 年,只有 4 个自治区政府划拨了补偿金,其余的 13 个自治区政府不愿意支付补偿金,2009 年的补偿金总额仅达到 21.6 万欧元,2010 年减少到 11.6万欧元。PLR 补偿金支付主体的分散化和实施制度的不力导致西班牙筹集的 PLR 补偿金数额严重不足。

通过对以上 23 个国家 PLR 制度实施现状的概述,我们可以发现,没有哪一个国家 PLR 制度是完全相同的。各国根据本国国情,在 PLR 的立法模式、权利主体和客体、补偿金来源渠道、实施 PLR 的公共机构类型、补偿金的计算和分配等方面采取适合本国 PLR 制度发展的选择。这些差异一方面说明了目前阶段欧盟要实现统一的 PLR 制度势必遭到一些国家政府的反对,统一化进程困难重重;另一方面说明了 PLR 制度的发展具有合理性,在不同的国家能够不同程度地实现立法目标,取得较好的社会效果。

4.2.2 公共借阅权制度发展障碍分析

如上所述,全球 PLR 立法半个多世纪以来在全球取得很大的进展,但目前仅有 30 个国家实施了 PLR 制度,其中欧洲国家 26 个,非欧洲国家只有加拿大、澳大利亚、新西兰和以色列 4 个国家。即使同属欧洲国家,各国 PLR 制度的发展差异也非常明显。全球 PLR 制度发展中的不平衡问题值得我们深思,因此,我们有必要考察 PLR 制度的实施障碍。以下笔者从法律、经济、政治、文化、社会和技术等多个角度对 PLR 制度发展的障碍进行分析。

(1)法律方面的障碍

1)权利穷竭原则对 PLR 的限制规定

权利穷竭的理论基础是利益平衡,该原则保护的是作品复制件的自由流通。这也意味着,图书馆购买图书后就有权采取各种方式处置图书,包括最

---

① PLR in Spain [EB/OL].[2012-06-10].http://www.plrinternational.com/established/plradministrators/spain.htm.

常见的出借和阅览的方式,作者没有权利对销售后的图书进一步控制。因此,权利穷竭原则与 PLR 制度的建立产生法理上的冲突。

在如何处理 PLR 和权利穷竭原则之间的冲突,各国的立法规定通常有两种情况。一种是以美国为代表的国家在版权法中规定版权人享有 PLR,但又以权利穷竭的原则通过法律规定将此权利作了限制,权利人无法真正行使权利。另一种是以英国、德国为代表的欧洲国家版权法赋予版权人 PLR,并明确规定该项权利不受权利穷竭原则的影响。从本质上看,欧美 PLR 立法差异体现了欧美权利穷竭原则的差异。美国是高度发达的市场经济国家,强调市场的自由竞争,保护物品的自由流通,因此在法律上对 PLR 作出权利穷竭的限制规定。而欧洲国家多数为欧盟成员国,必须遵守《罗马条约》,建立一个趋于统一的法律制度来保证在单一的欧盟市场内的自由竞争不受破坏。欧盟于 1991 年 11 月颁布了给予版权人 PLR 的 EC92/100 指令,指令出台的目的是在欧盟建立统一协调的出租权和出借权制度,促进共同体内部统一市场的形成。虽然欧盟各国的权利穷竭原则不受地域限制,但成员国必须遵守《罗马条约》。因此,欧盟成员国通过对权利穷竭原则的限制,保障版权人可以行使 PLR。可以说,权利穷竭原则是 PLR 制度建立的最主要法律障碍,只有在法律上对此项原则反限制或者根本不规定此项原则,版权人才有可能享有 PLR。

2)欧盟成员国在 EC92/100 指令转换为国内法过程中存在的问题

EC92/100 指令的出台对欧洲地区的 PLR 制度的发展起到了很大的推动作用。该指令的核心内容是要求全体成员国建立标准一致的 PLR 制度,权利主体为欧盟成员国各类型作品的作者,权利客体为所有作品类型。EC92/100 指令要求各成员国最迟在 1994 年 7 月 1 日前完成国内法的转换。在实际运行中,许多成员国的国内法转换都超过了这一期限,而且在转化为国内法过程当中存在不少的问题。这些问题归纳起来,主要有以下几点:

a. 一些成员国政府不愿意承担支付 PLR 补偿金的义务

如前所述,由读者或图书馆来承担支付 PLR 补偿金义务都不同程度地损害了公共利益,最终也妨害了权利人的利益,因此,绝大多数国家 PLR 补偿金由政府承担。但是由哪级政府承担,EC92/100 指令对此没有统一的规定,导致成员国内部做法不一。多数成员国规定由中央政府负责支付大部分 PLR 补偿金,也有一些国家规定地方政府支付大部分补偿金。因此,有些国家就出现中央政府和地方政府之间就 PLR 补偿金的支付争论不休,双方都不愿意承担责任的问题,如比利时、西班牙等国,其中以比利时最为典型。该国早在1994年修订版权法时就确认了 PLR,但补偿金的筹集一直没有着落。地方政府认为,PLR 制度属于法律问题,应由中央政府承担更多的责任;中央政府则认为 PLR 制度属于文化问题,应由地方政府承担更多的责任。由于此事长期议而不决,该国一个作家组织向欧盟委员会起诉本国政府的不作为行为,引起了欧盟委员会的重视。2002 年 2 月,欧盟委员会正式通知比利时政府,要求其尽快承认作者许可图书馆出借其作品的权利,或至少提供因图书馆出借其作品获得报酬的权利①。2002 年 7 月 3 日,欧盟委员会发布一项声明,认为比利时的做法会使欧盟内部市场不统一,进而使其他成员国的权利人利益受损,并通知比利时政府,因其未能正确实施 EC92/100 指令,正式将其告上欧洲法院。2003 年 10 月 16 日,欧洲法院作出裁决,宣布比利时不履行 EC92/100 指令的做法是不正当的,必须在 6 个月内履行出借权义务,否则将面临处罚②。在此压力下,比利时政府被迫于 2004 年 1 月重新启动了 PLR 实施细则的制定工作。

b. 一些成员国豁免过多的机构类型支付报酬的义务

EC92/100 指令在第 5 条第 3 款规定,允许成员国豁免某些公共出借领域支付报酬的义务。由于"某些"字义具有模糊性,可以指传统的公共图书馆,也可以指学校图书馆、高校图书馆或科研图书馆等类型。因此,一些成员国在版权法中承认 PLR,但又规定豁免公共图书馆、教育图书馆等支付报酬的义务,如葡萄牙、西班牙、意大利和爱尔兰等国,其中最为典型的是葡萄牙。1997 年 11 月,葡萄牙政府将 EC92/100 指令转变为本国法律,豁免公共图书馆、学校图书馆和大学图书馆以及博物馆、档案馆等公共机构支付报酬的义务。政府根据指令中的第 5 条第 3 款,认为为了文化发展和鼓励阅读的需要,应当扩大豁免承担 PLR 义务的图书馆类型。欧盟委员会认为葡萄牙政府的这种指令转换方式是不正确的,坚持"对所有人例外就不是一个例外,而是一个无效的义务"立场,并将葡萄牙政府诉诸于欧洲法院。2006 年 7 月 6 日,欧洲法院判决葡萄牙政府错误实施 EC92/100 指令。欧盟委员会以同样理由对其他成员国提起诉讼。2006 年 10 月 26 日,欧洲法院作出类似判决,指出西班牙和

---

① PLR in Belgium[EB/OL]. [2012 – 06 – 10]. http://www. plrinternational. com/established/plradministrators/belgium. htm.

② Commission of the European Communities v Belgium(C-433/02)

意大利政府没有在 EC92/100 指令上履行义务,免除几乎所有公共图书馆的义务,进而剥夺了作者的报酬权,违背了指令出台的目标。

c.一些成员国对主体资格的国籍和语言限制规定不符合"国民待遇"原则

一些成员国的 PLR 主体只限于本国作者或长期居住在当地的作者,还有一些成员国的 PLR 主体只涉及用本国文字创作的作者。前者是对主体资格的国籍限制,后者是对客体资格的语言限制,这在很大程度上排除了外国作者获得报酬的权利。这种情况以北欧国家最为典型,欧洲以外的国家如加拿大、澳大利亚、新西兰、以色列也存在类似的规定。由于北欧国家历来视 PLR 制度为政府扶持本国文化发展的重要政策,通过鼓励本国作者用本国语言创作作品,可以有效阻止用外国语言创作作品的外国作者获得报酬。欧盟委员会对北欧国家所谓的"语言标准"表示了质疑,认为北欧的国籍和语言限制规定违背了《罗马条约》所规定的"国民待遇"原则,要求瑞典、丹麦等国作出解释。瑞典援引 EC92/100 指令第 5 条第 1 款,即成员国可以根据各自的"文化促进目标"决定 PLR 的报酬。欧盟委员会对此分歧并未过于深究,因为其首要目标是促使所有成员国建立 PLR 制度,然后再对各国 PLR 制度的差异进行协调。

3)著作权集体管理组织建设不够完善

目前世界上对 PLR 立法的国家多数将 PLR 纳入到版权保护体系,因此,由著作权集体管理组织管理权利人的 PLR 成为立法者的必然选择。一些欧盟成员国从 PLR 立法到实施往往延迟多年,著作权集体管理组织建设不够完善是一个很重要的原因。著作权集体管理组织作为代表 PLR 权利人利益的非营利性中介组织,其主要职责有:与政府协商 PLR 补偿金数额;审核 PLR 主体和客体的资格;统计客体被公众利用的次数;计算权利人应得的补偿金数额;向权利人或相关组织分配补偿金。可以说,著作权集体管理组织建设是否完善以及其是否能很好地履行职能关系到 PLR 制度是否成功的关键。如果一个国家著作权集体管理制度完善,运作规范,拥有的会员众多,其在与政府协商 PLR 补偿金数额时就能取得主动的地位,能够筹集到更多的、合理增长的补偿金,权利人也可以得到满意的补偿金,激发他们创作的热情,从而达到实施 PLR 制度的目的;反之,一个国家的著作权集体管理组织不够完善必将阻碍 PLR 制度的建立和实施。一些新加入欧盟的国家,如希腊、匈牙利等国,正因为其著作权集体管理组织不够完善而影响到 PLR 的立法和制度的建立。新近对 PLR 立法的国家中也有不少国家因为其著作权集体管理组织不够完善而影响到 PLR 制度的建立。

(2)经济方面的障碍

PLR 补偿金的来源以及拨款总额是 PLR 制度的重要内容。各国由于经济实力不一,给予 PLR 经费总额也差异很大。根据补偿金拨款总额和人口比重,权利人获得 PLR 报酬的数量大致可以分为 3 个等级,第一等级以北欧国家为代表,权利人获得的补偿金最为丰厚,补偿金总额基本上是逐年递增;第二等级以西欧国家为代表,如德国、法国、荷兰和英国等,补偿金经费有保障,但年度补偿金拨款有时会下降,权利人人均获得的补偿金不多,多数权利人获取的报酬属于象征性的物质奖励和精神奖励;第三等级以中东欧国家为代表,这些国家多数是新加入欧盟的国家,国家经济实力一般,没有充裕的资金支持文化建设,PLR 补偿金拨款没有保障,权利人人均得到的 PLR 报酬很少,从而影响到 PLR 制度的实施。可以说,一个国家的经济实力决定了 PLR 制度的发展前景以及其目标是否能够实现。非洲虽然也有多个国家对 PLR 立法,但由于它们没有充足的资金支持文化事业,PLR 制度难以建立和实施,权利人也就无法获得应有的报酬。

(3)政治方面的障碍

各国 PLR 制度的建立无一例外得到政府的重视和支持。如前所述,早期 PLR 的立法主要受到作家组织长期的、坚持不懈地推动,他们发起的 PLR 运动联合广大的 PLR 利益组织,积极争取民众的同情和支持,形成了一股强大的政治力量,多次游说议会,最终迫使议会通过 PLR 法案。例如,瑞典作家协会从工会运动中得到鼓舞,联合印刷工会和全国记者联盟争取 PLR,否则仅仅凭着作家组织的少数力量不足以引起政府的重视①。

在分析一些国家 PLR 立法失败的原因时,我们可以发现,这些国家的作家组织往往没有形成强大而有力的政治力量,其中最为典型的是美国。美国作家组织对 PLR 问题总的来说不够热情。早在 1973 年,众议员 Ogden R. Reid 建议美国作家联盟(the Authors League of American)应向众议院提出有关"建立一个研究和提出补偿作家因其作品为公共图书馆借阅所造成损失方案

---

① Stave T. Public Lending Right:A History of the Idea[J]. *Library Trends*,1981,29(4): 569—582.

的委员会"的提案①。1979 年英国制定 PLR 的消息传到美国时,美国大多数作家并不知道 PLR 的准确涵义。一个以纽约本地作家组成的作家协会(the Authors Guild)于当年通过关于考察国外 PLR 概念和是否决定在本国争取 PLR 的决议②。这家作家协会由于不像英国"作家行动组织"(WAG)有鲜明的政治目标,缺少游说议会和联合其他相关权利人的活动能力,导致美国 PLR 运动一直进展不大。1983 年和 1985 年,参议员 Charles Mathias 两次提交有关 PLR 的提案,提议成立一个委员会来研究作家图书被出借机构借出的损失和补偿可能性,但都以失败告终③。但在美国除了这家地方性的作家协会对 PLR 有兴趣外,其他的文艺界权利人组织对 PLR 并不关心。包括美国记者协会、美国高校艺术协会等在内的 17 家相关权利人组织表达了对 PLR 不清楚或者没意见的态度,甚至一些作家反对 PLR,即使是支持 PLR 的作家对 PLR 的立法也不抱信心,多数作家认为他们不可能从 PLR 制度中变得更加富有④。与作家协会弱小的政治地位相反,美国录音工业协会成功地游说国会通过了《录音制品出租修订法》(Record Rental Amendment of 1984),该法案通过对首次销售原则的限制,赋予录音录像制作者专有出租权⑤。该法案之所以通过,在于录音制品行业以其强大的政治力量和经济实力驱使议会和政府支持它们的主张。以上瑞典和美国正反两个例子充分说明了如果作家协会没有联合其他相关组织,形成一股政府足够重视的政治力量,要想顺利地推动 PLR 立法或者建立 PLR 制度都是非常困难的。

(4)文化方面的障碍

各国 PLR 立法都有一个共同的目标,就是鼓励作者创作,促进本国文化事业的发展。虽然世界上大多数国家将 PLR 纳入到版权保护体系,但版权立法的目标不仅是保护作者和传播者的合法权益,鼓励作品的创作和传播,而且促进本国文化和科学事业的发展与繁荣。从这个意义上说,PLR 制度也是

---

① H. R. 4850,93d Cong. ,1st Sess. (1973).

② LeComte R. Writers Blocked:The Debate over Public Lending Right in the United States during the 1980s[J]. *Libraries & the Cultural Record*, 2009,44(4):395—417.

③ S. 2192,98th Cong. ,Ist Sess. (1983); S. 658,99th Cong. ,Ist Sess. (1985).

④ LeComte R. Writers Blocked:The Debate over Public Lending Right in the United States During the 1980s[J]. *Libraries & the Cultural Record*,2009,44(4):395—417.

⑤ Mayer,Daniel Y. Literary Copyright and Public Lending Right[J]. *Case Western Reserve Journal of Int' l Law*,1986,(18):483—500.

一项重要的国家文化政策。

政府制定国家文化政策时必须考虑到政策实施后所能够取得的成果和影响。文化小国的国家文化政策主要目标是保护本国文化,抵御国外文化的入侵。PLR 制度对于文化小国来说,恰恰起到了保护本国文化的重要作用。文化大国的文化政策与前者正好相反,目的是向全球各国推行本国文化,PLR 制度对它们来说就不是重要的可选政策。

美国 PLR 制度未能建立与其国家文化政策的取向有很大关系。美国是一个移民国家,文化呈现明显的多样性,其国家文化政策的目标是向全世界推行美国式的民主自由。美国作为一个文化产出大国,却没有专门管理文化事业的政府部门。在国际市场上,美国已经占领了全球文化的制高点,它自身无需文化保护的策略①。例如,美国书业自 20 世纪 90 年代以后一直雄霸全球,2000 年美国图书销售额达 253.2 亿美元,约占同年世界图书销售总额 850 亿美元的 30%②。因此,美国没有追随欧洲国家建立 PLR 制度,是出于本国文化战略发展的考虑。

PLR 制度的建立在文化方面的障碍还存在于其他方面,如对文化发展的不重视和实施替代 PLR 制度的文化政策。对于一些经济落后的国家,国家发展的重点在于经济建设,如何扶持本国文化发展并没有放在突出的位置。还有一些国家采取其他支持文化发展的政策,如减免作家个人所得税、提高作家版税、设立各种课题和奖项鼓励作者创作等,避免了 PLR 制度涉及的法律、经济、文化和技术等复杂问题。

(5)社会方面的障碍

任何一项法律制度的制定都贯穿了利益主体之间的博弈,PLR 制度也不例外。PLR 制度的建立和实施在得到权利人支持的同时,始终遭到以图书馆为主要群体的质疑和反对。19 世纪中叶以来,图书馆确立的免费和平等的服务理念深深地影响了图书馆员的行为规范,信息传播的公益性原则和信息获取的平等性原则成为图书馆员职业精神的核心,任何可能对信息传播产生障碍的事物都自然地受到图书馆员的抨击。图书馆反对 PLR 的理由概括起来主要有:①PLR 的实施可能造成政府对图书馆的财政拨款数额减少,额外增

---

① 李怀亮.当代国际文化贸易与文化竞争[M].广州:广东人民出版社,2005:317.

② 李怀亮,刘悦笛.文化巨无霸:当代美国文化产业研究[M].广州:广东人民出版社,2005:217.

加图书馆的工作负荷,如对文献利用或读者人数数据的统计;②没有充分理由证明图书馆的借阅服务影响到图书销售量的减少;③作家并不能证明他们比其他人更需要得到扶持,他们常有其他工作维持他们的生活;④政府可以通过其他政策扶持本国文化事业的发展,PLR 制度涉及的利益群体多,实施较为复杂,效果并不一定好。

国际图联(IFLA)通过发表声明表达了对 PLR 的态度,引导行业合理正视和参与 PLR 制度的发展。IFLA 在版权和其相关权利方面长期坚持的立场是一定要在信息提供者的经济权利和社会获取知识的需求之间取得平衡。其在 2000 年 8 月发表的《关于数字环境下的版权立场》中称:"传统的非商业的公共借阅一直不属于版权法控制的范围,借阅有助于市场的信息商业化,并促进了销售,因此任何对公共出借的法律或合同约定的限制都有损于权利人或图书馆自身。"①2002 年,IFLA 在参加由联合国教科文组织发起的"数字环境下版权限制和例外"的研讨会中,对欧盟将图书馆公共借阅定为受版权限制的行为感到遗憾②。2004 年 8 月,西班牙代表在第 70 届 IFLA 大会上提交的有关 PLR 议案,要求大会进行表决。但由于代表意见分歧较大,最终没有形成统一的声明。2005 年 4 月,IFLA 发表了《关于公共借阅权的立场》③。在声明中,IFLA 提出两项原则,一是不支持公共借阅权原则,因为它严重危及了对公共图书馆所提供服务的自由获取,而自由获取公共图书馆提供的服务是公民的人权;二是公共借阅对于文化和教育发展是十分重要的,所有人都应当能自由借阅。同时提出三点建议:一是按照已确立 PLR 制度的国家的通常做法,图书馆员应当积极游说,以确保自己和版权人在立法建议、PLR 制度的建立以及运行整个过程中,从一开始就能得到咨询;二是如果 PLR 被纳入版权许可制度而非文化支持计划内,图书馆员需要确保自己能与著作权集体管理机构进行协商,以决定借阅许可的条件和费用;三是任何一项立法都应当在所有的利益群体,包括图书馆组织的紧密合作下建立。IFLA 立场的核心思

---

①　IFLA CLM. The IFLA Position on Copyright in the Digital Environment. Approved by the IFLA Executive Board, August 2000.

②　数字环境下版权和邻接权限制和例外——国际图书馆界的观点[J]. 版权公报, 2003(2).

③　The IFLA Positon on Public Lending Right[EB/OL]. [2012 - 03 - 12]. http://www. ifla. org/en/publications/the-ifla-position-on-public-lending-right.

想是 PLR 的引进和补偿数额的选择应考虑各国的相对富裕程度以尽可能降低或避免对信息获取的破坏,图书馆应该参与和影响 PLR 制度的设计。

区域性图书馆组织充分发挥行业组织的作用,表达业界的呼声。2004 年 3 月,EBLIDA (the European Bureau of Library, Information and Documentation Association,欧洲图书馆、信息和文献联合管理局)针对欧盟委员会因比利时等 6 个欧盟成员国 PLR 制度未能和 EC92/100 指令一致而启动违规程序(infringement procedures)一事发表了《关于公共借阅权违规程序的声明》①,强烈要求欧盟委员会确认在一定的情况下出于文化和教育的原因,有必要应用弹性条款,豁免成员国某些类型的公益性机构因出借作品而支付报酬的义务。

一些国家图书馆组织和图书馆也积极地通过发表声明、参与行动抵制 PLR 制度。2004 年,日本图书馆协会针对政府知识产权战略推进事务局提出的《关于知识产权的创造、保护与利用的推进计划》发表了《关于图书馆出借问题的意见》,反对引入 PLR②。美国图书馆协会(ALA)执行主任 Robert Wedgeworth 认为,只要不削减图书馆经费,图书馆都要支持任何有关促进文化事业发展的立法活动③。意大利图书馆协会提请 EBLIDA 对欧盟委员会施加压力,要求其修改 EC92/100 指令④。法国图书馆协会反对引入 PLR 制度,认为没有证据表明图书馆借阅活动影响书店的销售,收取图书借阅补偿金将会减少读者对图书馆的利用⑤。荷兰的北荷兰省几所图书馆于 2003 年 12 月 12 日致信给教育、文化和科学部部长,要求给予图书馆特别基金用于重建图书

---

① EBLIDA Statement on the Infringement Procedures over Public Lending Right [EB/OL]. [2012 - 05 - 18]. http://www-legacy. eblida. org/uploads/eblida/10/1167690819. pdf.

② 李国新. 图书馆在著作权问题上的理念、权利与行动[J]. 大学图书馆学报,2005 (2):4—6.

根据日本《版权法》规定,表演者、录音制品制作者和电影作品制作者享有专有借贷权(包括出借权和出租权)。自 2001 年以来,日本文学界组织在积极争取 PLR。

③ Hyatt D. The Background of Proposed Legislation to Study Public Lending Right in the United States:Issues in Policy, Law and Administration [J]. *Journal of Library Administration*, 1986,7(4):125—140.

④ The Italian Library Association Against Public Lending Right [J]. *Library Times International:world news digest of library & information science*,2007,24(2):19.

⑤ Lending right:Technical Documents Sent to the Directorate of Books and Reading[J]. *Bulletin d'Informations de l'Association des Bibliothecaires Francais*,1999,183(2):105—108.

馆,并且取消 PLR 收费①。南荷兰省和德伦特省的同行也表示支持这一主张。

当然,PLR 制度也受到一些作家和出版商的反对。例如,西班牙的 David Bravo 和 Javier de la Cueva 建立了反 PLR 网站 noalprestamodepago. org,2007 年以来已经征集到了 100 个以上的作家签名②。又如,在意大利的 Cologno Monzese 倡议下,开展主题为"我不愿意付费阅读"的反对支付图书馆出借费的欧洲运动③。从总体上看,图书馆界是反对 PLR 制度最主要的群体,其作为一个日益壮大的行业,在立法上努力维护行业的利益,为 PLR 制度的推进制造了很大的阻力。

(6)信息技术方面的障碍

如前所述,信息技术的应用简化了权利人申请权利的程序,提高了管理机构的工作效率,推动了 PLR 的发展。但由于技术的发展没有止境和各国信息技术发展水平的不同,当前 PLR 制度发展中仍存在技术方面的障碍,概括起来主要有:①抽样图书馆采用的图书馆集成管理系统的不统一可能导致 PLR 统计结果的偏差和工作量的增大;②一些国家应用信息技术水平较低,图书馆应用计算机管理的比例不高,由此可能被免除实施 PLR 义务的责任;③权利人注册系统、信息查询系统等数据库仍有待于完善;④PLR 的客体向电子媒体扩展,对电子媒体利用的统计仍存在技术改进的问题。

综上所述,由于 PLR 制度的建立和实施是一项较复杂的系统工程,受到法律、经济、政治、文化、社会和技术等多方面因素的影响,因此,某个或几个因素的限制都能不同程度对一个国家 PLR 制度的发展造成障碍。由此,笔者认为,全球 PLR 制度的发展并非一帆风顺,而是在曲折中前进。

4.2.3 公共借阅权制度的发展趋势

目前建立 PLR 制度的国家仍然主要局限于欧洲地区,各国 PLR 制度差异很大。总体上看,国际 PLR 制度仍处在发展阶段,要想预测其发展趋势是一件比较困难的事情。

2000 年,欧盟曾向世界贸易组织提议将 PLR 纳入 TRIPs 内加以保护,但

---

① Libraries in North Holland Province Ask the Minister of State to Scrap the Lending Right Charge[J]. *BibliotheekBlad*,2003,7 (25/26):14.

② Noalprestamodepago[EB/OL]. [2012 – 05 – 22]. http://noalprestamodepago. org.

③ I won't Pay to Read! [EB/OL]. [2012 – 05 – 12]. http://www. nopago. org.

没有通过。究其原因,如果 PLR 纳入到国际版权公约,就不可避免地涉及版权公约规定的最低保护标准,即权利协调一致的原则,一个国家授予的权利,其他协议国家均可享有。由于各国 PLR 的立法基础不同,不少国家在版权法体系之外实施 PLR 制度,因此,从短时期看,PLR 不太可能被纳入国际版权公约保护范围。

但是,从版权保护的强化趋势和信息技术的发展及其在图书馆中的应用看,国际 PLR 制度至少存在以下几点发展趋势:

第一,越来越多的国家选择版权模式作为 PLR 立法的模式,PLR 被视为权利人的一项版权权利,受到版权法的保护。

第二,PLR 的权利主体和权利客体将进一步扩大,非书资料的作者、录音制品和视听作品的创作者将享有 PLR 资格,权利人的利益将得到更广泛的保护。

第三,著作权集体管理组织将在 PLR 管理中发挥更重要的角色。集体管理组织在补偿金的筹集、管理、计算和分配等方面运作规范,管理高效,能有效降低管理成本。

第四,权利人的 PLR 将得到更多的实质保护。PLR 管理机构普遍采用的信息技术使 PLR 补偿金的计算和分配更加准确,权利人可以通过快捷网络途径主张其 PLR,加强与管理机构的联系,维护自身的权利。

第五,信息技术在图书馆的深入应用将促进图书馆数字借阅服务的发展,PLR 制度将在更多国家的图书馆数字借阅服务中得到应用。

第六,越来越多的国家重视和支持 PLR 制度,通过借鉴欧洲的立法经验和制度模式促进本国文化的发展。欧盟成员国的 PLR 制度在欧盟委员会和欧洲法院的共同干预下,将趋于统一。

5　公共借阅权制度的评估

从生命周期的理论来看,每一种制度都经历产生、实施和废止的过程。其中制度评估是制度生命周期中的必要一环,它对于检验和证明制度实施的效果以及促进制度的发展具有重要的意义。

本章将分别从欧盟 PLR 制度现状、PLR 制度的影响、PLR 制度在数字环境下的应用等 3 个方面评估 PLR 制度存在的问题、实施效果和发展趋势。

5.1　欧盟公共借阅权制度的评估及其影响

5.1.1　欧盟公共借阅权制度评估报告

2002 年 9 月 12 日,欧盟委员会向理事会、欧洲议会、经济和社会委员会提交《关于欧盟公共借阅权的报告》①。该报告是按照 EC92/100 指令第 5 条第 4 款规定,"委员会与成员国应在 1997 年 7 月 1 日前在欧盟区起草一个关于公共借阅权的报告,并将此报告转递给欧洲议会和理事会"。由于一些成员国迟迟才通过国内法转换指令,因此报告推迟了 5 年。该报告的目标是对共同体国家公共借阅开展的状况、相关指令条款的实施情况包括其协调程度作出评估,并对欧盟 PLR 制度的协调提出建议。报告的内容主要有以下几个部分:

(1)对 EC92/100 指令中的规定作出解释

由于 EC92/100 指令给予成员国过宽的解释,成员国可以自行规定出借权客体的类型、报酬的数量以及豁免某些类型公共机构的义务,这些分歧导致了成员国可以不顾及作者反对而出借其作品或者忽视作者要求的报酬权。

---

① Report from the Commission to the Council, the European Parliament and the Economic and Social Committee on the Public Lending Right in the European Union, COM(2002) 502 final of 12 September 2002[EB/OL]. [2012 - 05 - 22]. http://eur-lex. europa. eu/LexUriServ/Lex-UriServ. do? uri = CELEX:52002DC0502:EN:HTML.

因此,欧盟委员会对指令中经常让成员国产生分歧的第 1 条和第 5 条中的规定作出详细解释。

对指令第 1 条(3)"出借"定义中的"公共机构"作出解释。报告指出,这些公共机构中首推公共图书馆,大学图书馆和教育机构图书馆也可以包括在内,后两类图书馆在所有公众可获取利用的借阅机构中只占很小的比例,因为它们只对有限的或专门的公众开放。

报告指出,指令第 5 条规定允许对该权利进行一定的限制和减损,反映了在当时情况下力图在遵守内部市场需求和考虑成员国在该问题上的不同传统这两方面寻求平衡。该条款给成员国在处理 PLR 方式上更多的自由裁量权。

针对成员国根据指令第 5 条(1)、(2)随意减损权利人的 PLR,报告作出严格解释:专有出借权必须被作为原则对待,如果成员国不能设立专有出借权,则至少应给予作者获得报酬权。

针对成员国根据指令第 5 条(3)广泛豁免"某些机构类型"给予支付报酬的义务,报告指出:如果对大多数公共借阅机构给予支付报酬的豁免,那么,指令所定义的出借权将失去其效力,这种情况与欧盟国家立法者引进 PLR 的初衷相违背。

报告明确了成员国的最终义务,指出成员国可以定义报酬的数额,但是它必须与指令的基本目标和版权保护相一致。成员国可以规定对第 5 条第 3 款中涉及的一些机构,而不是全部机构,实施支付报酬豁免。

(2)反映成员国 PLR 立法状况及存在的问题

根据 EC92/100 指令第 15 条规定,成员国应在 1994 年 7 月 1 日前将指令转换为国内法。事实上,许多成员国在截止日期后才将指令转换为国内法。

成员国之间基于本国国情的 PLR 立法差异很大。一些成员国设立了针对所有作品类型的专有借阅权,而另一些成员国以提供报酬权替代专有借阅权。为了某些机构的利益,指令第 5 条(3)中对 PLR 的减损措施被广泛使用。希腊、法国、爱尔兰、意大利、葡萄牙、西班牙、英国修改版权法,将 PLR 纳入到版权保护体系,赋予某些作品类型权利人专有借阅权。奥地利、丹麦、芬兰、德国、卢森堡、荷兰和瑞典通过获得报酬权代替专有权,或者在专有权终止后获得报酬权的方式保护权利人的 PLR。比利时采取综合的方案,规定作者、表演者、录音制品和电影制作者享有因其作品出借而获得报酬权,允许视听作品和录音制品在其首次出版 6 个月后才可以实行公共借阅。

成员国在指令转化为国内法过程当中存在不少的问题。这些问题归纳起来,主要有:立法承认 PLR,但却未制定实施计划;规定 PLR 主体资格仅限于用本国文字创作的作者或具有本国国籍的作者;豁免某些类型公共机构实施 PLR 的义务;PLR 客体范围差异很大。比利时、法国、希腊、卢森堡目前还没有对 PLR 权利人支付报酬。瑞典将 PLR 仅赋予本国公民或长期居住当地的人。丹麦、芬兰仅对用本国语言创作的作品给予 PLR 补偿金。大多数国家充分利用指令第 5 条有关专有 PLR 的限制规定,对某些借阅公共机构实施 PLR 豁免。荷兰、爱尔兰、意大利和英国对某些图书馆实施豁免。西班牙和葡萄牙的 PLR 豁免范围更广。各成员国对 PLR 客体的规定差异很大,有的国家对作品类型不加区分,有的国家则对特定的客体给予专有借阅权,有的客体只给予报酬权。

(3)明确欧盟 PLR 制度的发展方向

欧盟委员会在报告结论部分指出,与在指令实施前对 PLR 保护相比,大多数成员国将指令转换为国内法的过程表明了 PLR 立法和制度实施取得了重要的进步。但是,成员国在立法和制度实施上存在很大差异,一些国家只是实现与指令的部分协调,并不是所有成员国都执行了指令第 5 条规定的义务,即"至少向权利人提供获得报酬的权利"。报告还指出,各国在实施 PLR 中存在的问题与内部市场运行中的障碍存在关系,而这些障碍可能源于相对较低的协调程度。欧盟委员会密切关注这些问题,并考虑近期督促部分成员国对法律作出修改。欧盟委员会作为公约监护人,致力于在 7 年的转换期后,PLR 能在所有成员国中完全有效。

报告最后分析了 PLR 发展的外在环境,指出媒介市场和图书馆的作用正在发生着深刻的变化。公共图书馆在不断地改善其服务,并且在数字环境的影响下不断开发公共借阅的新领域。因此,图书馆在新技术开发上的进展情况应得到关注,特别是它们可能对内部市场运行以及出租和出借行为带来的潜在影响。虽然现在还很难判断是否以及在多大程度上图书馆的传统借阅行为将被新的网络传播行为代替,指令也没有涉及到这个问题,但是欧盟委员会将继续考察公共借阅的运行以及新技术在公共出借机构的应用,以评估在该领域可能需要采取的进一步行动。

5.1.2 评估报告对欧洲公共借阅权制度的影响

欧盟委员会的评估报告对于欧盟委员会协调成员国 PLR 立法和缩小与

EC92/100 指令的差距起到积极的推动作用。2003 年 8 月,欧盟委员会根据《马约》第 226 条①,召开非正式的违规程序会议,并通过申诉函向比利时等10 个成员国提出抗议,要求各国考虑到国家地位,正确实施 EC92/100 指令第1 条和第 5 条,给予权利人因为公共出借其作品而应得到的报酬。由于比利时的做法具有代表性,欧盟委员会以不正确转换指令为理由率先将该国告上欧洲法院。

欧洲法院是欧洲联盟的最高司法机关,其所做出的判决具有法律效力。根据《马约》规定,欧洲法院对违反条约义务,不执行法院裁决及判决的当事国政府及个人有处罚的权力。欧洲法院也是唯一能够应各国法院要求,对条约的解释以及欧盟法律的效力和解释作出裁决的机构。这种制度安排确保了欧盟法律在整个欧盟以同样的方式进行解释和运用,即行使司法审查权,监督欧盟统一规则适用的一致性。

欧洲法院在裁决欧盟委员会和成员国关于 PLR 的诉讼中,无一例外均判决成员国不正确转换 EC92/100 指令,要求他们履行义务。2003 年 10 月16 日,欧洲法院判决比利时败诉。2006 年 7 月 6 日,欧洲法院判决葡萄牙败诉。2006 年 10 月 26 日,欧洲法院判决西班牙和意大利败诉。2007 年 1月 11 日,欧洲法院判决爱尔兰败诉。为了更清楚地分析欧盟内部的 PLR纠纷,笔者以欧盟委员会诉爱尔兰②为例分析这起有关 PLR 诉讼的起因、过程和结果。

2003 年 4 月 24 日,欧盟委员会向爱尔兰政府发出信函,要求其就实施EC92/100 指令第 5 条的状况作出解释。

2003 年 7 月 31 日,爱尔兰在回信中宣称其于 2000 年修改了《版权法及相关权利法》,赋予作者和表演者出借权,并规定了作品出借的使用报酬。但是,该法第 58 条第 2 款和第 226 条第 2 款又规定所有供公众利用的教育、学术机构不适用于出借权的规定,也不需要支付使用报酬。爱尔兰认为,给予作者适当的经济补偿不该优先于国家文化的发展,本国这种法律规定与指令

---

① 根据《欧洲联盟条约》第 226 条规定,欧盟委员会有权对成员国(或国内机构)是否违反欧盟法律进行调查。如果这些违法行为未得到纠正,则欧洲法院对该成员国启动司法程序。

② Commission of the European Communities v Ireland (C-175/05)

第 5 条第 1 款①确认的文化政策和第 5 条第 3 款②的例外规定相一致。

欧盟委员会认为,指令第 5 条第 3 款仅允许"某些机构"可以不必支付使用报酬,爱尔兰《版权法及相关权利法》允许所有公立、教育和学术机构不必支付使用报酬,范围过于广泛,突破"某些机构"的含义,违反指令第 1 条和第 5 条规定。2003 年 12 月 19 日,欧盟委员会要求爱尔兰政府作出正式说明。因为爱尔兰的回应不具说明力,欧盟委员会于 2004 年 7 月 7 日要求爱尔兰应在两个月内修改法律,以符合指令规定。爱尔兰政府于期限过后并未履行,欧盟委员会于 2005 年 4 月 19 日提出本案诉讼。欧盟委员会起诉爱尔兰的理由是其对所有公共出借机构实行豁免而未履行 EC92/100 指令第 1 条和第 5 条。爱尔兰则否认欧盟委员会的起诉。西班牙和芬兰加入支持爱尔兰的立场,但芬兰后来退出。

欧洲法院承认指令第 5 条第 3 款的例外规定确实是为了促进文化发展的目的,才使某些公共、教育或学术机构免于负担使用报酬,但是应当给予权利人适当的报酬。欧洲法院指出,从指令的"前言"第 7 个立法理由③可以看出,指令赋予权利人有着重要的目的,所以例外规定必须限定在非常有限的范围,而不可以过于宽泛。这也可以从第 5 条第 3 款仅允许"某些机构"的例外规定看出欧盟立法机关并没有让全部或很多公共、教育或学术机构免于负担第 5 条第 1 款规定的使用报酬。最后,欧洲法院得出结论,认为从 EC92/100 指令的立法目的出发,应对法律条款作出限缩解释,只能让极少部分机构可以免责。而爱尔兰的法律对公共出借机构类型的例外规定过于广泛,违背了指令出台的目的。2007 年 1 月 11 日,欧洲法院判决爱尔兰的《版权法及相关权利法》违反指令第 1 条和第 5 条规定,要求爱尔兰正确转换指令,履行向权利人支付出借报酬的义务。

欧洲法院的判决理由充分表明欧洲法院吸纳了欧盟委员会评估报告的建议,判决结果达到欧盟委员会的预期目标,对未正确转换指令的成员国构

---

① 该条款规定:"成员国可以在公共出借领域排除第 1 条赋予的专有权,但至少应当保证作者对于此种出借获得报酬。成员国在考虑到他们文化弘扬的目标后将可自主决定此报酬。"

② 该条款规定"成员国可以从第 1、2 两款中关于报酬给付中排除一定的种类"。

③ 该理由认为:作者和表演者需要足够的收入作为将来创作艺术工作的基础,并且,仅生产录音制品就需要巨额投资而且风险很大。

成了强大的压力,使其不得不对本国法律作出调整。可以预见,在欧盟委员会和欧洲法院的共同干预下,欧盟地区 PLR 制度的协调性将越来越高,这将对欧盟内部市场的正常运转产生积极影响。

5.2 公共借阅权制度对不同利益群体的影响评估

PLR 制度的实施涉及到作者、出版商、书商、图书馆和读者等不同群体的利益。对于不同的利益群体,PLR 制度的影响是不同的。分析 PLR 制度对不同利益群体的影响有助于了解 PLR 的本质和发展特点,并对构建我国 PLR 制度提供参考价值。

5.2.1 公共借阅权制度对权利人的影响

版权人是 PLR 立法的保护对象,因此,其当然是实施 PLR 制度的最大得益方。版权人的获益程度取决于 PLR 的立法模式、政府对补偿金的拨款数额、权利主体资格的确定、权利的保护期限等因素。例如,不同模式立法的国家,PLR 主体资格的范围也不同。基于版权模式 PLR 立法的国家,其权利主体资格范围最广,通常可以包括版权法规定的绝大多数主体,对版权人的影响范围很广。基于准版权模式和文化政策模式 PLR 立法的国家,其主体范围相对版权立法模式就窄得多,对版权人的影响范围也就小得多。不同类型的版权人,其受 PLR 制度的影响也不尽相同。以下笔者选择有代表的三种类型的版权人来探讨 PLR 制度实施的影响。

(1)PLR 制度对图书作者的影响

图书作者是早期北欧 PLR 制度最先确定的权利主体,后来各国 PLR 立法在确定权利主体时,基本上首先确定图书作者作为当然的权利主体。图书作者之所以普遍成为 PLR 的权利主体,最主要的原因是 19 世纪末以来图书成为图书馆收藏的最主要文献载体形式,并且大量地被读者借阅利用。文学类图书通常是读者借阅数量最多、也是图书馆馆藏量最大的种类。因此,不管补偿金的计算方式依据出借次数还是馆藏量来计算,文学类图书作者都是享有 PLR 补偿金最多的群体。学术类图书由于专业性强,通常借阅量不大,其作者出版著作往往受到课题项目的资助,而实际得到的 PLR 补偿金却比较少。有的国家从 PLR 补偿金中划拨一部分作为学术出版基金,鼓励和奖励学术创作,如德国。有的国家设立一些补助项目,给予权利人旅游、住房补贴等福利待遇,如芬兰、瑞典。

图书作者在获得 PLR 补偿金的同时,也得到精神上的满足,刺激他们写作的热情。很多作者原来只关心其著作的销售情况,现在开始关注其著作在图书馆的利用情况,留意 PLR 管理机构发布的阅读排行榜,加强了与图书馆的合作与联系。例如,英国作家 Emma Chichester Clark 说:"如果没有每年 PLR 结算单让我知道我的著作被经常借阅,我可能会以为自己创作失败而放弃了写作。"[①]作家 Joanna Trollope 说:"我非常感谢 PLR!它不仅在每年二月给我年度 PLR 支票,而且更重要的是当我知道有上千人在借阅我的著作时,我感到欣慰和鼓舞。"[②]

PLR 制度的发展使得更多的作者开始认识到这项权利,并且行动起来维护自己的权利。日本多个作家组织发表声明要求政府给予他们 PLR[③]。英国、丹麦作家要求政府每年根据物价上涨幅度增加 PLR 补偿金,反对随意削减补偿金[④][⑤]。还有的作者要求出版商配合他们的维权行为。例如,法国不少作者向启蒙、午夜、伽利玛等法国著名出版商写信要求维护自己的 PLR,来信内容主要有:"我有权禁止图书馆免费出借我的作品,这是法律赋予我的权利。而您,作为使我作品流通的中间人,请接受我的请求,切实保护作者这一权利。"[⑥]

然而,PLR 制度的实施并不能让每一位作者满意。PLR 制度的实施具有明显的富者愈富的"马太效应",即畅销书的作者不仅能获得高额的版税收入,而且其作品由于在图书馆利用率高或被图书馆购买的复本多而获得较高的 PLR 补偿金。虽然很多国家对补偿金的分配采取最高限额、超出部分重新分配的规定,但大多数作者获得的补偿金仍然很少。有的作者因此指责 PLR 制度的不公平;还有的作者可能寻求获得更多的 PLR 补偿金,有意地出版多卷书、儿童书或者页码较少的图书。PLR 制度实施中存在的种种不合理、不

①②　Parker J. Whose Loan Is It Anyway? Essays in Celebration of PLR's Twentieth Birthday[J]. *Library Review*,2000, 49(3—4):200—201.

③　大正. 日本文艺 5 团体发表声明谋求"公共出借权"[J]. 出版参考,2006(2):37.

④　Holland T. The Price Is not Right[J]. *Bookseller*,2010(5454):13.

⑤　Laine M. D. Authors' PLR Rage[J]. *Bookseller*,2002(5014):10.

⑥　罗全编译.法国作者捍卫作品租借权[N]. 中国图书商报,2000 - 04 - 14(6).

公平的现象反过来促进 PLR 管理机构适时修订实施计划,尽量弥补制度上的漏洞。

(2) PLR 制度对录音制品和视听作品制作商的影响

随着信息传播技术的发展,录音制品和视听作品的数量和品种大大增加,并在文化消费市场上占据重要的份额。不少公共图书馆等公共机构为了吸引更多的读者,购置大量的录音制品和视听作品,并且提供给读者借阅。图书馆的做法引起制作商的强烈不满,他们认为录音制品和视听作品在制作和发行过程中投入了大量的人力、物力和财力,法律应该保护他们的版权,而且录音制品和视听作品的价值一般高于图书,如果其版权受到侵犯,他们的损失必然更大。在录音制品和视听作品制作商的游说下,很多原已对 PLR 立法的国家修订了 PLR 法,将录音制品和视听作品纳入到客体保护范围。一些国家赋予录音制品和视听作品制作商获得公共借阅报酬权,还有的国家赋予制作商专有 PLR,如德国、荷兰、奥地利、日本等国。通常来说,这种专有 PLR 在作品发行之后就终止了,但有的国家规定作品在出版一段时期后才允许公共借阅,类似现在很多国家规定科学成果的开放存取需要 6—12 个月的迟滞期,减少公共机构提供的免费获取服务对作品销售的影响,更好地维护版权人的经济利益。

总的来看,PLR 制度加强了录音制品和视听作品的版权保护,维护制作商的版权权益,有利于调动制作商创作作品的积极性,使其创作出更多更优秀的作品。同时,图书馆提供正版的录音制品和视听作品借阅服务,有利于遏制盗版现象,维护产业的市场秩序。

(3) PLR 制度对出版商的影响

对于出版商是否应该成为 PLR 的权利主体,主要有两种不同的观点。一种观点认为出版商已经依靠自己的强势地位从作者手中获取最大的收益,不应该再从作者的 PLR 补偿金中分到好处;另一种观点认为,出版商对作品的出版进行了投资,耗费人力、物力和财力,理应获得 PLR 补偿金。目前大约有 10 多个国家规定 PLR 权利主体包括出版商。一般来说,出版商获得的补偿金比例低于作者。但出版商可以通过出版许可合同要求作者让渡 PLR 补偿金,以此获得更多的补偿金。有的出版商可能会谋取更多的 PLR 补偿金,倾向出版多卷书、页码较少的书和儿童用书。总体来看,PLR 制度增加了出版商的出版收益,促进出版商出版更多的作品。

5.2.2　公共借阅权制度对销售商的影响

正常情况下,PLR 制度对销售商的影响并不大。但对于一些国家 PLR 的特殊规定,则对销售商有两种截然相反的影响。对销售商造成不利影响的是其必须承担支付 PLR 补偿金的义务,这种情况目前只存在于法国。法国在实施 PLR 制度之前,图书馆购买图书的折扣可以达到 20%。2003 年制定的 PLR 制度规定,销售商负担 50% 的补偿金数额,从图书馆购书经费中提取 6% 作为这部分补偿金的来源。政府要求图书馆不能向书商提出超过 9% 的折扣要求,以保证销售商的利益不被过分挤压,能够支付充足的补偿金。对销售商产生积极影响的是有的国家对作品的出租和出借规定一定时期的迟滞期,这有利于销售商提高作品的销售数额,从而赚取更多的利润。这类受特别保护的作品多数是价值比较高、内容容易复制的录音制品和视听作品。

5.2.3　公共借阅权制度对图书馆的影响

图书馆作为实施 PLR 制度的主要公共机构,又是信息资源的传播者,在 PLR 制度的实施中发挥着举足轻重的作用。因此,PLR 制度对图书馆工作产生很大的影响。国内外多数图书馆员出于职业的思维习惯,片面强调 PLR 制度对图书馆的消极影响,认为站在维护读者阅读权益的角度应该抵制 PLR,而忽略了 PLR 制度对图书馆的积极影响。笔者认为,可以从以下几个方面全面分析 PLR 制度对图书馆工作的具体影响。

(1)PLR 制度对图书馆经费的影响

多数图书馆员反对 PLR 制度的最主要理由是实施 PLR 制度将挤占了图书馆经费,影响图书馆事业的发展。但这个理由存在很大的误解和偏见。如果我们回顾 PLR 产生的历史,就会发现 PLR 运动的发起者为了避免 PLR 与图书馆发生冲突,鲜明地提出由国家财政支付 PLR 补偿金的要求。从早期建立 PLR 制度的北欧国家也可以看出,这些国家 PLR 制度有一个共同之处,就是 PLR 补偿金来源于税收,并非来源于图书馆运行经费①。最初这些国家将 PLR 纳入图书馆法,由国家图书馆管理 PLR 制度,国家通过对图书馆的专项拨款转移支付 PLR 补偿金。事实上,世界上已建立 PLR 制度的 30 个国家中,

---

① Stave T. Public Lending Right:A History of the Idea[J]. *Library Trends*,1981,29(4): 569—582.

绝大多数 PLR 补偿金来源于政府。因此,很多图书馆员以为 PLR 补偿金从图书馆经费中划拨,就认为 PLR 补偿金挤占了图书馆经费的观点存在很大的误解。

但是,PLR 补偿金与图书馆经费之间还是存在一定的关联。PLR 制度和图书馆制度都是国家文化建设的制度安排,不存在存废的对立问题。国家对文化建设的投入经费如同一块大蛋糕,PLR 和图书馆的运行都需要分配到其中的一块,这就使 PLR 和图书馆在经费分配上存在一定的竞争关系。英国图书馆员 Piternick 举了两个例子证明两者之间的竞争关系①:丹麦于 1975 年修订了《公共图书馆法》后,国家对公共图书馆的补助由 30% 降为 20%,对学校图书馆的补助由 30% 降为 15%,但同期对作者的奖励提高了 33.3%;英国拨款 200 万英镑作为 PLR 年度经费之后,1980—1981 年度的图书馆经费削减了 15%,这是 1974 年以来图书馆经费曾经被削减 5.5% 以后的新高点。如果仅以两个例子证明 PLR 制度造成图书馆经费的下降不免有些武断。因为 1973—1983 年期间由于石油危机引起了资本主义国家的公共财政收入下滑,分配给公共事业的经费必然遭到削减。所以,丹麦和英国图书馆经费的下降并不完全是 PLR 制度造成的,主要原因应该是公共财政的危机导致文化建设受到拖累。如果丹麦和英国的经济处于黄金期,PLR 和图书馆的运行都有充足的经费保障,两者之间就不会存在明显的经费冲突问题。

从各国 PLR 制度实施经验看,多数国家的 PLR 经费一般计划单列,不会轻易通过削减图书馆的经费来填补补偿金的不足,以免触动图书馆员和读者的神经,引起他们的抗议。毕竟图书馆是实施 PLR 制度的主要机构,只有图书馆的合作才能保证 PLR 制度的正常运作。但也有少数国家 PLR 制度的运行经费一部分来源于公共图书馆,如荷兰、卢森堡。由于公共图书馆是非营利的公共机构,额外的开支使图书馆文献购置经费被挤占,导致图书馆为了维持文献购置经费,不得已向读者提供有偿服务,从而出现图书馆服务水平下降、读者流失的问题。例如,荷兰海牙和里德市公共图书馆向读者收费,以弥补支付 PLR 补偿金而导致购书经费的缺口②。

---

① Piternick G. Points of View of Librarians: Alternatives to PLR[J]. *Library Trends*, 1981, 29(4):627—640.

② Stein F. Higher Charges Stand in the Way of Improving Service Quality:Libraries Struggle with Implementing Lending Right Charges[J]. *BibliotheekBlad*, 1997, 1(9):26—27.

（2）PLR 制度对图书馆文献资源建设的影响

图书馆的文献资源建设活动影响了 PLR 制度的实施,其文献资源采购的品种和数量关系到 PLR 权利客体的出借量和馆藏量,决定了版权人获得补偿金的数额。反过来,PLR 制度也影响了图书馆文献资源建设。图书馆每年汇总的 PLR 统计数据,包括馆藏文献出借次数或馆藏文献量的统计,对于优化图书馆馆藏复选工作起到很好的指导作用。

馆藏复选,是指图书馆根据一定的原则和标准,对馆藏文献进行筛选、调整和剔除的过程①。图书馆可以通过利用 PLR 统计数据,了解馆藏文献的利用情况,从而确定哪些文献需要继续保存以供使用,哪些文献应当进一步增加复本,哪些文献已经失去价值应当剔除,从而不断地完善馆藏文献体系。

另外,PLR 管理机构每年发布的阅读排行榜提供了读者最喜欢的作者和图书信息,为图书馆采购文献提供了参考指南。

（3）PLR 制度对图书馆服务的影响

PLR 制度对图书馆信息服务的影响可以分为消极影响和积极影响两个方面。

PLR 产生的消极影响主要限于个别国家,不具有普遍性。概括起来主要有两个方面,一是 PLR 经费挤占了图书馆的运行经费,图书馆的文献购置经费下降,从而导致图书馆馆藏文献数量增长不足、有偿服务项目增多、注册读者流失的问题;二是对特殊作品类型的出借规定了迟滞期,阻碍了读者自由获取信息的自由。

PLR 产生的积极影响远远大于其消极影响,而且具有普遍性。首先,图书馆的借阅活动有了法律依据。绝大多数国家的版权法并没有规定图书馆的借阅活动属于合理使用行为,版权人常以此诘问图书馆的借阅活动是否正当。国家在法律上赋予版权人 PLR,由政府支付 PLR 补偿金,这使图书馆的借阅服务能够理直气壮地发展。其次,图书馆借阅的客体不仅限于图书、期刊等传统纸质文献,录音制品、视听制品、计算机软件等物理形式的文献资源,甚至是数字资源都成为图书馆大力推广的借阅客体,从而满足不同层次读者的阅读需求。再次,PLR 管理机构发布的阅读排行榜推动了全民阅读活动,为读者选择阅读读物提供了指南。最后,PLR 制度的实施为图书馆有偿

---

① 　钟建法,等.馆藏复选研究报告[C]//戴龙基.文献资源发展政策研究.北京:北京大学出版社,2007:218.

借阅提供了法律保障。英国、德国、荷兰、芬兰、澳大利亚和法国等国图书馆被允许在某些项目上进行有偿服务,图书馆向读者收取办证保证金、借阅超期罚款等行为有了法律依据①。

(4)PLR 制度对图书馆管理的影响

由于图书馆是 PLR 制度的主要实施机构,PLR 管理机构对图书馆管理提出了相应的要求。例如,图书馆需要采用计算机集成管理系统,对文献的出借次数、馆藏文献量、读者注册数等数据作出准确的统计。PLR 数据统计工作虽然增加了图书馆的管理成本,但有利于图书馆管理的科学化。从国外PLR 制度实践来看,通常抽样图书馆的统计成本由 PLR 管理机构支付,即从国家财政拨款中支付,从而避免图书馆承担额外的经济负担。

(5)PLR 制度对图书馆版权工作的影响

随着信息传播技术的发展和版权人维权意识的提高,版权问题日益成为图书馆工作中必须处理的难题。其中 PLR 涉及图书馆信息服务的版权,受到越来越多国家的重视。PLR 制度的实施需要图书馆界的积极合作,图书馆界不仅应当遵守国家的版权法,尊重版权人的权利,而且要积极参与 PLR 制度的设计、制定和修订工作,与著作权集体管理组织签订合理的版权许可使用合同。

PLR 作为一种法定许可制度,免去了版权人的授权程序,消除了图书馆自行开展权利调查和授权谈判过程中的种种经济支出,有利于读者使用版权作品。目前世界各国 PLR 的权利客体基本上是有形载体,但已有个别国家的PLR 权利客体向数字图书扩展。可以预计,未来的 PLR 制度将对图书馆的版权工作产生更大的影响。

(6)PLR 制度对图书馆公共关系的影响

图书馆作为公共服务机构,具有教育、文化和休闲的职能,其在公众获取知识、参与社会文化建设方面发挥重要的作用。PLR 制度进一步加强了图书馆与社会的联系,促进图书馆与作者、出版商、销售商和读者之间的联系。图书馆通过实施 PLR,维护了版权人的权益,改变图书馆滥用权利的形象。图书馆将以更负责任的法律态度,站在国家文化发展的战略角度,遵守版权法规,提高读者的版权意识,为建立一个法制国家营造和谐的环境。

---

① 江向东.版权制度下的数字信息公共传播[M].北京:北京图书馆出版社(今国家图书馆出版社),2005:82—84.

5.2.4 公共借阅权制度对读者的影响

读者是信息资源的利用者,其利用信息的广度和深度受到信息传播机构的影响。因此,读者受 PLR 制度的影响程度决定于 PLR 制度对图书馆的影响程度。如果 PLR 制度对图书馆产生消极影响,那么,图书馆必然将这种消极影响传递给读者。例如,图书馆经费受到 PLR 经费的挤占,必然导致图书馆新增文献数量的下降和服务质量的下滑,从而引起读者的流失。反之,PLR 在不影响图书馆运行经费的前提下,PLR 制度促进图书馆购入更多的录音制品、视听资料等新媒体资源,改变原来的资源载体结构,从而扩大了读者借阅对象,丰富了读者知识视野,满足读者的阅读需求。同时,图书馆发布的 PLR 排行榜起到引导读者借阅文献的作用。

综上所述,PLR 制度对不同利益群体的影响是多方面的,总体上是利大于弊。如果政府对 PLR 给予充分的资金保障,PLR 制度的实施有利于科学文化作品的生产、传播和利用,促进本国文化事业和文化产业的发展。反之,如果政府支付的 PLR 补偿金不够充足,需要由图书馆承担一部分资金,则将可能损害图书馆和读者的利益。因此,我们对于 PLR 的态度应该保持客观的立场,从国家文化发展的战略角度上理性看待 PLR 制度给不同利益群体带来的影响。

5.3 公共借阅权制度在数字环境下的发展评估

纵观各国 PLR 立法史,最初都将权利客体确定为依附于有形载体的作品。即使是 1992 年出台的 EC92/100 指令,也仍将 PLR 的客体限定在有形载体范围,没有考虑到无固定载体形式的数字作品①。但是,随着上世纪 90 年代初计算机技术和远程通讯技术的迅猛发展,数字作品以其传播速度快、复制成本低、交互性好等优势迅速得到广大公众的欢迎。一些发达国家图书馆适时推广数字借阅服务。由此,数字作品的权利人认为图书馆的数字借阅服务损害他们的利益,要求 PLR 保护的客体延伸到数字领域。围绕 PLR 制度的

---

① 数字作品是指以数字代码方式将图、文、声、像等信息存储在光、电、磁介质上,并可以通过专用设备阅读的作品,包括电子图书、电子期刊、数据库、计算机软件等。

利益关系再次出现失衡,PLR 制度能否以及如何在数字环境下发展逐渐成为业界关注的问题。

5.3.1　公共借阅权制度在数字环境下的法律适用性问题

(1)数字环境下 PLR 制度与权利穷竭原则的冲突

非数字环境下,虽然权利穷竭原则与 PLR 冲突,但一些国家采取权利穷竭例外的规定,为 PLR 制度的建立扫除了法律障碍,使得权利人的 PLR 能够实现。在数字环境下,数字作品的传播远比非数字作品传播速度快、复制成本低,对版权人造成的利益损害更加严重。如果在数字环境下适用权利穷竭原则,作品的所有人可以任意复制和传播作品,作者的劳动成果很可能首次发行也成了最后发行,如此一来必然损害权利人应得的经济利益。

在数字技术发展之前,作品的传播主要依赖有形载体的转移,而这种将附有作品的有形载体转移的行为正是版权法中发行权所规制的行为。世界上大多数国家和地区都认为,发行权是控制承载作品有形载体流转的行为。例如,英国《版权法》第 18 条规定:"发行"是指"将先前未投放流通领域的复制件投入流通领域"。欧盟 2001 年的《信息社会版权指令》明确指出:发行权只是控制发行承载作品的有形载体的行为,权利穷竭原则对于网络中的在线服务并不适用。1996 年缔结的《世界知识产权组织版权条约》和《世界知识产权组织表演和录音制品条约》将"发行权"定义为"文学和艺术作品的作者应享有授权通过销售或其他所有权转让形式向公众提供其作品原件或复制品的专有权"的同时,明确说明"原件或者复制件"专指"作为有形物品投放流通的固定复制件",这就将网络传输行为彻底排除出了"发行权"的适用范围之外。需要指出的是,国际社会只有美国将传统的"发行权"的适用范围扩大至网络传输行为,美国国内对于"权利穷竭原则"能否适用数字环境的问题争议很大①。

随着数字传播技术的发展,作品与其载体变成可以分离了。作品传播方式除了传统的有形载体传播模式以外,还有网络传播模式。在数字环境下,作品可以脱离作品有形载体而进行传播,传统版权权利穷竭的基础将不复存在。因此,版权权利穷竭原则并不适用于网络传输行为。我们据此可以得出一个结论,在数字环境下,权利穷竭原则实质上并不会对 PLR 制度产生冲突。

① 王迁.论网络环境中的"首次销售原则"[J].法学杂志,2006(3):117—121.

从法理上说,PLR 制度可以将权利客体扩张到数字作品。

(2)数字环境下 PLR 与网络传播权的权利竞合问题

权利竞合,也叫权利并存,是指基于同一事实,为同一目的的若干权利归于同一权利人。竞合是指由于某种法律事实的出现,导致两种或两种以上的权利产生,并使这些权利之间发生冲突或重叠的现象。PLR 的保护范围向数字作品延伸,必然面临着与网络传播权构成权利重叠的法律问题。

在数字环境下,作品与其作品载体的分离,导致传播的发行权不适用于网络传输行为,而产生了一种新权利,即"网络传播权"。国际各国对于网络传播权的立法主要形成三种保护模式,即"外延扩大式"的网络传播权、"新增式"的网络传播权、"重组式"的网络传播权①。《世界知识产权组织版权公约》(简称 WCT)采用新增的"公众传播权"(Right of Communication to the Public)来保护权利人的网络传播权。WCT 第 8 条规定:"在不损害《伯尔尼公约》赋予作者的各项传播权利的前提下,作者应当享有以有线或无线的方式授权将其作品向公众传播的专有权,包括将其作品向公众提供,使公众中的成员在其个人选择的地点和时间可获得这些作品。"《世界知识产权组织表演和录音制品条约》(简称 WPPT)第 10 条和第 14 条也分别赋予表演者和录音制品制作者享有以授权通过有线或无线的方式使公众在其个人选择的地点和时间获得已固定的表演或录音制品的权利。我国版权法规定的信息网络传播权的定义,直接来自于 WCT 第 8 条的表述。根据以上各国对网络传播权的保护模式和国际版权组织的定义,笔者认为,网络传播权包含了数字环境下的 PLR,即版权人享有的数字借阅权,本质上属于网络传播权的一种类型。

虽然数字环境下的 PLR 与网络传播权构成权利重叠,而且被后者包含,但并不意味着数字环境下的 PLR 必须削弱或取消。两种权利的立法目标并不完全相同,分别从不同角度维护权利人的权利。大多数国家的 PLR 仅是一种获得报酬的权利,权利人只能通过著作权集体管理组织来行使权利;而网络传播权则是排他性的专有权利,权利人可以自己提出权利主张。如果以网络传播权规制数字借阅服务,将可能会产生两种截然不同的结果,一是将排他性的网络传播权降为非排他性的获酬权,这与 WCT 和 WPPT 的有关规定相

①　江向东.版权制度下的数字信息公共传播[M].北京:北京图书馆出版社(今国家图书馆出版社),2005:258—262.

违背;二是排他性的网络传播权有权授权或禁止他人利用其作品,公众利用必须得到权利人的同意,这势必产生高额的授权成本。两种结果最终都将损害权利人的版权利益,阻碍了网络信息传播。事实上,即使 PLR 制度扩张到数字领域,其仍然局限于公共出借领域,并不会对权利人的网络传播权造成根本的冲突。虽然 EC92/100 指令或欧盟版权法没有明确认定图书馆用户从图书馆下载数字作品是一种出借行为,但是业界一般认为图书馆用户从图书馆下载有复本、借期限制的数字作品到自己的电脑或电子书阅读器等电子设备上属于图书馆的公共借阅行为。

因此,PLR 制度运用到数字环境下仍然具有合理之处,对权利人因为其作品在数字领域内被公共机构的读者使用而造成的版权损失给予一定的补偿,符合公平、正义的本义。法律是分配利益的社会工具,在处理权利竞合时也应重视权利的价值①。权利竞合并非法律设计上的漏洞,在很多情况下,政府处理权利竞合时,需要进行利益的协调,以实现法律公平的要义。数字环境下 PLR 制度的应用便是一个典型的例子。

5.3.2　公共借阅权制度在数字借阅服务中的应用

(1)图书馆数字借阅服务的发展

从图书馆产生之始,信息传播技术的每一次进步都有力地推动图书馆的发展,尤其是近 30 年来的信息网络传播技术给图书馆工作带来深刻变革。图书馆作为信息传播的中介机构,其性质决定本身易受到信息传播技术发展的影响。处于信息技术大变革环境下的图书馆,为了吸引更多的读者利用图书馆,避免在与同类机构的竞争中被"边缘化",必然要改变馆藏资源建设策略,将数字作品的采购纳入馆藏资源建设的整体规划,并且采取多种方式将采购的数字资源提供给读者使用。

从目前图书馆开展的数字借阅服务来看,读者最主要的借阅对象是电子图书。电子图书的借阅主要有两种方式,一是数字内容提供商向图书馆提供电子文本,图书馆购买电子文本的许可使用权或所有权,读者再通过图书馆网络下载有借阅期限、复本限制的电子文本;二是图书馆提供电子书阅读器

---

① 李永明,张振杰.知识产权权利竞合研究[J].法学研究,2001(2):89—103.

出借服务。根据 Rich 在 2009 年的调查①,虽然美国纽约公共图书馆电子图书的采购经费仅占总经费的 1%,但电子图书的出借很快得到普及,目前已有 5400 个公共图书馆提供电子图书和音频图书的下载服务。OverDrive 和 NetLibrary 等数字内容提供商加快了向公共图书馆推广电子图书的步伐。2009 年 OverDrive 提供的电子图书超过 100 万种,而 2007 年的数据仅为 60 万种;NetLibrary 提供的电子图书的出借次数比 2008 年增长 21%②。2011 年 4 月,亚马逊与 OverDrive 合作,推出 Kindle 公共图书馆借阅服务,向美国一万多所公共和教育图书馆提供电子图书出借服务。亚马逊将这项新计划称为"Kindle 用户数字图书馆"(Kindle Owners' Lending Library),规定读者每次只能借阅 1 本书,一个月只能借 1 次,没有设置归还期限,如果他们借另外 1 本新书,之前借阅的书就会自动从设备中消失③。

　　一些办馆条件好、经费充裕的图书馆开始向读者提供电子书阅读器出借服务。杨志刚等对国外 25 所公共图书馆和大学图书馆的电子书阅读器应用现状作了调查,发现被调查的图书馆提供给读者的电子书阅读器一般从数台到数十台不等,借期一般从 7 天到 28 天,图书馆提供借阅服务的主要目的是让用户体验新技术、探索图书馆服务的新方法和新模式、研究电子书阅读器在教学和科研环境中的可用性和建设"无书图书馆"④。随着 iPad 的热销和流行,平板电脑成为新型的电子阅读器类型,受到更多年青人的青睐。我国台湾地区教育主管部门向台湾师范大学、宜兰大学、昆山科技大学,以及台中、宜兰和南投县图书馆提供逾百台的可以借阅的 iPad 等电子书阅读器⑤。例如,台湾师范大学现有 28 台 iPad、6 台 EeePad、6 台 ViewPad 共 40 台电子阅读器供师生借阅,校方在每台电子阅读器内下载上千本中英文电子书,推出后大受欢迎,每台机器平均有 20 多名学生预约等候。

　　从以上国内外图书馆开展的数字借阅服务现状看,提供电子文本的第一

　　①②　Rich M. Libraries and Readers Wade into Digital Lending. New York Times[EB/OL].[2012－06－14]. http://www. nytimes. com/2009/10/15/books/15libraries. html? em.

　　③　亚马逊向 Prime 会员推数字图书馆服务[EB/OL].[2012－06－14]. http://tech. 163. com/11/1103/15/7HUQ5ELL000915BF. html.

　　④　杨志刚,张新兴,庞弘燊. 电子书阅读器在国外图书馆的应用现状及存在问题[J]. 大学图书馆学报,2011(4):11—17.

　　⑤　台大学图书馆推"无纸化"　iPad 借阅成新流行[EB/OL].[2012－06－14]. http://iphone. 86wan. com/news/178647. html.

种借阅方式蓬勃发展,而提供电子书阅读器的第二种借阅方式正日渐成为新潮流,两种新颖的借阅方式很大程度上改变了传统图书馆的服务方式和手段。近年来国内外电子图书的消费市场也说明了图书馆开展数字借阅服务符合时代发展的要求。根据《2010—2011 年中国电子图书发展趋势报告》,截至 2010 年年底,中国电子图书总量为 115 万种,2009 年新增电子图书 18 万种,同比增长 15.65% ;2010 年我国电子图书读者已达 1.21 亿人,5 年人数增加了近 3 倍①。在美国,2012 年第一季度电子书销售额达 2.82 亿美元,而纸质书的销售额为 2.3 亿美元②。可见,电子图书将成为图书馆借阅的发展趋势是时代发展的必然。

(2)PLR 制度在数字借阅服务中的应用

图书馆数字借阅服务在快速发展的同时,存在数字内容不足、相关标准缺失、版权保护欠缺等问题。但是版权问题是限制图书馆数字借阅发展的瓶颈。不可否认,电子图书的大量出借可能损害作者和出版商的版权利益,使图书馆数字借阅服务中存在版权风险。一方面,一些数字作品的版权归属存在争议,传统出版商与电子书出版商争夺图书的电子版本,导致图书馆购买的电子图书版权存在问题。例如,出版商哈珀—柯林斯于 2011 年 12 月在美国纽约南区法院对电子书出版商 Open Road Integrated Media 提起诉讼,主张拥有作家珍·克雷黑德·乔治的经典作品《狼王的女儿》一书的电子书,要求法院判决被告方给予其损害赔偿和禁令救济③。另一方面,很多权利人反对图书馆提供数字借阅服务,认为数字作品更加容易被复制,权利人的利益更加容易受到侵害。例如,出版商 Macmillan 和 Simon & Schuster 以作者得不到合理的补偿为理由,反对向图书馆提供电子图书④。亚马逊推出的"Kindle 用户数字图书馆"并没有得到美国六大出版商的认可。数名出版业资深人士称,他们担心亚马逊推出的数字图书借阅服务,会冲击旧书未来的销售,并伤

---

① 中国电子图书发展趋势报告:电子图书迈入高速成长期[EB/OL]. [2012 – 08 – 16]. http://bjcb.100xuexi.com/ExtendItem/OTDetail_59744CC8-4515-40B0-BEED-FE0552B66C11.htm.

② 小心! 电子书也在"读"你[EB/OL]. [2012 – 08 – 16]. http://news.ifeng.com/gundong/detail_2012_07/08/15864806_0.shtml.

③ 郑珍宇编译. 电子书版权归属:旧合同引来的新麻烦[EB/OL]. [2012 – 06 – 05]. http://www.dajianet.com/digital/2012/0220/181197.shtml.

④ Rich M. Libraries and Readers Wade into Digital Lending. New York Times[EB/OL]. [2012 – 06 – 14]. http://www.nytimes.com/2009/10/15/books/15libraries.html? em.

害其他书籍零售商的关系。国外发达国家图书馆印本图书总体借阅量出现明显下滑的趋势对依据图书馆有形载体的借阅量来计算补偿金的 PLR 制度是个很大的冲击。如果继续沿用原来的制度,权利人得到的补偿金数额必然不断下降,PLR 制度建立的基础也将受到动摇。

图书馆电子借阅服务的版权问题引发了 PLR 制度在数字环境中的应用问题,学术界提出不同的看法。我国图书馆学学者金胜勇和白献阳认为,对于图书馆而言,信息网络传播权问题就是 PLR 问题,图书馆进行信息网络传播就是将数字作品在网络环境中进行公共出借。他们承认 PLR 同信息网络传播权一样属于版权人,但认为图书馆既然可以合理地拥有公共借阅的权力,就应该能够通过合理、合法的方式取得信息网络传播权力①。显然,作者认为,图书馆行使公共借阅的权力代表的是社会公众的利益,否定版权人在数字环境下行使 PLR。这种观点在图书馆界具有代表性。笔者认为,作者从本质上混淆了 PLR 与信息网络传播权的关系,即使图书馆具有公共借阅的权力,也不意味着图书馆能代表权利人行使其信息网络传播权或 PLR。Mike Holderness 将 PLR 概念加以扩张,提出所谓公共阅读权(Public Reading Right,简称 PRR)②。如同 PLR,PRR 的优点在于追求公平的诉求和创造力的培养。PRR 制度设计的思路是:数字资源作品在图书馆中每被接触一次,作者便可得到一笔补偿费用;这些费用的计算和发放是由计算机系统操作;PRR 费用来自于中央政府的基金。Mike 认为,PRR 制度是一种兼顾图书馆传播信息资源和保护版权的利益平衡制度。Foley 提出数字借阅权概念(Digital Lending Right,简称 DLR),认为建立数字借阅权制度的最大困难是寻找立法的合法性③。

国际立法机构密切关注 PLR 制度在数字环境下的发展。早在 1995 年 7 月,欧盟委员会发表了《信息社会版权与邻接权绿皮书》④。绿皮书认为,信息

---

①　金胜勇,白献阳.关于图书馆争取信息网络传播权力的思考[J].中国图书馆学报,2006(6):45—48,53.

②　Mike H. The Librarian of Babel:for a Public Reading Right[EB/OL].[2012 - 08 - 16]. http://www. ariadne. ac. uk/issue11/babel.

③　Foley J. H. Enter the Library:Creating a Digital Lending Right[J]. *Connecticut Journal of Int' l Law*,2000(16):369—400.

④　Green Paper. Copyright and Related Rights in the Information Society,COM(95) 382 final ,Brussels 19,07,1995.

社会版权问题主要来自新技术的挑战,包括数字化技术引起的服务性质的变化。新的数字化的"点对点(point-to-point)"的服务不同于传统的"点对面(point-to-multipoint)"服务。绿皮书指出:"数字技术带来了大量的新的技术手段,如资料的电子存贮和传递,在图书馆的借阅过程中起着越来越重要的作用,如果没有恰当的法律保护体系,权利人就会因为新的作品使用方式和交流渠道受到伤害,好的做法是必须进一步加强版权人享受的权利,特别是在公共借阅方面。"

国际 PLR 会议和欧洲 PLR 研讨会多次研讨新技术对 PLR 制度的影响以及 PLR 权利客体向数字作品延伸的问题。已有个别国家修订 PLR 法,拓展 PLR 客体范围。例如,英国于 2010 年通过《数字经济法案》(Digital Economy Act 2010),修订了 1979 年的 PLR 法案,对"图书""作者""出借"等术语作了扩张解释,将"图书"范围延伸到"音频图书"和"电子图书"。丹麦、加拿大、澳大利亚等国 PLR 管理机构已对图书馆电子图书、音频图书的借阅情况及影响进行调研,为 PLR 客体的扩张作了前期准备。这些国家的调研报告显示,公共图书馆电子图书采购经费和借阅次数的比例占总比例均不超过 10%,与电子图书的热销形成较大的反差。两者出现较大反差的原因不仅在于相当多权利人反对图书馆免费使用数字作品,更在于还没有建立一个能使作者、出版商、数据库商和图书馆等多方认可的、合理的图书馆数字借阅的商业模式。

综上所述,理论界对图书馆数字借阅服务中 PLR 制度的应用存在分歧,在实践上图书馆数字借阅服务虽然遇到很多障碍,但仍然逐步推进。从一些国家 PLR 的立法变动以及制度实践来看,数字环境下 PLR 保护出现强化的趋势。版权立法有条规律:当某种信息传播行为发展到了足以对版权人的利益构成实质性损害时,版权法迟早会将这一信息传播行为纳入法律控制的范畴。因此,笔者认为,如果图书馆普遍开展电子借阅服务,出现大量读者经常在图书馆或其网站借阅电子书的行为,那么,一些国家原有的 PLR 制度就很有可能扩展到数字领域。

5.3.3 公共借阅权制度与数字图书馆版权问题

上世纪 90 年代以来,随着信息技术的广泛应用和信息环境的变化,公众获取信息知识的途径发生了根本性的变革,数字信息逐渐成为信息资源的主流,国内外数字图书馆①建设迅猛发展。版权问题是数字图书馆信息资源建设和服务的主要问题。数字图书馆在对数字化作品利用以及通过网络传播作品时,必须考虑可能面临的版权风险。国内外许多研究者试图从 PLR 的视角来寻求解决数字图书馆版权问题的突破口。

余训培认为,在数字环境下,对作者实施补偿是必须的,只有这样,才能维系作者的创作热情,并主张为数字图书馆中涉及到的权利义务主体建立类似 PLR 的补偿制度②。罗志勇则主张引入 PLR 来解决电子文献传递的版权报酬计算和支付问题③。王远均等认为,PLR 是一项专门针对公益性图书馆的借阅服务而设立、由国家代替读者向版权人支付借阅使用费、用以平衡社会公众与版权人之间的利益关系的权利,其应用到数字图书馆能解除公共数字图书馆承受海量作品使用费的困境,从而使数字图书馆的公益性职能得到有效履行④。我国台湾学者叶乃玮、赖文智认为,引入 PLR 制度可以简化版权授权程序,降低数字图书馆的运行成本⑤。Foley 认为,建立有效的 PLR 制度能够解决图书馆与版权之间的冲突,消除图书馆面临的版权障碍,使图书馆更好地发挥功能⑥。

笔者认为,探讨 PLR 制度能否成为解决数字图书馆版权问题的途径,首先应当区分数字图书馆的主体类型。根据是否以营利为目的,可以将数字图书馆区分为公益性数字图书馆和营利性数字图书馆。绝大多数数字图书馆具有一定的营利性质,其运作方式不同于公益性图书馆。如果将 PLR 制度适用到这类型数字图书馆,就等于可以适用于所有的网站,权利人在有关国际公约和国内法中已获得的网络传播权就会被全面降为获酬权。因此,如果PLR 立法延伸到数字领域,政府必须,也只能对公益性数字图书馆给予支持。

---

① 数字图书馆的定义很多。本文为了避免歧义,将数字图书馆定义为"对以数字化形式存在的信息进行收集、整理、保存、发布和利用的社会机构或组织"。

② 余训培.公共借阅权:本土定位与重新解读[J].图书馆,2004(1):17—19.

③ 罗志勇.图书情报网络化中的著作权保护问题[J].情报资料工作,2000(4):5—7.

④ 王远均,赵媛,唐莉.我国数字图书馆领域引入公共借阅权的相关问题探讨[J].情报理论与实践,2005(5):488—490,468.

⑤ 叶乃玮,赖文智.数位图书馆系列——公共借阅权[EB/OL].[2012 – 05 – 06].http://www.is-law.com/old/OurDocuments/CR0021LA.pdf.

⑥ Foley J. H. Enter the Library:Creating a Digital Lending Right[J]. *Connecticut Journal of Int' l Law*,2000(16):369—400.

国家通过重点支持公益性数字图书馆的建设,一方面采用法定许可制度保护版权人在数字领域的版权利益;另一方面吸引公众免费利用数字信息,维护公众平等获取知识的图书馆制度。例如,我国《信息网络传播权保护条例》第9条专门为全国文化信息资源共享工程设立了法定许可条款①,这种由国家向版权人支付报酬、农民享受免费文化资源的扶助项目,从某些方面说,与PLR制度相类似。

---

① 法律规定:为扶助贫困,通过网络向农村地区的公众免费提供中国公民、法人或者其组织已经发表的种植养殖、防病治病、防灾减灾等与扶助贫困有关的作品和适应基本文化需求的作品,网络提供者应当在提供前公告拟提供的作品及其作者、拟支付报酬的标准。自公告之日起30日内,著作权人不同意提供的,网络服务提供者不得提供其作品;自公告之日起满30日,著作权人没有异议的,网络服务提供者可以提供其作品,并按照公告的标准向著作权人支付报酬……网络服务提供者不得直接或者间接获得经济利益。

6 国外公共借阅权制度的考察

纵观各国 PLR 制度的内容,没有哪两个国家是完全相同的。各国 PLR 立法以及制度的建立和实施都是结合本国国情,不断完善和发展的产物。研究主要国家 PLR 制度的经验,有助于我们深入了解国际 PLR 制度的发展重点和趋势,为设计我国 PLR 的立法框架提供借鉴和参考。本章根据 PLR 立法模式的不同,分别对文化政策模式的加拿大、瑞典和准版权模式的澳大利亚、新西兰以及版权模式的丹麦、英国、德国等国的 PLR 制度进行深入的考察。

6.1 文化政策模式的公共借阅权制度

基于文化政策的立法模式在 PLR 立法史上产生最早,曾经是多数国家采取的立法模式。但随着国际版权保护发展的强化趋势,一些国家调整原有的立法模式,转而采用准版权或版权立法模式。文化政策模式不同于准版权和版权模式的最大之处在于其立法层次较低,属于国家的行政规定。该模式的最大特点是保护本国作者的利益,通过 PLR 给予他们物质和精神奖励,以刺激他们创作的热情,同时通过主体和客体的限制排除其他国家作者享有本国的 PLR。目前采取文化政策模式的国家仅有加拿大、瑞典和以色列。需要指出的是,丹麦、挪威和芬兰等国的 PLR 立法其实也具有文化政策的特点,但由于这些国家已将 PLR 纳入到版权法体系,因此,本书将这些国家 PLR 立法模式归为版权立法模式类型。

6.1.1 加拿大公共借阅权制度考察

(1)加拿大 PLR 制度发展概况

早在上个世纪 40 年代,受北欧国家建立 PLR 制度的影响,刚成立不久的加拿大作家协会(Canadian Authors Association)就要求建立 PLR 制度以维护他们的权益①。1973 年,加拿大作家联盟成立(the Writers' Union of Canada),作家联盟发起 PLR 运动,开始向议会游说 PLR 计划②。1977 年,加拿大成立公共使用补偿金咨询委员会(the Consultative Committee on Payment for Public Use),由作家、图书馆馆长、出版商三方组成,计划用 4 年时间实施基于图书馆支持的 PLR 计划,以提高作家收入,改善本国作家的经济状况。1982 年,联邦文化政策审核委员会(Federal Cultural Policy Review Committee)建议政府为图书馆使用补偿金作出计划。1985 年 9 月,哈利法斯(Halifax)地方联邦议会通过了 PLR 计划。1986 年 3 月,联邦政府同意由财政部拨款 300 万加元支持 PLR 计划,加拿大成为世界上第 12 个实施 PLR 制度的国家。

加拿大 PLR 制度在随后的 20 多年间不断完善和发展。1988 年,PLR 委员会章程和规章制度通过。1992 年,《艺术家地位法案》(the Status of the Artist Act)生效,法案确立一般原则为"对艺术家重要的是使用他们的作品必须得到补偿,包括他们的 PLR"。2005 年,诗歌作品开始列入 PLR 补偿范围,PLR 委员会认为诗歌可以使"社会公众认识到诗人在保护加拿大文化身份认同感方面所作出的重要贡献"。2008 年,PLR 委员会一致同意采用增长管理策略(Growth Management Strategy),对补偿金的计算实行等级计算法。2009 年,PLR 委员会和加拿大艺术理事会签署新的管理协议,明确两个主体之间的关系。2010 年,正式采用等级法计算补偿金。

(2)加拿大 PLR 制度的管理

加拿大 PLR 制度是国家的一项重要文化项目,由文化遗产部(Department of Canadian Heritage)艺术理事会授权 PLR 委员会负责管理 PLR 事务③。PLR 委员会由 19 名成员组成,其中 11 名作者(8 名由作家协会推荐,3 名由委员会推荐)、2 名图书馆馆长(由图书馆协会推荐)、2 名出版商(由出版协会推荐),另外 4 名由国家图书馆、魁北克国立图书馆、加拿大艺术理事会和加拿大文化

① Brief History of the Public Lending Right Program [EB/OL]. [2012 – 08 – 06]. http://www. plr-dpp. ca/PLR/about/history. aspx.

② MacSkimming B. The Policy Foundations of Public Lending Right in Canada [EB/OL]. [2012 – 08 – 06]. http://plr-dpp. ca/PLR/documents/CanadaCouncilPLRPolicyFoundationsreportweb. pdf.

③ Administrative Agreement Between the Canada Council and the PLRC. Evaluation of the Public Lending Right Program. February 26, 2003.

遗产部各推荐 1 名无表决权的成员①。委员会成员中有 8 名成员担当执行委员会成员。委员会和执行委员会成员均由委员会主席任命。加拿大文化遗产部下设常务委员会,对 PLR 计划进行不定期评估和检查,并提供支持。

PLR 委员会负责制定、修改 PLR 计划和管理、分配补偿金,并由执行委员会负责日常工作。委员会定期与国家文化遗产部讨论计划发展和预算要求,每年向加拿大艺术理事会提交 PLR 计划报告。委员会每年 2 月 15 日—5 月 1 日接受作者的注册申请,次年 2 月向作者支付 PLR 补偿金。权利人通过 PLR 管理网站下载和填写 PLR 注册申请表,然后通过电子邮件传送到委员会,由委员会作出权利资格审查。委员会工作效率高,其运行费用同样来源于 PLR 专项经费。经过委员会的努力,PLR 管理费用已从占 PLR 专项经费的 8% 左右逐渐降低到 4%—5%,委员会在降低工作成本和保障作者权益方面取得了很大的成绩。

(3)加拿大 PLR 的权利主体和客体

由于加拿大是将 PLR 作为一项文化政策而不是版权制度来实施,所以对 PLR 的权利主体限制条件较多,具体要求有②:①拥有本国国籍的公民或者加拿大公民和移民局认可的具有永久居民身份的人;②作者包括图书的著者、编者、译者、插图者和摄影者;③作者的名字必须出现在图书的题名页或版权页上;④编者姓名必须出现在图书的目录页中,其写作篇幅不得少于全书的 10%,题名页或版权页上标明的合作作者人数不超过 2 人;⑤除了编者和译者外,包括插图者和摄影者,作者不得超过 6 人;⑥文集的合作作者不超过 6 人。

PLR 的客体只限于印本图书。取得 PLR 客体的条件有:①已出版的诗歌、小说、戏剧、儿童图书、学术著作和非小说图书;②页数在 48 页以上成人图书以及页数在 24 页以上的儿童图书;③有国际标准书号(ISBN)。

无资格获取 PLR 的图书包括以下 15 种类型:练习册、辅导书,有关旅游、自然、烹饪等主题的指南或手册;专业入门书,如法律、技术、医疗、科研、教学、财会或理财方面的图书;主要为教育市场出版的图书;以列表式或短信息汇编而成的词典、索引、汇编、书目、地图册、百科全书或者家谱等图书;由会

① PLR Commission Members [EB/OL]. [2012 – 08 – 06]. http://www.plr-dpp.ca/PLR/about/members.aspx.

② PLR Program Eligibility Criteria [EB/OL]. [2012 – 08 – 06]. http://www.plr-dpp.ca/PLR/eligibility/default.aspx.

议、研讨会或者座谈会汇编而成的图书;展览目录;报纸、期刊和杂志;未出版的作品,如博士论文、硕士论文和手稿等;非书资料;2版或2版以上的图书,除非该书的修订超出原版的50%以上被视为不同的新书;报告、调查或工作评估;政府或者类似政府机构、学会、社团出版的图书;图书的全部或者主要部分是乐谱;日历、议程、色谱书、小测验或者游戏;职务作品。PLR委员会具有对图书是否享有PLR资格进行核查的职责。

(4)加拿大PLR补偿金的来源、计算与分配

1)PLR补偿金的来源

加拿大PLR补偿金的来源与绝大多数国家一样,来自国家财政预算开支,由国会向艺术理事会拨款,避免图书馆和读者承担额外的开支。

2)PLR补偿金的计算

补偿金的计算包括计算方法、抽样图书馆的统计两个方面。加拿大PLR补偿金的计算方法独特,它没有采用图书出借次数或馆藏复本数两种普遍的计算方法,而是计算有资格获得PLR的图书被图书馆收藏的种数。其计算方法为:先统计出符合PLR条件的馆藏图书种数,然后将扣除了管理费用后的PLR经费除以有资格的图书总数,得出每种作品的报酬额,即单位补偿金(hit rate)。每年的单位补偿金都会变化,1986年的单位补偿金为40加元,20多年来单位补偿金在29.35—49.00加元之间波动。以2004—2005年度为例,单位补偿金为30.17加元。如果一位符合PLR主客体条件的作者独立创作的3部作品被9个抽样图书馆收藏,其当年获得的PLR报酬为814.59加元(3×9×30.17的得数)。有资格的图书种数在抽样统计中的最高累计数上限为100,作者所得的最高补偿金为当年的单位补偿金乘以100所得的数值。

补偿金的计算除了采用图书馆馆藏种数计算法,还采用等级计算法。随着获酬作者和获酬图书数量的增加,PLR委员会面临着持续的财政压力。为了保证PLR计划的正常运行,委员会采取等级计算方法,降低权利人单位补偿金的数额以平衡财政预算。等级计算法的算法为:图书注册的时限为0—5年,权利人享受100%的单位补偿金;注册时限为6—10年,权利人享受80%单位金;注册时限为11—15年,权利人享受70%单位金;注册时限为16年以上,权利人享受60%的单位金。

在抽样图书馆统计方面,由于以前加拿大公共图书馆馆藏量有限,所以大学图书馆也被列入抽样对象。1987—2004年,PLR委员每年选择15—24

个公共图书馆和大学图书馆作为抽样馆,每年的七八月更换 1/5 的抽样图书馆,以确保图书数据的更新、准确和入选图书馆的合理性。由于英文图书馆的抽样量比法文图书馆多一倍,法文图书的单位补偿金是英文图书的 2 倍。PLR 委员会通过联网电脑输入图书的国际标准书号(ISBN),查找抽样图书馆数据库的记录,每种书被检索到一次就可以得到一份单位补偿金。随着公共图书馆馆藏数量的增加,从 2005 年起,委员会改变了抽样统计方法,选择 12 家公共图书馆作为抽样馆,英文和法文图书馆各占 6 家,法文图书的 PLR 报酬不再双倍计算,并对加拿大人口最稠密的多伦多市和蒙特利尔市公共图书馆的有资格图书的单位补偿金双倍计算。

3)PLR 补偿金的分配

PLR 补偿金的分配是 PLR 制度的主要内容。权利人获得补偿金必须满足 3 个条件:一是向 PLR 委员会注册;二是必须符合 PLR 委员会规定的作者和图书的"资格条件";三是作品收藏于抽样图书馆。权利人获得补偿金的数额取决于 4 个因素:PLR 委员会的拨款数额;在抽样图书馆中发现的有资格享有 PLR 的图书种数;权利人著作享有的不同等级的补偿金标准;权利人的著作被收藏的抽样图书馆种数。PLR 委员会对不同的权利人享有的补偿金比例作出具体的规定:单个著者享有其著作的 100% 的补偿金;有两个合作作者的译者和编者各分享 50% 的补偿金;儿童图书画册的作者、译者和插图者各分享 33% 的补偿金;合作作者根据本人在著作创作中的贡献享有一定的补偿金。权利人如果得到超过 500 加元的补偿金,会收到 T4A 税单,需要缴纳一定的所得税。权利人只能在有生之年享有 PLR 补偿金。

加拿大 PLR 计划自 1986 年实施以来,补偿金的数额、受益的权利人和有资格获酬的图书数量不断增加。我们可以从两组数据的比较了解 25 年来PLR 计划的发展:1986—1987 年,补偿金总额为 300 万加元,受益的权利人4377 人,有资格获酬的图书 15 000 种,权利人人均获得 628 加元;2011—2012 年,补偿金总额为 9921 万加元,受益的权利人 17 885 人,有资格获酬的图书72 870 种,权利人人均获得 555 加元[①]。从数据可以看出,虽然权利人人均获得的补偿金没有增加,但每年增加 540 名新的权利人和 2315 种有资格获酬的图书。

---

① 2011—12 Author Payments[EB/OL].[2012 - 08 - 06]. http://www.plr-dpp.ca/PLR/news/plrpayments_2012.aspx.

（5）加拿大 PLR 制度的实施效果

2003 年 2 月，WME 咨询组织向加拿大文化遗产部提交《PLR 计划评估报告》（Evaluation of the Public Lending Right Program）。该报告采用问卷调查、焦点小组座谈和访谈等研究方法对 1986 年 PLR 计划成立以来的 16 年运行效果作出全面的调查，对 PLR 计划对相关程度（relevance）、成功（success）、设计和运行（design and delivery）、成本效益和替代性（cost-effectiveness/alternatives）等四大指标作出评估①。

在相关性指标方面，报告认为 PLR 计划在实现政府文化发展战略和满足作者的需求上继续发挥重要作用。对于作者来说，PLR 计划具有独一无二的重要地位，其向作者提供的经济支持鼓励作者积极创作出更多的成果。PLR 计划有利于国家文化目标的实现，促进了本国文化作品的创作、传播和保存。

在成功指标方面，报告认为 PLR 计划在使公众认识到作家对维护本国文化独特性所起的作用方面取得很大的成功，并在很大程度上提高本国作家的经济收入。73% 的被调查的受益者认为 PLR 计划在一定程度上或者很大程度上提高了公众对作家的认可度，64% 的被调查的受益者认为 PLR 计划在一定程度上或者很大程度上改善了他们的经济状况，86% 的被调查的受益者认为 PLR 计划在一定程度上或者很大程度上维护了本国文化的独特性。作家布莱思认为，PLR 计划提供的补偿金对于所有的作者是必不可少的，也是非常公平的，因为我们的作品满足了当代和未来社会的要求。

在设计和运行指标方面，报告认为 PLR 委员会对 PLR 的管理是有效的、高效的，PLR 计划所确定的资格条件对于作家来说是清晰的，并能够很好地实施。唯一的问题是委员会对作家的支持程度超出了其本身的管理职责。

在成本效益和替代性方面，报告认为 PLR 计划的实施具有效益，作家对 PLR 委员会的管理是满意的。PLR 计划的运行模式适合本国国情，版权法立法模式并不适合加拿大。

从加拿大作家在海外的影响也可以看出 PLR 计划的实施效果。在 20 世纪 60 年代，在加拿大图书市场上几乎看不到任何加拿大人创作的文学作品，加拿大作家在海外没有任何影响。但现在，文学创作领域的状况已经大大改

---

① WME Consulting Associates. Evaluation of the Public Lending Right Program. February 26, 2003.

变了。以玛格丽特·艾德伍德为首的大约二三十名加拿大作家不仅在加拿大本土,而且在英语国家都拥有广泛的影响①。

总之,加拿大 PLR 计划实施 20 多年来,不仅改善了作者的经济状况,提高了他们在公众中的形象和地位,激发他们创作的热情,而且在促进本国文化发展和维护本国文化独特性方面发挥了重要的作用。

6.1.2 瑞典公共借阅权制度考察

1. 瑞典 PLR 制度发展概况

瑞典作为丹麦的邻国,其 PLR 制度的建立和发展受到第一个建立 PLR 制度的国家——丹麦的直接影响。早在上世纪 10—40 年代,丹麦作家协会持续地向政府争取 PLR 权利的时候,瑞典的作家就积极地配合丹麦作家的行动。瑞典作家的斗争口号是"两个版税",即既要图书出版版税,也要图书馆使用版税。当时,瑞典作家虽然可以获得政府的少许资金资助,但受益面极小,仅很少部分的作家可以获得资助,不少作家反感这种救济方式,他们想从自己的作品中获得充足的报酬。支持作家行动的瑞典政治家 Li Bennich-Björkman 提出公共图书馆出借图书应当给予作者合适的报酬②。1934 年,Li Bennich-Björkman 提出 PLR 计划,次年开始针对此计划进行调查统计③。1952 年,瑞典开始对 PLR 制度进行设计,对 PLR 的权利主体、客体和义务主体以及补偿金的管理和分配等问题展开具体研究。1954 年,PLR 提案在议会表决中通过,自此瑞典建立 PLR 制度,成为世界上继丹麦和挪威之后第三个建立 PLR 制度的国家。

瑞典 PLR 制度虽然于 1954 年开始实施,但直至 1962 年政府才颁布第一部关于 PLR 制度的法令(652 号法令)。起初法令 4 年修订一次,到 1970 年后几乎每年都对法令加以修订,但大多数修订仅仅修改了补偿金数额。现行的 PLR 制度依据 2009 年 12 月 30 日文化部颁布的 1572 号法令(Regulation of the Swedish Authors'Fund)进行实施。

---

① 张玉国. 国家利益与文化政策[M]. 广州:广东人民出版社,2005:232.

② Tobias G. The Swedish Public Lending Right (PLR) in the Authors' Perspective [M/OL]. [2012 – 08 – 07]. http://bada. hb. se/bitstream/2320/1149/1/04 – 117. pdf.

③ Mattsson V. The Swedish Public Lending Right (PLR) in a Historical Perspective [M/OL]. [2012 – 08 – 07]. http://bada. hb. se/bitstream/2320/925/1/02 – 95. pdf.

2. 瑞典 PLR 制度的管理

瑞典 PLR 的管理机构是瑞典文化部作者基金会(The Swedish Authors' Fund),下属的司法委员会负责管理 PLR 补偿金。基金会的人员构成随着 PLR 制度的权利主体的更改而不断改变。最初基金会成员只有 10 名,其中由瑞典作家联盟指派 3 名文学作品作家、2 名非文学作家和 1 名儿童和青年作家,政府则指派 1 名主席、1 名秘书和 2 名代表①。1962 年译者被纳入权利主体后,基金会吸收了 2 名翻译家代表作为机构成员。1971 年,1 名插图画家代表成为基金会成员。1977 年插图画家增加到 2 个,摄影家也在基金会中占有 2 个席位。目前基金会由 28 名成员构成,其中主席和 7 名成员由政府指派,瑞典作家联盟指派 16 名成员,另外 4 名成员由瑞典插图画家协会和专业摄影师协会各委派 2 名。现任基金会主席是 Bengt Westerberg,副主席是来自作家联盟的 Mats Söderlund。由于管理机构成员多数来自多个文学艺术家协会,因此管理机构的运行受到协会的影响较大,各协会有权利决定 PLR 的分配和使用。例如,基金会下属的剧作家小组委员会可以直接决定戏剧演出补贴的发放和授权剧院启用新戏。

基金会利用现代化手段加强 PLR 的管理。例如,基金会建立网站,开通电子服务系统(E-services),为作者查询补偿金数额、申请补偿金的各项津贴提供全面、快捷的服务。

3. 瑞典 PLR 的权利主体和客体

瑞典 PLR 制度规定享有 PLR 的主体资格需要符合条件:①拥有本国国籍的公民或者永久居民身份的人;②用本国语言创作的著者、译者、插图者、摄影者、作曲家和表演者等;③作者人数不超过三人;④作者的法定继承人。权利人享有的 PLR 期限是有生之年加上死后 70 年,与瑞典版权法规定的对作品版权保护期限相同②。

PLR 的客体只限于用本国语言创作或翻译的图书和录音制品。

4. 瑞典 PLR 补偿金的来源、计算与分配

(1)PLR 补偿金的来源

瑞典 PLR 补偿金来源于政府拨款。最初 PLR 补偿金拨款数额由政府单

---

① Swedish Authors' Fund: Organisation [EB/OL]. [2012 – 08 – 07]. http://www. svff. se/html/Meny3_3_eng. html.

② Swedish Authors' Fund[EB/OL]. [2012 – 08 – 07]. http://www. svff. se/International/index. html.

方面决定,补偿金数额经常出现减少的情况。1962 年,瑞典作家联盟主席
Stellan Arvidsson 提议补偿金数额需要由作者与政府协商来决定。虽然提议
得到了作家的大力支持,但是很快被政府否决。经过作家多年努力,协商制
度终于在 1985 年得到实现。所谓协商制度,就是 PLR 补偿金的数额由瑞典
政府与作家联盟、插图画家协会和专业摄影家协会 3 个权利人组织共同协商,
签订 PLR 补偿金拨款协议①。从近几年政府拨款的情况看,瑞典 PLR 补偿金
总额保持稳中上升的趋势。协商制度是瑞典 PLR 制度的一大特色,一方面反
映出国家对文化的重视和支持,另一方面说明了瑞典文学艺术家协会地位比
较高,能够有效地争取作者的权利。但协商制度并不是每年都能够实施,2011
年政府与 3 个组织没有达成补偿金拨款数额,启动仲裁程序后仍然失败,最终
政府只同意对单位补偿金增加 0.01 克朗,远远没有达到权利人组织所要求的
条件②。

(2)PLR 补偿金的计算

瑞典 PLR 补偿金的计算方法较为独特,从最初按照图书出借次数计算发
展到目前的出借次数为主、馆藏复本数为辅相结合的计算方式。PLR 客体的
出借次数依据抽样公共图书馆和学校图书馆出借的统计次数,图书馆内供读
者阅读的参考书则根据馆藏复本数计算。统计数据来源于全国所有采用计
算机管理系统的图书馆,覆盖了全国 70% 以上的图书馆。2011 年,根据对抽
样图书馆的统计,符合 PLR 的客体共出借 6260 万册次,参考工具书复本 110
万册。国家图书馆负责对 PLR 数据的统计和管理。

瑞典 PLR 制度对作者获得的补偿金作出次数和数额的限制规定。作者
的著作出借数少于 2000 次,将得不到补偿金;原创作品出借次数在 20 万次
以上或翻译作品在 40 万次以上,单位补偿金将下调。作者应得的补偿金低于
1580 克朗,将得不到补偿金;应得的补偿金超过 158 000 克朗,超出部分按照
80% 计算③。

①　Swedish Public Lending Right Scheme[EB/OL].[2012-08-07].http://www.svff.
se/html/Meny3_2_eng.html.

②　PLR in Sweden[EB/OL].[2012-06-10].http://www.plrinternational.com/estab-
lished/plradministrators/sweden.htm.

③　Regulation on the Swedish Authors' Fund(2009:1572)[EB/OL].[2012-08-07].
http://www.svff.se/pdf/infeng.pdf.

不同作品类型和使用方式的单位补偿金也不相同。翻译作品的单位补偿金是原创作品的一半,录音制品的补偿金一半支付给作者,一半支付给表演者。例如,2010 年,符合 PLR 客体条件的原创作品每出借一次的单位补偿金为 1.32 克朗,翻译作品的单位补偿金为 0.66 克朗;提供馆内阅览的参考工具书的单位补偿金为 5.28 克朗,如果是本国译本的参考工具书,单位补偿金为 2.64 克朗。

(3)PLR 补偿金的分配

瑞典 PLR 补偿金的分配比较复杂,需要分配的项目很多,其中主要的项目有 7 种①:①作者因其作品出借次数或馆藏复本数而获得的报酬。此项费用一般每年 10 月分配一次。获得报酬的受益者必须纳税,并且交纳社会保障金。2010 年,共有 4359 名作者获得 4930 万克朗,占补偿金总额 1.279 亿克朗的 39% 。②"资助金"(Guaranteed Remuneration)。资助金额由作家基金会决定,目前有 181 名图书作者、翻译者和插图画者每年可以获得 17.1 万克朗的资助金,2010 年此笔支出达到 2800 万克朗。③"工作津贴"(Working Grant)。今年约有 2690 万克朗用于支付工作津贴费用。作家基金会每年的 2 月和 8 月接受作家申请工作津贴,每次约有 1000 名申请者,一般只有 15%—20% 申请者可以获得批准。④"补充养老保险"(Supplementary Pension)。此项补偿金 2010 年达到约 430 万克朗。⑤"应急资金"(Financial Emergency)。应急资金是用于分配给作者、翻译者和插图画家的应急费用,此项花费今年预计为 30 万克朗。⑥"赠款"(Grants to the Originators' Organizations)。基金会每年会拿出部分补偿金以专项拨款的形式赠予组织创始人。2010 年赠款额为 950 万克朗。⑦"管理费用"(Administrative Costs)。基金会的管理费用大约占总拨款经费的 7% ,2010 年管理费用约为 820 万克朗。此外,为了鼓励作家创作更好的作品,基金会还提供了旅游资助金、国际交流基金和翻译榜样奖金等。由此可以看出,同其他采用文化政策模式的国家不同,瑞典的补偿金分配方式独特,项目繁多,其目的在于为本国的文化事业发展提供良好的环境。

(4)瑞典 PLR 制度的实施效果

瑞典 PLR 制度是一项保护本国语言和文字的文化政策,其通过采用作品语言标准、主体的国籍原则、补偿金协商制度、混合式的补偿金计算方法、多

---

① Swedish Authors' Fund[EB/OL].[2012 – 08 – 08]. http://www.svff.se/International/index. html.

类型分配方式等手段,很好地实现国家文化发展的目的。概括起来,瑞典 PLR 制度的实施效果有四点:第一,促进本国文字作品的创作。PLR 制度的语言标准和国籍原则鼓励公民采用本国语言创作作品,有利于本国文化的传承和发展。第二,PLR 制度超出版权法的范围,图书馆和读者无需承担 PLR 补偿金的义务,保障了本国公民自由、免费使用图书馆的权利。第三,多类型、多层次的补偿金分配项目满足不同类型作者的需求,提高了作者群体的福利待遇。补偿金除了一部分分配给个人外,大部分补偿金用于作者的津贴和补助金,基金会通过审核作者的申请,再分配补偿金,有利于调动更多作者创作的积极性。第四,PLR 制度对读者借阅和图书馆借阅服务提供参考。基金会每年在其网站发布图书馆借阅率最高的前 200 种图书,对引导读者借阅图书和图书馆采购图书提供了参考指南。

(5)瑞典 PLR 模式的发展困境

作为文化政策模式实施的瑞典 PLR 制度虽然取得很好的政策效果,但面临的国内和国际方面的压力越来越大。

在国内,瑞典 PLR 制度存在主体扩张、管理机构变更的压力。由于瑞典 PLR 主体扩大到表演者,录音制品被纳入补偿金的分配范围。未享受 PLR 补偿金的艺术群体也开始要求享有 PLR。此外,基金会对音乐作品的集体管理超出其本来的管理职责,已具有著作权集体管理组织的职能。因此,瑞典 PLR 的管理机构在未来存在变更的可能性。

在国际上,瑞典 PLR 制度受到欧盟的压力,欧盟要求瑞典 PLR 制度采取与绝大多数成员国一样的版权模式。

2002 年,欧盟委员会对欧盟成员国实施 PLR 制度的情况进行调查和评估,认为很多国家不正确实施 PLR 制度,未能正确转换 EC92/100 指令,要求有必要在欧盟内部实现统一协调的 PLR 制度。欧盟委员会虽然未对丹麦、瑞典等北欧国家 PLR 立法状况进行批评,但对北欧国家的语言标准和国籍原则产生质疑,认为这些做法构成了国籍歧视,违反《罗马条约》的有关“国民待遇”的原则,并且发出正式信函要求瑞典政府作出解释。2005 年 3 月,瑞典政府就此问题向欧盟委员会回函作出说明,要求欧盟委员会对瑞典语言标准表示认可①。瑞典政府认为,首先,瑞典 PLR 制度不是版权问题,语言标准不构

---

① Söderström J. Nordic Public Lending Right in the European Union[EB/OL]. [2012 – 08 – 07]. http://www.eca.dk/news/plr.htm.

成歧视;其次,EC92/100 指令明确指出成员国可以减损权利人的专有借阅权,但至少给予作者获酬权,各成员国可以根据各自的"文化促进目标"分配补偿金,瑞典 PLR 制度符合这条规定;再次,在瑞典加入欧盟前,欧盟委员会确认丹麦 PLR 制度是符合 EC92/100 指令的,而瑞典 PLR 制度与丹麦 PLR 制度基本相似,因而欧盟应当认同瑞典 PLR 制度。由于欧盟委员会考虑到一些欧盟成员国,如西班牙、葡萄牙、比利时和意大利实施的 PLR 制度与瑞典相比,这些国家的作法与 EC92/100 指令要求差距更大,因此,委员会的重点是和欧洲法院共同督促和干预这些国家正确转换 EC92/100 指令,而瑞典 PLR 制度的语言标准争议暂时搁置一边。

但是,近几年北欧一些国家,如丹麦、挪威和芬兰在欧盟委员会的压力下,将 PLR 纳入到版权保护体系,这意味着曾经与瑞典同一阵营的国家开始瓦解,瑞典受到的压力更加强大。一些遭到欧盟委员会起诉、被欧洲法院裁定未正确实施 EC92/100 指令的国家迫于压力,也很快修改法律,将 EC92/100 指令转换为国内法加以实施。可以预计,在欧洲市场的开放和统一的背景下,欧盟地区法律一体化不断加强,瑞典 PLR 制度的改革将只是时间的问题。

由于北欧国家具有相同的文化背景,采取的都是高福利政策,因此,可以推断北欧各国 PLR 制度的改革具有趋同性。丹麦、挪威和芬兰已将 PLR 纳入到版权法体系,但仍保留文化政策的调整手段,反映了对本国作者和作品的优先保护。因此,未来瑞典 PLR 制度的改革应该只是一个改良,并不会触及其文化政策的核心。

6.1.3 加瑞两国公共借阅权制度比较

加拿大和瑞典的 PLR 立法都建立在文化政策的立法模式基础之上,具有许多共同的特点:①不承认 PLR 属于作者应有的权利,通过部门行政规定实施 PLR 计划;②采取严格的国籍标准保护本国作者的利益;③对权利主体和客体采取严格的限制条件;④采用等级计算法限制权利人获得补偿金的数额;⑤管理机构同为文化部门,视 PLR 计划为文化奖励计划。

但两国仍存在较大差异,具体表现有以下几点:①前者权利人资格需要注册申请,后者则自动给予,权利人不需要注册;②前者的权利主体仅限于图书作者,后者则包括图书作者和表演者;③前者权利客体仅限定满足一定条件的图书,后者则包括用本国语言创作的图书和录音制品;④前者权利主体仅能有生之年享有 PLR,后者享有的权利则延长到死后 70 年;⑤前者的补偿金数额由国会向主管机构直接拨付,后者则由主管机构和政府协商后确定数额,主管机构权利更大;⑥前者补偿金计算方法依据馆藏图书种数,后者则采用出借次数和馆藏复本数相结合的方法;⑦前者根据图书注册时间的等级计算法限制权利人获得补偿金的数额,后者则根据图书出借次数的等级计算法限制权利人获得补偿金的数额;⑧前者选取的抽样图书馆只有 12 所公共图书馆,后者则将全国所有应用计算机管理的图书馆列入统计对象,PLR 实施的机构范围远比前者大得多;⑨前者的补偿金直接分配给权利人,后者的补偿金则分为两大部分,一部分直接分配给权利人,另一部分通过设立各种奖励和福利项目实行补偿金再分配。

通过比较,我们可以看出,瑞典和加拿大两国 PLR 制度通过奖励本国作者有效地促进本国文化事业的发展,保护本国文化不受外来文化的冲击,但瑞典 PLR 的受益对象更广,具有浓厚的社会福利的色彩,这与其有着健全的社会福利保障制度分不开。

6.2 准版权模式的公共借阅权制度

基于准版权立法模式的 PLR 制度是国际 PLR 制度发展的第二阶段。在 EC92/100 指令出台之前,多数国家采用这种立法模式。准版权模式介于文化政策和版权模式之间,同时具有文化政策和版权法的特点,即政府一方面将 PLR 制度当作一项文化政策,以此鼓励本国作者创作更多的作品;另一方面,政府承认 PLR 是作者的一项权利,作者有权获得 PLR 补偿金。

目前,采用准版权立法模式国家越来越少,如原来对 PLR 单独立法或纳入图书馆法的丹麦、芬兰、荷兰等欧盟成员国在欧盟委员会的压力下,放弃了文化政策或准版权模式,将 PLR 纳入到版权法体系。远离欧洲大陆的澳大利亚和新西兰分别于 1974 年和 1973 年建立基于文化政策模式的 PLR 制度,但直到 1985 年和 2008 年才各自制定专门的 PLR 法,建立了准版权模式的 PLR 制度。

6.2.1 澳大利亚公共借阅权制度考察

(1)澳大利亚 PLR 制度发展概况

澳大利亚 PLR 制度的产生受到欧洲 PLR 制度发展的影响。1957 年,国家文学基金会主席 A. Grenfell Price 向国家总理提出引入瑞典 PLR 计划的建议。1967 年,以澳大利亚作家协会 Colin Simpson 为主要领导,联合图书出版商协会发起了 PLR 运动,游说议会通过 PLR 提案,向图书馆界宣传 PLR 的立法设想,打消图书馆的反对意见。1971 年 8 月,两大协会提出建立基于丹麦 PLR 制度为基础、旨在改善作家经济困境的 PLR 制度。1972 年 6 月,工党领袖、反对派领导人 Gough Whitlam 在作家大会上承诺竞选成功后将引入 PLR 制度。工党执政之后,总理 Gough Whitlam 成立一个委员会,对政府资助的 PLR 计划提出建议。1974 年 5 月 13 日,总理宣布正式引入 PLR 制度,PLR 计划追溯至同年 4 月 1 日始实施,对作家的著作在本国图书馆每收藏 1 册给予 0.50 澳元,对出版商给予 0.125 澳元。PLR 补偿金由澳大利亚作者基金委员会管理,其成员由总理任命。当年,共有 2000 个作者分享 39 万澳元补偿金,75 个出版商分享 9.7 万澳元①。

1985 年 12 月,澳大利亚转变了 PLR 的立法模式,制定《公共借阅权法案》②(the Public Lending Right Act 1985,以下简称《法案》),将原来的文化政策模式转变为准版权模式。1997 年 6 月,法务部颁布《公共借阅权计划》③(the Public Lending Right Scheme 1997,以下简称《计划》)。1997 年以后的每年都对作者、出版商的单位补偿金作出调整。《法案》是《计划》的立法基础,《计划》是《法案》具体实施的细则。

1999 年 8 月,澳大利亚拓宽 PLR 领域,制定 ELR(Educational Lending Right,以下简称 ELR)制度。ELR 制度于次年正式实施。该制度与其他国家最大不同之处在于将学校图书馆作为独立的义务主体。ELR 制度是对 PLR 制度的补充,是在 PLR 委员会的指导下独立运行。2011 年 4 月,主管部长批准了改变 ELR 政策和程序的建议,提高 PLR 和 ELR 的管理水平,使其两者具有更多的一致性。

---

① Rasmussen H. Public Lending Right: Situation in New Zealand and Australia[J]. *Library Trends*, 1981,29(4):687—705.

② The Public Lending Right Act 1985[EB/OL]. [2012 – 08 – 07]. http://www. comlaw. gov. au/Details/C2012C00240/Download.

③ The Public Lending Right Scheme 1997[EB/OL]. [2012 – 08 – 07]. http://www. comlaw. gov. au/Details/F2011C00241.

（2）澳大利亚 PLR 制度的管理

现行的澳大利亚 PLR 制度由总理内阁部艺术办公室（Department of the Prime Minister and Cabinet, Office for the Arts）PLR 委员会管理。根据《法案》第 9 条规定，PLR 委员会由 7 名成员组成，其中主席 1 人，作家代表 2 人，出版商代表 1 人，图书馆代表 1 人，国家图书馆代表 1 人（由国家图书馆推荐），法务部代表 1 人（由法务部推荐）。委员会成员由部长任命，成员任期不超过 4 年，可以续任，但最多不超过 8 年。委员会现任主席为新英格兰大学副校长 Evelyn Woodberry。

根据《法案》第 8 条规定，委员会的职能包括确定获酬作者的资格和补偿金的总额、批准 PLR 计划的补偿金标准、向部长提供有关法案和计划的意见和建议、完成部长要求的其他工作。PLR 委员会定期向上级部门提交年度报告、财政拨款申请报告。委员会每年 4—5 月通过国家日报和出版杂志刊登 PLR 广告，3 月 31 日前接受作者的注册申请。作者向委员会申请新书的 PLR，需要第二年获得委员会的确认，第三年才能得到补偿金。2008 年 3 月，委员会开通了在线出借权系统（Lending Right Online System），PLR 和 ELR 的权利人均可以通过该系统实现网络注册和权利主张。PLR 委员会每年的管理费用占 PLR 年度财政拨款的 4% 以内，反映了委员会工作高效率和低成本的管理优势。

（3）澳大利亚 PLR 的权利主体和权利客体

由于澳大利亚 PLR 采取准版权立法模式，其主体资格条件既不像文化政策模式规定的过于狭小，也与版权模式要求的"国民待遇"原则的要求差距较大，虽然也有"国籍要求"，但有长期住所的居民也具有资格享有 PLR。作者权利人限定于从图书销售中获得版税的作者、编者、插图者、译者和汇编者。出版商享有的资格条件限定于全部或实质上经营图书出版的出版商、从事出版工作 2 年以上的出版商、自费出版的作者和为了自身目的出版而非盈利的组织。出版商只有其出版的图书享有 PLR，才能享有 PLR。

澳大利亚 PLR 的客体仅限于图书。客体必须同时满足的条件有：具有 ISBN 号；已出版并销售；有单个或多个著者，多个著者不得超过 5 人；在国家书目检索系统中有书目记录；在图书出版后的五年内申请 PLR。权利客体不包括唱片、光盘、CD、DVD、电子图书、有声图书、杂志和连续出版物、无主作品、工作手册、只能使用一次的图书等①。本国作者创作的作品如果不在澳大利亚出版，也可以享有 PLR 权利。PLR 委员会保留对注册图书重新审查的权力。可以说，澳大利亚对 PLR 权利客体的限制是比较严格的。

（4）澳大利亚 PLR 补偿金的来源、计算与分配

1）补偿金的来源

澳大利亚 PLR 补偿金来源于政府拨款，由政府向 PLR 委员会拨付专款。

2）补偿金的计算

澳大利亚 PLR 的计算方法依据 PLR 客体在抽样图书馆收藏的复本数。抽样图书馆的选取具有广泛性和代表性。例如，PLR 委员会在 2010—2011 年度选取 25 个图书馆作为抽样图书馆，包括 3 个州政府主管的公共图书馆联合目录系统、22 个地区图书馆网络系统，这些图书馆收藏全澳洲公共图书馆 40.79% 的藏书，充分反映了各州和群岛图书馆的馆藏情况②。统计专业人员为图书馆的抽样和统计提供技术指导，保证 PLR 制度运行的科学性。

权利人享有的 PLR 有时间限制。《计划》不仅规定作者仅能在有生之年享有 PLR，而且对获酬图书的权利期限作出规定。《计划》在第一部分规定，委员会将依据计划从起始年到终止年的每一个财政年度向权利人支付补偿金。"起始年"是指图书首次出版后的第一个公历年；"终止年"是指"起始年"后的第 50 年。理论上讲，权利人最多可以拿到 50 次补偿金，但从实际上看，权利人最多只能拿到 49 次补偿金。例如，如果一本书是在 1997 年出版发行的，其"起始年"为 1998 年，"终止年"为 2047 年。由于 PLR 补偿金的调查和统计需要一年的时间，因此，作者能获得补偿金的时间为 1999 年至 2047 年，最多获得 49 次补偿金。

3）补偿金的分配

澳大利亚 PLR 补偿金的分配对象是图书作者和出版商。作者和出版商享受的单位图书补偿金标准不同，这个标准每年因为 PLR 计划的修订而有小幅度的调整。作者和出版商获得补偿金必须满足三个条件：一是向 PLR 委员会注册作品；二是必须符合 PLR 委员会制订的作者和作品"合格标准"；三是

① Schemes and guidelines[EB/OL]. [2012 – 08 – 07]. http://www.arts.gov.au/literature/lending-rights/guidelines.

② Public Lending Right Committee Annual Report 2010—11[EB/OL]. [2012 – 08 – 07]. http://www.arts.gov.au/literature/lending-rights/plr-committee/annual-reports.

作品收藏于抽样图书馆,复本数必须在 50 册以上。如果一书有多个作者,根据他们所享有版权比例分配 PLR 补偿金。享受 PLR 补偿金的作者要按照规定缴纳一定的所得税。出版商获得的单位补偿金是作者的 25%。出版商如果转让图书出版权,将不再享受 PLR 补偿金。

PLR 制度对作者和出版商获得的补偿金规定了最低数额的限制。作者和出版商所得的补偿金总数不足 50 澳元,不予支付。PLR 委员会为了降低管理成本,2011 年提高了最低数额,规定从 2012—2013 年度开始,权利人获得的最低补偿金数额为 100 澳元①。

2011—2012 年度,作者享有的单位补偿金为 1.86 澳元,出版商为 0.465 澳元,共有 9030 个图书作者和出版商获得 PLR 补偿金。如果某种书的复本数是 200 册,作者可以得到补偿金 372 澳元,出版商得到 93.00 澳元。

(5)澳大利亚 PLR 制度和 ELR 制度的联系

澳大利亚 ELR 制度源于联邦政府 2000 年的一个文化项目,该项目计划用 4 年时间扶持本国出版业的发展,2000—2001 年政府拨款 800 万澳元作为 ELR 补偿金。2010—2011 年,共有 11 094 名作者和 393 家出版商分享了 1090 万澳元的补偿金②。

澳大利亚的 ELR 制度在国际 PLR 制度发展中属于特例,将学校图书馆作为 PLR 的义务主体独立于原有的 PLR 系统,在 PLR 委员会的指导下独立开展工作。可以说,ELR 是澳大利亚 PLR 制度发展的特有产物,本质上仍然属于 PLR 制度,是对现有 PLR 制度的补充。两者具有很大的共同点,又有一些不同点。

PLR 和 ELR 的共同点概括起来主要有:①立法目标相同,都是为了补偿本国作者和出版商因为其著作在图书馆利用而造成的损失,从而刺激本国作家创作,达到促进本国文化发展的目标。②权利主体和客体相同。③管理机构相同,由总理内阁部艺术办公室负责 PLR 的注册、补偿金的管理、计算和分配等事务。④补偿金来源相同,均源于国家财政拨款。⑤补偿金的计算方式相同,依据抽样图书馆的馆藏复本数。

---

①　Schemes and guidelines[EB/OL].[2012 - 08 - 07].http://www.arts.gov.au/literature/lending-rights/guidelines.

②　Public Lending Right Committee Annual Report 2010—11[EB/OL].[2012 - 08 - 07].http://www.arts.gov.au/literature/lending-rights/plr-committee/annual-reports.

PLR 和 ELR 的不同点主要有:①两者的义务主体不一样。PLR 制度的义务主体是公共图书馆,而 ELR 制度的义务主体是学校图书馆,包括中学、学院和大学图书馆。②两者的补偿金数额不同。ELR 的补偿金总额一般略高于 PLR 补偿金总额。③两者的单位补偿金不同。PLR 制度采用固定的单位补偿金,单位补偿金一年修改一次;而 ELR 的单位补偿金明显低于 PLR 的单位补偿金,而且采取阶梯差别法计算单位补偿金,以限制权利人获得的数额。例如,2011—2012 年度,抽样图书馆收藏的著作复本数的前 50 册,作者享有的单位补偿为 1. 15 澳元;51—500 册的复本,单位补偿金为 0. 68 澳元;501—5000 册的复本,单位补偿金为 0. 45 澳元;5001—50 000 册的复本,单位补偿金为 0. 18 澳元;超过 50 000 册的复本,单位补偿金为 0. 10 澳元①。

虽然澳大利亚的 PLR 和 ELR 制度存在一些差异,但两者都是国家重要的文化项目,对推动本国文化事业发展起到重要的作用。2011 年 4 月,艺术部部长采纳 PLR 委员会的建议,同意对 PLR 和 ELR 制度进行改革,促使两个制度更加一致,实现提高工作效率和降低管理成本的目标。可以预见,PLR 和 ELR 制度走向融合将是澳大利亚 PLR 制度的发展趋势。

(6)信息环境下澳大利亚 PLR 制度的改革

随着新技术的广泛应用,澳大利亚 PLR 制度面临严峻的挑战。越来越多的图书馆将电子图书等新媒体列入采购计划,并且逐年扩大采购规模,电子图书的数字借阅次数和规模也不断在增长。PLR 委员会主席 Woodberry 认为,澳大利亚 PLR 计划多年来积极适应信息技术的发展,委员会利用信息技术提高了工作效率,未来如果要将电子图书纳入到 PLR 计划,必须解决出版业出版和发行中不同模式的规范问题②。

2011 年 9 月,澳大利亚图书产业战略组(Book Industry Strategy Group)向政府产业、创新、科学、研究和高等教育部(Department of Industry,Innovation,Science,Research and Tertiary Education)提交工作报告,提出改革图书市场供应链的解决方案,以满足数字化和全球化带来的挑战。报告中建议政府应当制定将电子图书纳入 PLR 或 ELR 计划框架和指导方针。2012 年 6 月,政府

---

① Schemes and guidelines[EB/OL]. [2012 – 08 – 07]. http://www. arts. gov. au/literature/lending-rights/guidelines.

② Woodberry E. Challenges for PLR in the Electrionic Environment[EB/OL]. [2012 – 08 – 07]. http://www. arts. gov. au/literature/lending-rights/plr-committee/annual-reports.

对该研究报告作出回应,其中就电子图书的出借权问题,政府认为,PLR 和 ELR 制度应当适应信息环境变化的需要,考虑到电子图书在图书馆中的应用以及图书馆借阅模式发生变化,有必要将 PLR 和 ELR 计划延伸到电子图书①。笔者认为,澳大利亚政府已将电子图书的出借权问题放到议程,在未来的几年内,澳大利亚将和英国一样修改 PLR 法,扩张"图书"的定义,从而在法律上确认电子图书为 PLR 的客体。

总之,澳大利亚 PLR 制度实施 30 多年来,得到广大作家和出版商的欢迎,对于提高作家的地位和物质水平以及鼓励作者、出版商创作和出版更多的作品起到了积极的推动作用,并且有力地促进了本国文化事业的发展。

6.2.2　新西兰公共借阅权制度考察

(1)新西兰 PLR 制度发展概况

新西兰和澳大利亚同属大洋洲地区,但两国在 PLR 制度的产生过程中并没有像北欧各国一样相互影响、相互促进,两国 PLR 制度产生的原因也并不完全一样。新西兰 PLR 制度的产生得到图书馆界的极大支持和帮助。

1966 年,作家 John Pascoe 向政府提议建立类似丹麦的 PLR 制度,以补偿作家因为其著作在图书馆出借而造成的经济损失。1968 年,惠林顿市图书馆员 Stuart Perry 在介绍英国 PLR 运动进展的基础上,提出新西兰图书馆协会(the New Zealand Library Association,简称 NZLA)必须和新西兰中心(New Zealand Centre,简称 NZC)、图书出版商代表共同探讨 PLR 问题。他还认为,通过政府给予作者 PLR 补偿金比收取著作的出租费用,更令作者满意②。1970 年,NZLA 支持 NZC 对本国图书馆的馆藏情况作出调查。1971 年,NZC 对本国作家收入进行调查,调查结果显示,新西兰作家从版税中获得的收入平均为每周 1.92 新元。NZLA 委员会发表声明表示,作家收入很低,但主张对新西兰作家资金的支持应来源于同一价值体系的社会公共基金,支付作家的社会公共基金仅能由中央政府决定,而不是地方政府。NZLA 和 NZC 就不同类型图书馆中计算馆藏复本量的问题,合作开展 PLR 的可行性研究。1972

---

① Book Industry Strategy Group [EB/OL]. [2012 - 08 - 07]. http://www. innovation. gov. au/INDUSTRY/BOOKSANDPRINTING/BOOKINDUSTRYSTRATEGYGROUP/Pages/default. aspx

② Perry S. Public lending right: considering our position [J]. *New Zealand Libraries*, 1968,31(1):5—23.

年 3 月 23 日,NZC 的 PLR 委员会主席 Ian Cross 向内政部提交报告,认为调查研究证明通过样本图书馆统计图书馆馆藏复本数的计算方法是可行的,结果是可靠的。NZLA 和 NZC 联合提出建立一个委员会,对改善本国作家的财政状况提供咨询。内政部长 D. A. Highet 反对动用政府资金支付 PLR,而反对党领导人、工党领袖 Norman Kirk 支持政府资助的 PLR 制度①。1972 年 11 月,反对党竞选成功,这为新西兰 PLR 制度的建立创造了有利的政治条件。1973 年 7 月,新西兰作者基金(the New Zealand Authors'Fund,简称 NZAF) 成立,其设立的目的是向作者补偿因为其著作在图书馆中利用而造成的经济损失。这标志了新西兰 PLR 制度正式实施,新西兰由此成为欧洲地区以外第一个建立 PLR 制度的国家。

新西兰成功建立 PLR 制度与政治关系很大。PLR 支持者成为政治竞选的一股重要力量,其得到反对党的支持,并在反对党竞争成功后加快制度建立的进程。但政府支持 PLR 仅仅只是对作者经济状况的同情,并不认为 PLR 是作者的一项权利以及 PLR 和图书馆、版权法有太大关系。因此,当时的新西兰 PLR 制度没有法律基础,属于国家支持作家创作、促进本国文化发展的文化政策。

1973 年,NZAF 确定每册获酬图书的补偿金为 1. 30 新元,共向 354 名作家发放 14 万新元。1991 年,NZAF 的主管部门由内政部转变为新西兰伊丽莎白二世艺术委员会,即创新新西兰组织(Creative New Zealand) 的前身,艺术理事会负责管理 PLR 实施具体情况。1994 年,《新西兰艺术理事会法案》第 31 条明确了新西兰作者基金的职责和管理。2008 年 10 月,新西兰议会通过的 PLR 法案②(Public Lending Right for New Zealand Authors Act 2008,以下简称"法案"),同时废除了 NZAF,标志新西兰 PLR 的立法模式从文化政策模式转向准版权模式。同年,PLR 条例③(PublicLending Right for New Zealand Authors Regulations 2008,以下简称"条例")颁布,并于次年 1 月 1 日实施。《法案》是

---

① Rasmussen H. Public Lending Right: Situation in New Zealand and Australia[J]. *Library Trends*, 1981,29(4):687—705.

② Public Lending Right for New Zealand Authors Act 2008[EB/OL]. [2012 – 08 – 12]. http://www. legislation. govt. nz/act/public/2008/0104/latest/versions. aspx.

③ Public Lending Right for New Zealand Authors Regulations 2008[EB/OL]. [2012 – 08 – 12]. http://www. legislation. govt. nz/regulation/public/2008/0423/latest/DLM1702401. html.

《条例》的立法基础,而《条例》是 PLR 制度的实施细则。

(2)新西兰 PLR 制度的管理

新西兰 PLR 制度的运行由国家图书馆负责管理。根据《法案》和《条例》的规定,委员会的负责人——首席执行官负责 PLR 计划的实施,咨询小组为首席执行官提供建议或意见。咨询小组由涉及 PLR 利益的各方代表及政府部门人员组成,《法案》第 18 条对委员会成员作出规定,其成员必须包括:作者协会代表至少 1 名,图书馆代表至少 1 名,政府部门代表 1 名或多名。目前咨询小组成员组成是新西兰作家协会代表 2 人、图书馆代表 1 人、新西兰信息协会代表 1 人、国家图书馆代表 1 人、文化和遗产部代表 1 人。

由于 PLR 代表作者的利益以及新西兰作者基金对 PLR 的长期管理,新西兰作者协会(The New Zealand Society of Authors)对现行 PLR 制度的管理影响较大。其网站有较详细的 PLR 信息和作者注册指南。2009 年 9 月,作者协会代表 Philip Temple 被推选为首席执政官。

新西兰 PLR 制度执行严格的注册制度。作者只有每年都注册,才有可能每年获得补偿金。注册时间是每年 1 月 1 日至 4 月 30 日,补偿金的发放在 12 月中旬。委员会对注册的作者和图书的权利资格进行审查。满足《条例》中 PLR 主体和客体的要求,作者就可以享有补偿金。如果作者认为委员会在调查和计算 PLR 补偿金时出现了错误,其可以通过质疑投诉程序寻求委员会的帮助。

(3)新西兰 PLR 的权利主体和权利客体

根据《法案》第 5 条和第 7 条的规定,PLR 的权利主体必须同时满足条件:①具有新西兰国籍的公民或长期居住的人;②自然人;③图书的作者、插图者、摄影者或注释者;④合作作者不超过 3 人以上。本国公民在国外居住超过三年或者长期居住本国的人在国外居住超过 6 个月的,不享有 PLR 主体资格。

新西兰 PLR 的权利客体仅为图书,客体需要满足的条件有:①在国家书目检索系统中有书目记录;②图书页数至少在 48 页以上,图集和摄影集的页数至少在 96 页以上,诗歌、剧本和儿童图画书的页数至少在 24 页以上。不能享有 PLR 客体的类型有连续出版物、教科书、航海图、地图、平面图、表格、散页乐谱和非书资料等。

(4)新西兰 PLR 补偿金的来源、计算与分配

新西兰 PLR 补偿金来源于政府拨款,由中央政府向国家图书馆拨付 PLR

专项经费。

新西兰 PLR 补偿金的计算方法依据抽样图书馆的馆藏复本数。权利人的著作在抽样图书馆馆藏的复本数少于 50 册,权利人则不能享有 PLR 补偿金。抽样图书馆的选取范围是国家图书馆和 39 个公共图书馆。国家图书馆对复本数的调查方式比较特别,以三年为一个周期①。第一年调查为"三年一次的调查",第二、第三年的调查分别为"第一次更新调查"和"第二次更新调查"。由于图书馆购买某种图书后,除非特别情况,一般不会重复购买该种图书,因此,某图书的复本数在图书馆的馆藏量在一定时期内是固定的。在权利人未提出重新调查的情况下,往往以第一次调查为基础来确定这一调查周期每年的复本数,直到该周期结束为止。这在一定程度上减少了调查的工作量,从而大大提高了 PLR 的运作效率,节约了人力和物力资源。

新西兰 PLR 补偿金全额分配给作者。2011 年,作者的注册人数 1812 人,图书注册种数 8874 种,有资格获取补偿金的作者 1666 人,单位补偿金为 2.87 新元,作者人均获得 1197 新元,补偿金总额为 199.4 万新元②。

总之,新西兰 PLR 制度从产生之时就得到图书馆界的参与和支持,并受到北欧 PLR 制度模式的影响,30 多年来一直沿用文化政策模式进行管理和实施。直到近几年受到邻国澳大利亚的影响,转而采用了专门立法的准版权模式,对促进本国文化发展起到重要的作用。

6.2.3 澳新两国公共借阅权制度比较

澳大利亚和新西兰同属大洋洲地区,两国 PLR 制度都采取准版权立法模式,具有以下相同点:①承认 PLR 属于作者的一项权利,但不认为是作者的一项版权权利;②采取较宽松的"国籍标准",允许在本国有长期住所的居民享有 PLR 的资格;③权利客体均限定于印本图书;④补偿金计算方式相同,都依据馆藏复本数,对有 PLR 资格的图书复本数有最低要求;⑤补偿金直接分配给作者,作者仅在有生之年享有 PLR;⑥向管理机构注册 PLR 是权利人获得补偿金的前提;⑦管理机构都是文化部门,政府在很大程度上将 PLR 实施计划当作文化扶持项目。

但两国仍存在一些差异,具体来说有以下几点:①前者权利人只需要对

①② Public Lending Right for New Zealand Authors[EB/OL]. [2012 – 08 – 12]. http://www. natlib. govt. nz/services/get-advice/publishers/plr.

新书进行注册,而后者必须每年都要注册;②前者的权利人不仅有作者,还包括出版商,而后者仅限于作者;③前者不仅有 PLR 制度,还有面向教育图书馆实施借阅权的 ELR 制度,而后者的实施对象仅限于公共图书馆。

通过比较分析,可以认为,澳大利亚 PLR 制度实施规模更大,有更多类型的权利人享有 PLR,而新西兰严格的注册制度使其带有更明显的文化政策倾向。

6.3 版权模式的公共借阅权制度

纵观世界各国 PLR 制度的发展史,PLR 立法模式从文化政策模式向准版权模式、再向版权模式演进,反映了世界 PLR 制度变迁和发展的趋势。丹麦 PLR 立法模式经历文化政策模式、准版权模式再到版权模式的三次更迭,英国 PLR 立法模式则从准版权模式发展到版权模式,而德国 PLR 立法始终遵循版权模式。三个国家的制度模式对世界各国 PLR 的发展产生深刻的影响。

6.3.1 丹麦公共借阅权制度考察

(1)丹麦 PLR 制度发展概况

丹麦 PLR 产生的过程,本书已在第四章第一节作了阐述,本节不再赘述。

丹麦 PLR 的首次立法发生在 1942 年,由于没有其他国家的立法经验作为参照,政府考虑到 PLR 是与图书馆借阅服务有关的权利,因此,在修改图书馆法时将 PLR 纳入其中。1920 年的《图书馆法》规定:PLR 补偿金直接来源于政府,每年的拨款额相当于政府拨付给公共图书馆经费的 5%;补偿金的数额根据公共图书馆和学校图书馆馆藏的有版权图书的复本数作出计算;只有丹麦国籍的公民单独完成的文学作品才可以获得报酬。1964 年的《图书馆法》修正案将 PLR 补偿金资金增加到图书馆经费的 6%,新增的 1% 的资金则用于为翻译者提供 PLR 补偿金。1975 年,政府削减了对公共图书馆的拨款数额,为了不减少 PLR 补偿金的数额,政府改变了文献购置经费固定比例的计算方式,采用图书馆馆藏图书复本数的计算法。1979 年,PLR 的管理机构从独立的作者基金会转为国家公共图书馆检察中心(the State Inspection for Public libraries)。1982 年,议会通过了专门的《PLR 法案》,从而使 PLR 立法从图书馆法中分离出来。新法将 PLR 主体范围增加到作曲家、艺术家、摄影家等群体,引入了单位补偿金递减的规定。1986 年,PLR 法规定单独对录音制品和视觉艺术拨款。

1991 年,丹麦文化部颁布了新的 PLR 法案——《公共借阅权统一报酬法案》①(Consolidated Public Lending Right Remuneration Act,简称"法案"),并于 1992 年 1 月 1 日实施。新法案的内容主要包括 8 个方面:①明确 PLR 实施目的是为了促进丹麦文化事业的发展;②制订语言标准,即必须用丹麦文字完成的作品才可以享受 PLR 权利;③政府拨付的 PLR 补偿金由政府财政统一划拨;④所有对图书创作有贡献的作者都有权享有 PLR 资格;⑤取消合作作者和翻译者的专项补偿金;⑥根据图书馆馆藏图书复本数和图书页码两种方式结合计算 PLR 补偿金;⑦使用图书馆计算机管理系统统计图书馆馆藏图书数量;⑧权利人注册 PLR 的图书必须记录在国家参考书目系统内。新法案得到了各方利益群体的积极响应。至此,丹麦 PLR 制度形成了较为完整的体系。为了保证法案的顺利实施,文化部制定了《关于公共借阅权报酬的规定》②(Order on Public Lending Right Remuneration,简称"规定"),《规定》是《法案》的实施细则,每四年修订一次。现行的规定是 2011 年 3 月文化部颁布的 222 号法令。

丹麦 PLR 法案符合 EC92/100 指令第 5 条的要求,即各成员国在一定条件下可以用获得报酬权代替专有权。但其国籍和语言标准对 PLR 主体的限制,构成对其他国家国民的歧视,与《马约》规定的国民待遇原则相违背,引起了欧盟委员会的质疑。2006 年,丹麦修改了版权法,实施 EC92/100 指令。版权法第 19 条"复制本发行"(Distribution of Copies)第 4 款规定:根据《法案》,作品复制件的发行不能对权利人的报酬权作出任何限制③。此次版权法的修改,标志丹麦 PLR 立法实现了从准版权模式向版权模式的转变,与欧盟委员会所要求的欧盟法律一体的目标又近了一步。

(2)丹麦 PLR 制度的管理

丹麦 PLR 制度由文化部国家图书馆管理局(National Library Authority)管理。丹麦文化部于 2008 年 6 月修订了《国家图书馆管理局条例》,该条例于 7

---

①② Legislation Denmark[EB/OL].[2012 – 08 – 12]. http://www. lexadin. nl/wlg/legis/nofr/eur/lxweden. htm.

③ Art. 19 para 4:The provision of subsection(1)shall not carry any limitation in the right to receive remuneration etc. ,under the Act on Public Lending Right Remuneration.

月 1 日起开始执行。根据《国家图书馆管理局条例》的规定,该机构由 4 位成员组成。其中,文化部委任两名成员,其中一名为主席,主席必须具备行政和法律专业知识,另一名成员必须具备图书馆学专业知识。此外,丹麦作家联盟和丹麦文学作家协会各指派 1 名具备 PLR 资格的代表作为机构的成员。每位成员还需指定一个替补。当成员缺席时,则由替补人员参加议程。每位成员及替补人员的任期为 4 年。文化部指定 1 位秘书为机构服务,机构的所有支出由文化部承担①。

国家图书馆管理局一般采用会议或者书面文件形式处理事务。正常情况下根据机构成员投票结果来确定,如果成员因为按照规定被取消资格不能参与事务处理,表决权利由替补人员来执行,4 名成员都必须做出投票或者表决。投票时如出现票数均等的情况,主席具有最终决定的表决权利。

丹麦 PLR 采用先进的信息技术提高管理效率,PLR 办公室通过网络联结全国 275 个城市的 259 所公共图书馆和 232 所学校图书馆的计算机系统,对 PLR 客体的借阅次数作出准确统计。

(3)丹麦 PLR 的权利主体和客体

根据《法案》的规定,有资格享有 PLR 的权利主体必须满足的条件有:原创作品必须使用丹麦文字;翻译作品必须用本国文字翻译;权利人限于图书作家、插图画家、视觉艺术家、翻译家、摄影家、作曲家;结婚或同居满 5 年的配偶或不满 18 岁的子女;通过国家图书馆管理局的 PLR 注册申请。权利人享有 PLR 的期限是有生之年加死后 70 年,与版权法规定的版权保护期限一致。但 PLR 的主体并不局限于法案的规定,根据丹麦版权法第 19 条第 3 款规定,电影作品和计算机程序未经作者的许可,不得向公众出借;如果计算机程序是文学作品的一部分,不适用该条款。该条款表明了电影作品和计算机程序的作者也可以成为 PLR 的权利主体。

丹麦 PLR 制度的权利客体为具有版权的图书、录音制品和视听作品。从 2010 年始,丹麦作者协会向政府提出电子图书应该覆盖于 PLR 体系的建议。但由于目前从图书馆下载的电子图书数量与传统的物理型图书出借量相比,数量非常有限,尚不会对作者产生严重的威胁,因此,作者协会和政府就电子图书 PLR 的协商会议上没有达成统一意见。

---

①　Ordinance on Procedure of PLR Board [EB/OL]. [2012 - 08 - 06]. http://www. retsinformation. dk/Forms/R0710. aspx? id = 120378.

可以说,丹麦 PLR 制度权利主体和权利客体范围的确定是文化政策和版权法相结合的结果,既有语言限制的文化政策特色,又与版权其他权项一样享有同样的版权保护期限。

(4)丹麦 PLR 补偿金的来源、计算和分配

1)PLR 补偿金的来源

丹麦 PLR 补偿金来源于政府拨款。《法案》第 1 条规定,每年的 PLR 补偿金的拨款数额必须包含于年度的财政法案。早期丹麦的 PLR 补偿金拨款数额是政府根据图书馆购书经费的若干比例计算。现行的 PLR 补偿金拨款数额采用协商制度决定。2006 年 10 月,政府和社会民主党、丹麦人民党、社会自由党、社会主义人民党等党派协商确定了 2007—2010 年 PLR 补偿金的额度,拨款中除每年拨付 15.54 亿克朗的 PLR 补偿金,还向文学作品的 PLR 报酬增加了 1 千万克朗的专项拨款。

2)PLR 补偿金的计算

丹麦 PLR 补偿金的计算方法比较复杂,其依据是权利人对图书创作的贡献、图书的类型、页码、著者的人数、图书馆馆藏图书的复本数等因素。根据《规定》第 7 条的规定,录音制品依据录音时长进行计算,通常录音制品每分钟获得的补偿金额是每页图书获得的补偿金额的一半;不同类型图书的单位补偿金差别很大,画册和卡通画册的单位补偿金为文字作品的 3 倍,音乐作品和诗歌则为文字作品的 6 倍,翻译作品的单位补偿金为文字作品的 1/3;对于学校图书馆指定收藏的图书,其复本数要按照实际复本数乘以 2/3 再加 15 来计算。实施 PLR 的图书馆类型包括公共图书馆、学校图书馆和国家图书馆。

对于有多个著者的图书,丹麦采用主要贡献者和次要贡献者为标准分配 PLR 补偿金。作者在提交申请 PLR 补偿金的注册表中注明了主要贡献者和次要贡献者,国家图书馆管理局根据提交的报告按照规定的比率分配 PLR 补偿金。主要贡献者和次要贡献者按照 3∶1 的比率分配 PLR 补偿金。涉及多个主要贡献者则按照该册图书获得的总补偿金的 3/4 进行平分,涉及多位次要贡献者计算方法则按照总金额的 1/4 进行平分。百科全书、歌谣集等有大量贡献者的读物则采用谁注册谁获酬的原则进行计算。

3)PLR 补偿金的分配

根据《法案》第 4 条,丹麦 PLR 补偿金的分配有最低数额和最高数额的限制。权利人获得补偿金总额低于 1535 克朗的,不能享有 PLR 报酬;报酬数在 1535—328 134 之间的,如数分配给权利人;高于 328 134 低于 437 512 的数额

按半数支付;超过 437 512 的数额部分,则按 1/3 支付。对于最低补偿金的数额,每年都会调整。例如,2011 年补偿金的最低限额是 1946 克朗,低于此数额的补偿金将滚动到下一年参与分配①。

丹麦 PLR 补偿金一般在每年的 6 月底分配。PLR 补偿金申请者必须在前一年的 12 月 1 日前完成注册。如果权利人对于分配的补偿金额存在异议,可以在 10 月 15 日前向国家图书馆管理局提出,国家图书馆管理局会尽快给出答复。

图书类型和作者的贡献程度不同,PLR 补偿金分配给权利人的比例也不同。表 6.1 反映了 2011 年丹麦 PLR 补偿金分配比例情况。该表将图书类型分为成人图书、学校用书和儿童图书三大部分,三种不同类型的图书代表不同年龄层次读者的阅读等级,其中成人图书获得的报酬最多,儿童图书其次,学校图书最少。从获得报酬的作者类型看,主要作者获得的报酬最多,翻译者其次,次要作者最少。比较表中数据,我们可以看出不同图书类型和作者类型获得 PLR报酬的详细信息,这说明了丹麦 PLR 补偿金分配是很规范和严格的。

对于音像制品和图片摄影作品的补偿金分配,则由各自的组织进行管理。例如,音像制品的 PLR 管理机构由 7 位成员组成,主席由文化部指派,另外 6 名由丹麦爵士联盟、摇滚联盟、民乐联盟、词曲联合会、表演艺术家协会、表演家联盟分别指派 1 名成员和 1 名替补人员,任期 4 年,除主席外,其他成员不能连任。此类作品的 PLR 补偿金由创作者和表演者进行平分。

表 6.1　2011 年丹麦公共借阅权补偿金分配比例表②

图书类型	主要作者(%)	次要作者(%)	翻译者(%)	合计(%)
成人图书	43.92	4.39	10.12	58.43
学校图书	13.36	2.49	0.35	16.30
儿童图书	17.21	1.97	6.09	25.27
合计	74.59	8.85	16.56	100.00

丹麦给予权利人的 PLR 补偿金数额相对于其他国家,明显丰厚得多,这主要归因于丹麦经济发达,实行高福利政策。1946—1947 年度,丹麦只有 435

①② PLR in Denmark[EB/OL].[2012 – 06 – 10]. http://www.plrinternational.com/established/plradministrators/denmark.htm.

人享有 15 万克朗补偿金。2010—2011 年度,共有 8521 人享有 1.63 亿克朗,人均 19 129 克朗(约 2567 欧元)。

总之,丹麦 PLR 立法从准版权模式向版权模式转变,仍然包含了本国文化政策和福利政策的目标和内容,保持本国文化制度和经济制度的特色和优势,提高本国作者的经济收入和社会地位,有力地促进本国文化事业的发展。作为首个对 PLR 立法的国家,丹麦立法模式和制度实施经验很大程度上影响了北欧国家的 PLR 制度,并推动全球 PLR 制度的发展。

6.3.2 英国公共借阅权制度考察

(1)英国 PLR 的立法历程

英国 PLR 立法的过程是一段英国作家积极争取权利的过程,从作家开始提出 PLR 设想,到发起 PLR 运动,再到 PLR 立法成功,可以分为三个阶段①。

第一阶段为 1951—1963 年。英国最早建议建立出借权制度的人是作家兼图书馆员 Eric Leyland,其在 1951 年提出商业性图书馆每次出借其作品应该向其支付 0.5 便士的要求。同年,英国作家 John Brophy 受 Leyland 的启发,并有感于本国作家普遍存在窘迫的经济困境,主张读者无论在商业性图书馆还是公共图书馆,每借阅图书一次,都应向作者支付 1 便士。这笔费用的 9/10 用于直接分配给作者,1/10 用于筹集、管理和分配资金的开支,这个建议又被称为"the Brophy penny"。Leyland 和 Brophy 提出的有别于丹麦 PLR 补偿金由政府承担的建议,说明了他们当时可能并不知道丹麦已实施了 PLR 制度。1957 年 7 月 11 日,Francis Hastings 伯爵在议会上首次提出引入丹麦模式 PLR 制度。1959 年,Alan Herbert 和 J. Alan White 联合作家协会其他成员发起了 PLR 运动。他们认为图书馆自由服务的观念已经过时,作者应当被给予类似公共表演权的权利。为了争取权利,他们成立作者和出版商出借权协会(the Authors and Publishers Lending Right Association,APLA)。次年 7 月,他们向议会提出与版权法相联系的第一个 PLR 提案,但被议会否决。

第二阶段为 1964—1971 年。1964 年,工党赢得大选。新政府艺术部部长表态支持 PLR,但要求 PLR 补偿金不能向借阅人收费。艺术理事会一个工作组于 1967 年向政府提交有关由中央政府在图书馆馆藏图书种数的基础上

---

① Astbury R. The Situation in the United Kingdom[J]. *Library Trends*, 1981, 29(4): 661—685.

向作者和出版商支付补偿金的报告。由于该报告遭到图书馆协会的反对,工作组又提交修订后的报告,提出每年从图书馆年度购书经费中提取 15% 数额作为补偿金,这笔补偿金的 75% 支付给作者,25% 支付给出版商,同时建议一个工作组研究修改版权法以纳入出借权的问题。政府对此建议未予采纳。1969 年 7 月 1 日,有关 PLR 的利益方——图书馆、作者和地方政府在教育和科学部召集下,举行三方会议,讨论建立一个与图书馆购书经费有关联的、与政府达成一揽子协议的补偿金拨款数额的 PLR 计划。同时期,艺术理事会经过对三个公共图书馆的测试,发现只有安装计算机管理系统的图书馆才能完整地记录馆藏图书复本数和出借数。8 月,教育部召开第二次三方会议,但由于图书馆和地方政府反对采用馆藏复本数或出借数计算补偿金的方法,三方未能达成协议。

第三阶段为 1972—1979 年。1972 年 5 月,艺术理事会发表有关 PLR 的报告,报告建议修改版权法,增加有关"向公共出借"的条款,认为采用图书出借数或馆藏量统计 PLR 补偿金不可行,而与政府签署的一揽子补偿协议有利于节省管理成本。作者协会(the Society of Authors)和出版商协会(the Publishers Association)发表联合声明,赞同报告的主要观点,要求政府尽快通过修订版权法引入 PLR,实施一揽子许可协议。然而,一些作家强烈反对联合声明,主张 PLR 必须建立在统计图书出借次数的基础上,反对出版商分享 PLR 补偿金。他们脱离作者协会,成立作家行动组织①(WAG)争取基于出借次数的 PLR。在 Brigid Brophy(英国 PLR 的倡导者 John Brophy 的女儿)、Maureen Duffyr 的领导下,WAG 很快成为 PLR 运动最有力的推动者。政府成立了一个技术调查小组(Technical Investigation Group, TIG)对 PLR 制度运行的可行性进行一年的调查,认为以图书出借次数计算补偿金的方法是可行的,并起草了 PLR 议案。1976 年和 1977 年,该议案先后两次被议会否决,原因在于对 PLR 保护的作品类型和国外作者是否享有这项权利等问题存在争议。1978 年 11 月,工党向议会提交自 1960 年以来的第 9 个有关 PLR 的议案。议案经过报告陈述、三读程序和国王签署批准令后,英国 PLR 法(the Public Lending Right Act 1979)终于在 1979 年 3 月 22 日正式生效。

(2)英国 PLR 制度发展概况

英国 PLR 法是世界上第一个对 PLR 单独立法的法案。该法案承认作者

---

① 1982 年 4 月,PLR 计划得到议会批准后,WAG 完成历史使命,自动解散。

享有作品因在公共图书馆出借而获得报酬权,将 PLR 当作一项知识产权的权利,单独从版权法中分离,对 PLR 给予准版权保护。法案对补偿金的来源和管理作出规定,但没有涉及到 PLR 实施的具体细节。在多方利益团体的协商下,1982 年 5 月,PLR 计划(the Public Lending Right Scheme 1982)正式颁布。该计划对 PLR 的权利主体和客体、作者和作品的注册、补偿金的计算和分配等有关事项作出详细规定。此后,PLR 计划每年都要修改一次,主要修改单位补偿金的数额,但改动幅度不大。

由于英国是世界上最重要的国家之一,其 PLR 立法模式得到丹麦、澳大利亚等国家的借鉴。英国和德国作为欧盟主要国家,致力于推动欧盟地区法律一体化,促进 EC92/100 指令的出台。1995 年,在英国 PLR 注册局的支持下,英国建立国际 PLR 网络,并举办第一届国际 PLR 会议,加强世界各国 PLR 制度的合作和交流。

1996 年,英国修改了版权法,在第 18A 条第 1 款①赋予权利人专有的出租权和出借权,第 182C 条②规定了"向公众出租或出借复制品之准许",第 36A 条③规定了"教育机构出借作品之复制品的行为不侵犯作品之版权"的 PLR 例外条款。由此,英国完成 PLR 立法的准版权模式向版权模式的转变,将 EC92/100 指令正式转化为国内法。

2010 年 4 月,英国为了遏制日益严重的网络侵权行为,促进数字革命带来的经济效益最大化,颁布了数字经济法案(Digital Economy Act 2010)。该法案在第 43 章对 PLR 部分单独成章,修订了 1979 年 PLR 法案,主要修改的内容有:将原有的"图书"定义扩展到"主要含有书写文字、口头文字或图片的音频图书和电子图书",修改了原有的"出借"定义;"出借"指的是图书馆用户在有限的时间内从图书馆场所利用信息的行为,但不包括在非图书馆场所通

---

① 第 18A 条第 1 款规定:向公众出租或出借作品的复制品是下列作品所享有之版权所禁止的行为——

a. 文字、戏剧或音乐作品;

b. 艺术作品,不包括以房屋或房屋模型形式存在的建筑作品,或者实用艺术作品;

c. 电影或录音制品。见:十二国著作权法编写组.十二国著作权法[M].北京:清华大学出版社,2011:577.

② 十二国著作权法编写组.十二国著作权法[M].北京:清华大学出版社,2011:677.

③ 十二国著作权法编写组.十二国著作权法[M].北京:清华大学出版社,2011:591.

过网络获得信息;并将"作者"定义扩展到"录音作品的制作者或叙述者"①。英国此次对 PLR 法案的修改,反映了图书出版业的发展和公共图书馆出借图书的类型已不局限于纸质载体的变化趋势。英国 PLR 制度向数字借阅领域的扩展,引起一些国家的重视,丹麦、加拿大和澳大利亚等国也成立工作组调查和研究 PLR 制度在数字环境下的应用问题。

（3）英国 PLR 制度的管理

英国 PLR 制度的管理机构为文化、媒体和体育部（Department for Culture, Media and Sport, DCMS）PLR 注册局②（the Registrar）。DCMS 作为 PLR 计划的行政管理部门,负责 PLR 制度的实施,参与重要政策的制定和监管,向 PLR 注册局拨付补偿金。注册局负责人受 DCMS 部长任命管理 PLR 制度。英国 PLR 注册局与其他国家管理体制不同,有其独立的法律地位,可以看作是实施 PLR 计划的单一法人,其下属成员有 12 人。PLR 管理委员会（Management Board,前身为顾问委员会）由图书馆、作者出版业、地方政府或管理委员会的代表组成,并向注册局和部长提出计划实施的意见或建议。审计委员会（Audit Committee）辅助注册局应对风险、内部控制和治理、保险等问题。PLR 补偿金的分配由作者和集体管理协会③（the Authors'Licensing and Collecting Society, ALCS）负责。

PLR 管理机构注重应用新技术为权利人提供方便、快捷和全面的服务。2003 年,作者可以网上注册 PLR。2007 年,注册系统升级,权利人可以登陆系统查看和修改个人注册信息,实现与 PLR 办公室交流。网络注册系统得到权利人的欢迎,80% 的新书和 73% 的新申请人通过网络注册系统完成 PLR 的注册登记④。2012 年,PLR 办公室在 PLR 网站建立英国和爱尔兰两国权利人统一注册平台,一方面帮助爱尔兰实施 PLR 制度,促进 PLR 制度的国际化,另一

---

①　Digital Economy Act 2010[EB/OL]. [2012 – 08 – 10]. http://www. legislation. gov. uk/ukpga/2010/24/contents.

②　第一任执行官为 John Sumsion,第二任执行官为现任的 Jim Parker,两位执行官致力于 PLR 的计算机管理,加强与作者、图书馆的合作与联系,促进 PLR 原则的国际化。

③　ALCS,最初的全称为"作者出借和版权协会"（the Authors' Lending and Copyright Society）,成立于 1977 年,是为了配合作家行动组织（WAG）而建立的。

④　PLR in UK[EB/OL]. [2012 – 06 – 10]. http://www. plrinternational. com/established/plradministrators/uk. htm.

方面提高 PLR 的管理水平①。

2011 年 12 月,《公共机构法案》(the Public Bodies Act)生效。根据该法案要求,政府应该改革 PLR 管理主体。政府向有关机构发出咨询函,出版商协会(the Publishers Association)呼吁维持现有的 PLR 注册局机构,认为注册局是有效可行的管理方式,没有必要更换 PLR 计划的管理主体②。PLR 的受益者——作者群体对 PLR 管理评价很高,满意率达到 99%,认为 PLR 的管理高效而有人性化③。笔者认为,由于现有的英国 PLR 管理机构能够有效地运行复杂的 PLR 制度,近几年被替代的可能性不大。

(4)英国 PLR 的权利主体和权利客体

英国 PLR 的权利主体从 1982 年 PLR 计划只规定作者享有权利,后来扩大到汇编者、缩编者、插图者、摄影者、编者和译者。现在英国的 PLR 已被纳入到版权法体系,进一步扩展 PLR 主体范围,文学艺术作品的创作人和录音制品、电影作品的制作人都可以成为 PLR 的主体。权利主体没有国籍限制,所有欧洲经济区④的权利人都可以在英国注册申请 PLR。权利人享有的 PLR 期限是有生之年加死后 70 年。在 1982 年 PLR 计划出台前去世的作者因为无法注册,不能享有 PLR。

PLR 的权利客体包括印本图书、音频图书和电子图书。印本图书必须有装订和 ISBN 号,并提供销售。不能享有 PLR 客体条件的有:图书页数不超过 32 页、组织或协会出版的图书、4 个或 4 个以上的作者、主要或全部是音乐曲谱、版权归王室、非卖品、连续出版物等。

自从 1982 年 9 月以来,每年平均新注册 PLR 的作者 1500 人、图书 15 000 种。每年有 5 万名作者注册,大约有 2.3 万名作者享有 PLR 资格。

(5)英国 PLR 补偿金的计算和分配

1)补偿金的计算

英国 PLR 补偿金的计算方式是依据 PLR 客体的出借次数。1982 年 PLR

---

① [EB/OL].[2012 – 06 – 10].http://www.plr.uk.com.

② The Publishers Association calls for maintaining the existing Registrar of Public Lending Right[EB/OL].[2012 – 06 – 10].http://www.publishers.org.uk.

③ Sanderson C. the PLR Principle[J]. *Bookseller*,2004(5124):22—24,3.

④ 欧洲经济区于 1994 年正式成立,由欧盟现有成员国和挪威、冰岛、列支敦士登三国组成。目的是在欧盟与挪威等三个非欧盟国家间建立一个商品、人员、劳务和资本可以自由流动的统一大市场,以促进经济区内成员间的经济发展与融合。

计划规定图书每出借一次,权利人获得 0.5 便士,即单位补偿金(rate per loan)为 0.5 便士。2012 年,单位补偿金为 6.05 便士。单位补偿金的多少与政府拨付的 PLR 补偿金总额和公共图书馆出借的数量有关。统计图书出借量的年度期限为 7 月 1 日到次年 6 月 30 日。

对抽样图书馆的选择和对抽样馆出借量的统计是 PLR 数据统计的重要环节。为了保证抽样的科学性和准确性,PLR 注册局将全国公共图书馆划分为 6 个区:英格兰县、英格兰城市、大伦敦、威尔士、苏格兰和北爱尔兰①。每年至少抽取分布在 6 个区的 30 个公共图书馆机构,30 个抽样馆的出借总量约占英国公共图书馆图书出借量的 17%。抽样图书馆每年更换 1/3,大型图书馆每 3 年换一次,中小型图书馆每两年换一次,每年至少增加 7 个抽样图书馆。1982 年 PLR 制度实施以来,已有 65% 的公共图书馆被选为抽样图书馆。抽样统计的程序包括三个步骤:①从一个地区的抽样图书馆中统计某种图书出借的总次数;②统计一个地区所有图书馆某种图书的出借总次数;③计算出前者出借量占后者出借量的比例,然后根据这个比例测算一个地区抽样图书馆每种图书的总体出借量。

2)补偿金的分配

英国 PLR 管理机构为了避免成功的作家获得过多的补偿金以及减少统计成本,对补偿金的分配设置最低和最高的限额。补偿金最低限额最初为 5 英镑,近几年为 1 英镑,即作者应得的补偿金少于 1 英镑,则不能享有补偿金。最高额的补偿金最初为 5000 英镑,到 1989 年考虑到通货膨胀升到 6000 英镑,到 2007 年升到 6600 英镑。2012 年,补偿金总额为 722 万英镑,211 名作者享有最高补偿金,从他们应得的补偿金中扣除实领补偿金,大约剩余 100 万英镑再分配给其他作者,平均每个权利人享有 275 英镑。

作者获得补偿金的数额取决于单位补偿金及其著作的出借总量。例如,在 2012 年,某个作者著作在公共图书馆出借总次数为 50 000 次,当年单位补偿金为 6.05 便士,该作者应得的补偿金为 3025 英镑。每年大约 10% 的补偿金数额用于 PLR 制度的管理费用。

每年 2 月,由 ALCS 分配 PLR 补偿金。英国国籍的权利人获得的补偿金无需缴纳所得税,非英国籍的权利人需要缴税。

---

①　PLR UK Website[EB/OL].[2012 – 06 – 10]. http://www.plr.uk.com.

(6)英国 PLR 制度的实施效果

1)鼓励作者创作,促进本国文化事业的发展

虽然英国作者人均享有的 PLR 补偿金并不多,没有达到很多作者的期望值,甚至有的作家还反对 PLR 制度,认为 PLR 制度并不是对作家的同情,而是对本来已成功的作家给予另一份丰富的奖金。但不可否认,PLR 制度从总体上改善作者的物质生活条件,提高他们的社会地位,奖励他们为图书馆的有效运作作出的贡献,激发了他们创作的热情,从而促进本国文化事业的发展。

2)加强了图书馆、作者和出版商三方的合作与联系

PLR 制度的实施牵涉到图书馆、作者和出版商三方的利益,英国 PLR 制度实施的效果并不是一方受益、另一方必然受损的"零和博弈",而是实现了三方多赢的局面。首先,图书馆的财政拨款数额总体上并没有受到 PLR 制度影响,政府允许公共图书馆在某些项目开展有偿服务,PLR 数据的统计要求促进图书馆加快计算机应用速度,提高了图书馆管理水平和社会地位。其次,作者得到 PLR 补偿金,因此更加关注图书馆的发展和其作品被借阅的情况。再次,出版商通过图书出版合同,可以要求作者转让 PLR,间接得到一定的经济效益;而且,出版商根据图书馆借阅情况可以掌握当前图书出版和销售的现状及趋势,为企业的发展提供参考资料。

3)发布阅读排行榜,引导公众阅读指向

众所周知,英国人素有热爱阅读的习惯,图书馆自然成为英国公众最喜欢去的场所之一。英国 PLR 管理机构每年在其网站和一些媒体上发布读者在公共图书馆借阅次数排名前百位的最热门图书和最受欢迎的作者,反映了英国公众阅读的特点和倾向。近几年,PLR 数据揭示了英国公众的阅读兴趣主要集中在恐怖小说、犯罪小说和儿童读物等几个方面。图书馆读者非但未受到 PLR 制度实施的负面影响,反而从阅读排行榜中了解目前最受欢迎的图书和作者信息,从而为自己的阅读提供指南。

4)引领和推动国际 PLR 制度的发展

英国 PLR 制度实施 30 年来,经历多次立法修订,完成准版权立法模式向版权立法模式的转变,推动 EC92/100 指令的出台和欧盟地区 PLR 制度的一体化。英国和法国、德国、荷兰等多个国家签订 PLR 互惠协议,帮助爱尔兰建立与英国类似的 PLR 制度,加强国家之间文化交流与合作。英国既是第一个建立独立的 PLR 法案的国家,又是第一个将 PLR 制度扩展到数字领域,引起

许多国家的学习和借鉴。可以说,英国在引领和推动国际 PLR 制度发展上发挥着举足轻重的作用。

6.3.3　德国公共借阅权制度考察

(1)德国 PLR 制度发展概况

如前所述,德国是 PLR 思想的起源地。早在 19 世纪 80 年代,德国作家就开始为自己的 PLR 作出努力,要求商业性图书馆出借其著作必须支付一定的报酬。但是,当时作家的地位不高,作家团体的呼吁并没引起政府的重视。而后,丹麦 PLR 立法的成功再次鼓舞德国作家争取自身 PLR。20 世纪 60—70 年代,随着欧洲文化的兴盛,德国作家团体作为一支不断壮大的政治力量,对政府施加越来越强的压力。由于德国是讲究法治精神和契约理念的国家,其 PLR 立法并没有像丹麦那样采用基于文化政策的立法模式,而是第一个一开始就将 PLR 纳入到版权法中的国家。

德国对 PLR 给予版权保护有一个渐进的过程。德国 1901 年和 1907 年版权法明确规定当作品首次销售后,版权人的权利耗尽,其专有权没有延伸到复制件的出借。1965 年 9 月 9 日颁布的《著作权法与邻接权法》(以下简称"版权法")第 17 条第 2 款重申权利穷竭原则,但在第 27 条规定商业性出租必须向权利人支付使用报酬。事实上,当时的商业性图书馆日渐式微,而公共图书馆的数量和规模开始不断扩大,德国作家不满意法律的规定,认为他们并没有得到什么实惠,公共图书馆免费借阅服务导致他们的版税收入不断减少,要求政府修改版权法,扩大收取作品借阅报酬的机构范围。1972 年,德国作家协会成功游说议会修改版权法,作者获得其作品出借使用报酬的义务主体从商业性图书馆扩大到公共图书馆。1974 年,德国联邦议会决定由联邦政府和各州政府共同承担图书馆借阅补偿金的支付义务,分摊比例为联邦财政拨款10% ,州财政拨款90% 。此后,各州都设立了图书馆借阅补偿金特别工作组,负责制定相关的实施细则,并就每两年一度的补偿金额增加问题和有关版权集体管理问题进行磋商。

1992 年 11 月,德国和英国共同推动 EC92/100 指令的出台。由于德国已经将 PLR 纳入到版权法保护体系,因此,从原则上讲德国无须对原有的 PLR 条款作出较大的修改。1995 年,德国修改了版权法,规定邻接权人也有权利享有 PLR。2002 年,德国版权法修正案确立了版权人因其作品被使用而有权获得相应报酬的基本原则,这其中包括了两项新条款:作品使用者必须公平地支付报酬;作者协会和作品使用者协会就报酬问题进行协商,并就合理支付报酬问题达成协议。版权法中的 PLR 条款作了一些更改,根据现行版权法第 27 条第 2 款规定:"通过公众可达机构(图书馆、音像制品或者其他原件或者复制件收藏机构)出借本法第 17 条第 2 款允许再次发行的著作原件或者复制件,应当向著作人支付适当报酬。上句所称出借,指一定时间内既非为直接,又非为间接营利目的服务的物之使用。"第 27 条第 3 款规定:"本条第 1 款和第 2 款规定的获得报酬要求只能通过著作权集体管理组织主张。"①也就是说,PLR 是一项获得报酬的权利,而不是控制作品借阅的权利,作者只有获酬权,没有许可权,该权利只能通过强制性的版权集体管理来行使。

(2)德国 PLR 制度的管理

德国 PLR 制度的管理机构是"PLR 补偿金工作中心"(the Zentralstelle Bibliothekstantieme,ZBT)。ZBT 是由德国文字作品集体管理组织(VG-WORT)、德国音乐作品表演权和机械复制权集体管理组织(GEMA)和德国美术作品集体管理组织(Bild-Kunst)三家机构根据版权法第 27 条第 3 款的规定联合成立,并在 VG Wort 指导下开展工作②。随着 PLR 权利主体和客体的扩张,更多的集体管理组织加强了与 ZBT 的合作,如邻接权集体管理组织(GVL)、广播电台集体组织(VGF)、音乐版本集体组织(VG Musikedition)、电影和电视作品集体管理组织(VFF)。ZBT 每两年与联邦政府和各州政府签订一揽子协议,负责出面接收、管理和分配政府拨付的 PLR 补偿金。

德国版权法第 63a 条规定,权利人不得预先放弃各项法定请求权,而只能将这些权利交给著作权集体管理组织来代位行使。ZBT 充分地代表各种作品类型权利人的利益,降低了管理成本,提高工作效率。德国 PLR 管理模式因此得到很多国家的借鉴。

(3)德国 PLR 的权利主体和权利客体

德国 PLR 的权利主体和客体非常宽泛。在权利主体方面,图书作者、期刊作者、翻译家、作曲家、摄影家和画家以及邻接权人中的出版商、录音制品制作者、电影作品制作者等权利人均享有 PLR,不受国籍和语言限制,即欧盟

---

① 十二国著作权法编写组.十二国著作权法[M].北京:清华大学出版社,2011:153.

② Bibliotheken[EB/OL].[2012 - 09 - 10].http://www.vgwort.de/einnahmen-tar-ife/verleihen-vermieten/bibliotheken.html.

区成员国国民均可以通过互惠协议享有德国的 PLR,且作品并非一定用德语创作。权利人 PLR 的保护期是有生之年加死后 70 年。

权利客体则包括文字作品、美术作品、音乐作品、电影作品、音像作品等。

(4)德国 PLR 补偿金的计算和分配

1)补偿金的计算

德国 PLR 补偿金的计算依据 PLR 客体的出借次数,具体过程比较复杂。先由各州每年向德国图书馆协会提交 10 个公共图书馆作为抽样馆,ZBT 对被选中的抽样馆进行 3 年的数据收集,因此每年实际上有 30 个抽样馆。ZBT 对抽样馆每年要进行两次为期 14 天以上的调查,记录下调查期内所有借阅作品的借阅次数,由此推算出全国公共图书馆的借阅次数,再将借阅次数分为 9 个等级,最后根据每个借阅作品的出借点数算出每个权利人应得的报酬。

表6.2　德国公共借阅权补偿金等级计算表

级别	抽样图书馆的出借量	补偿金数额(马克)
I	≤5	84
II	6—10	168
III	11—20	252
IV	21—30	336
V	31—50	504
VI	51—100	840
VII	101—250	1680
VIII	251—500	4200
IX	≥501	8400

资料来源:Brophy B. *A Guide to Public Lending Right*[M]. Aldershot,Hampshire:Gower,1983:40.

德国 PLR 制度实施的图书馆类型包括公共图书馆和科学图书馆,公共图书馆的数量大约是科学图书馆的 10 倍,根据科学图书馆的 PLR 客体出借次数计算出来的补偿金费用用于学术作品的补偿金。

2)补偿金的分配

德国 PLR 补偿金的分配比较复杂。首先,要统计出非书资料的出借次数占 PLR 客体出借总次数的比例,该比例加上图书次数的 100% 为总比例,非书资料出借的比例除以总比例即为非书资料应得的补偿金比例。例如,2010 年,非书资料的出借次数占 PLR 客体出借总次数的 17.91%,非书资料应分配到的补偿金比例为 15.19% [17.91/(17.91 + 100) × 100% 的得数],而分配给图书资料的比例为 84.81%。从这几年抽样图书馆出借数据看,非书资料出借的比例不断上升,2007 年这个比例仅为 13%,说明了图书馆出借的作品载体形式多元化,图书作为读者出借最多的载体类型,其绝对地位开始被打破。

其次,分配给图书出借的 PLR 补偿金由文字作品集体组织——VG-WORT 负责再分配。而非书资料的 PLR 补偿金由其他集体组织负责再分配。下面介绍 VG-WORT 如何分配 PLR 补偿金①。

VG-WORT 先要提取年度补偿金总额的 10% 作为 ZBT 的运营经费,剩下的 90% 数额分割为两大部分。第一部分为文艺作品补偿金,约占 90% 数额中的 77.5%。这笔资金又被分解为两大块,其中的 50% 直接拨入作者的福利基金,用于支付作者的养老金、保险金和救济金;另外 50% 用于 PLR 的报酬分配,其中 70% 归作者,30% 由出版商享有。在 70% 的作者报酬中,ZBT 根据补偿金等级计算法和著作出借的总次数计算出每个权利人应得的报酬。第二部分为学术作品补偿金,约占余下的 22.5%。这笔资金先被划出 10% 作为扶助基金,用以资助经济困难的学术领域的作者和出版者,以及为未与 VG-WORT 签约的作者预留出分配款。剩下的 90% 又被分解为两大块:第一块用于期刊作者的补偿金分配,约占其中的 15%,期刊借阅补偿金由 VG-WORT 与德国期刊借阅协会签订一揽子合同,由协会向作为会员的各图书馆收取补偿金。第二块用于学术作品补偿金的分配,约占余下的 85%,其中 50% 分给出版商,出版商将其全部作为科学作品促进基金,另外 50% 用于作者补偿金的分配,由作者自己提出申报。

德国 PLR 补偿金总额自 2003 年来没有增加,德国专利办公室仲裁法院作出从 2006 年增加 14.78% 补偿金数额的裁决,但政府没有执行。2010 年,VG-WORT 获得政府的拨款 1121 万欧元,共有 27 365 名作者和 1439 个出版

---

① 江向东. 版权制度下的数字信息公共传播[M].北京:北京图书馆出版社(今国家图书馆出版社),2005:159—160.

商分享补偿金①。

综上所述,德国完善的著作权集体管理组织充分保障权利人的利益,促使 PLR 管理科学化、高效化、人性化,其推行的报酬分配方案注重社会福利功能的发挥,鼓励学术作品的创作和出版,促进本国科学、文化事业的发展。

6.3.4　丹英德三国公共借阅权制度比较

丹麦、英国和德国 PLR 制度虽然采取版权立法模式,将 PLR 纳入到版权法体系,但三个国家制度内容差异很大,概括起来主要有以下几点:①在权利资格的获取方面,丹麦和英国都有注册制度,权利人必须向主管机构注册 PLR 信息,而德国权利人必须成为集体管理组织成员,不需要另外申请 PLR。②在权利主体方面,丹麦的权利主体为用本国语言创作的图书作者、录音制品和视听作品的创作者;英国的权利主体包括欧洲经济区的图书作者;德国的权利主体最多,基本上包括所有作品类型的权利人。③在权利客体方面,英国的权利客体仅限于图书,但涵盖音频图书和电子图书;丹麦权利客体包括图书、录音制品和视听资料;德国的权利客体基本上包括所有作品类型。④在补偿金计算方式方面,丹麦依据馆藏复本数,英国和德国则依据 PLR 客体在抽样图书馆的出借次数进行统计。⑤在补偿金分配方面,丹麦的补偿金多数直接分配给权利人,少数分给权利人组织进行再分配;英国扣除 PLR 管理费用外,将其余的补偿金数额直接分配给权利人;德国的补偿金则是少数分配给作者,多数分配给权利人组织或奖励项目进行再分配。⑥在 PLR 管理方面,丹麦和英国由政府文化机构管理,德国则由著作权集体管理组织管理。⑦在 PLR 实施的机构方面,丹麦包括公共图书馆、国家图书馆和学校图书馆;英国仅限于公共图书馆;德国则包括公共图书馆和科研图书馆。

通过比较,我们认为 3 个国家 PLR 制度的差异主要体现在:丹麦 PLR 制度对客体的语言原则要求使其具有明显的文化政策特色;英国 PLR 制度主体资格仅限于图书作者,与版权法意义上的权利人差别较大;德国 PLR 制度的主体和客体范围以及管理模式最具有版权法的特点,其补偿金的分配方案带有较强的社会福利的因素。3 个国家虽然同在欧洲地区,都将 PLR 纳入版权立法体系,但三国的制度内容差异很大,这一方面说明了各国 PLR 制度是各

---

① PLR in Germany[EB/OL].[2012 - 06 - 10]. http://www. plrinternational. com/established/plradministrators/germany. htm.

国政治、经济和文化发展的产物,另一方面说明了欧盟成员国在实现法律一体化的进程中困难重重。

6.4　国外公共借阅权制度对我国的启示

通过以上对 7 个主要国家 PLR 制度的考察,笔者认为,国外 PLR 制度经验为我国制度构建提供了很好的借鉴参考,概括起来主要有以下几点启示:

（1）PLR 立法的成功取决于以作家协会为主的多方力量的支持和推动

纵观 7 个国家 PLR 立法成功史,我们可以发现,作家协会在其中起到突出的核心作用。作家协会坚持不懈的努力,采取组建利益联盟、打消图书馆界的疑虑、积极向议会游说和争取重要政治力量的支持等方式推动 PLR 立法的成功。可以说,我国 PLR 立法是否成功,关键在于我国作家协会能否发挥出推动 PLR 立法的主导作用。

（2）PLR 制度的制定必须充分考虑到本国国情和国际 PLR 制度发展动态

7 个国家有 3 种 PLR 立法模式,同样立法模式的制度内容也有较大差异。各国在制定本国 PLR 制度时,必然借鉴了国外的制度经验,同时又充分考虑到本国国情,从而制定本国特色的制度。例如,瑞典作为高福利国家,其 PLR 制度保持社会福利的特色;澳大利亚和新西兰由于远离欧洲,仍保留权利主体的国籍标准;而丹麦版权法体系虽然确认 PLR,但出于保护本国语言文字的需要,其 PLR 制度仍然是该国文化政策的组成部分。同样,各国 PLR 制度的发展要考虑到国际 PLR 制度的动态。例如,同属北欧地区的瑞典和丹麦,在 EC92/100 指令的压力下,瑞典对 PLR 制度作了小幅微调,而丹麦则对 PLR 制度作了较大幅度的修改。因此,我国 PLR 制度的建立首先要考虑到本国国情,然后逐步与国际 PLR 制度的主流趋势接轨。

（3）PLR 制度必须顺应时代的发展而不断演进

7 个国家 PLR 制度不是一成不变的,而是随着时代的发展而不断变化。在国际版权强化和信息技术发展的背景下,7 国 PLR 的权利主体和客体不断扩张,补偿金的计算和分配方式不断调整。例如,随着公共图书馆向读者提供大量的、免费的电子图书借阅服务,英国已将 PLR 的权利客体扩张到部分类型的电子图书。加拿大、澳大利亚等国也在进行立法修改前的调研工作。我国 PLR 制度构建也需要考虑到制度的稳定性和变化性的统一,促进制度的稳健发展。

(4)PLR制度的实施能够有力地促进本国文化事业的发展

各国PLR立法的主要目标是促进本国文化事业的发展。如前所述,加拿大官方对本国PLR制度的实施效果进行评估,认为加拿大PLR制度激励了本国作家的创作热情,扩大了他们的作品影响。PLR制度也可以促进本国文化产业的发展,例如,澳大利亚PLR制度促进本国出版业的发展。此外,PLR制度促进图书馆事业的发展,PLR管理机构发布的借阅数据有利于引导读者阅读和图书馆采购文献资源。因此,从促进我国文化事业和文化产业发展的角度上看,我国应当引入PLR制度。

7 我国公共借阅权制度的构建

著名的历史法学派代表萨维尼认为,法律应是特定地域人群的生存智慧与生活方式的规则形式,法律就如同人类的语言一样,既不是专断的意志,也不是刻意设计的产物,而是缓慢、渐进、有机发展的结果①。PLR制度的产生和发展正说明了PLR立法具有合理性,其立法实践取得良好的效果。立法思想具有共通性,国外一些科学先进的立法思潮值得我国学术界关注和借鉴。

本章从论述我国PLR立法的必要性和可行性入手,并在对作家、出版社人员和公共图书馆人员的PLR认知和态度调查分析的基础上,探讨了我国PLR立法的障碍因素,提出适合我国国情的PLR制度的立法框架。

7.1 我国公共借阅权立法的必要性和可行性

7.1.1 我国公共借阅权立法的必要性

(1)有利于对图书馆公共借阅活动的法律行为进行确认,促进我国图书馆事业的发展

图书馆公共借阅活动是图书馆保障公众免费获取知识,实现公益性服务的主要方式。但图书馆这种主要的服务手段常常遭到版权人指责,这与图书馆公共借阅行为缺乏充足的法律依据有直接的关系。在有关的国际版权公约和绝大多数国家的版权法中,均未确认公共借阅行为属于"合理使用"行为。在我国著作权法第22条列举的12种"合理使用"行为中,也找不到明确的条款。

我国图书馆界有学者根据我国著作权法第22条第1款和第6款的规

---

① (德)萨维尼.论立法与法学的当代使命[M].许章润,译.北京:中国法制出版社,2001:9.

定①,认为读者在图书馆借阅图书不必征得著作权人许可,也不必向其支付报酬,进而得出"图书馆的公共借阅已实实在在地有了'合理使用'的法律武器"的推论②。其实这是对"合理使用"条款的误解,因为第1款的行为主体必须是个人,并非是作为传播机构的图书馆。第6款只是针对教学或科研人员,而且作品的复制数量限定在"少量",该条款并不适合图书馆的公共借阅活动。第8款虽然有专门针对图书馆的合理使用条款③,但该条款规定是为了防止图书馆大量复制版权作品,使版权人的利益受到实质性的损害。可见,我国著作权法中的"合理使用"条款仅将图书馆复制的目的限制在"陈列"和"保存版本"的范围内,并没有包括图书馆借阅行为。

既然图书馆借阅行为不属于"合理使用"行为,那么,其是一种什么法律行为呢? PLR立法在世界上50多个国家的法律体系内得到承认,说明了公共借阅行为实质是出租或出借行为。负责起草EC92/100指令的欧盟委员会十分重视对出租和出借行为的同等评价,认为出租和出借行为都是版权法意义上的使用行为,版权人应享有相应的权利。尽管公共借阅是免费的,而作品出租是以营利为目的,但两者造成的后果是一致的,即读者可以以免费或极低的租金获得本应通过购买才能获取的作品的信息内容,使版权人利益受损。基于文化政策和准版权立法模式的国家虽然不承认PLR是作者的一项版权权利,但认为公共借阅行为确实使作者的利益受到损失,并通过行政规定或法律对作者给予一定的经济补偿。因此,国家必须为公共借阅行为向作者支付报酬,否则,作为社会文明之源泉的开源人在经济上的回报,反而不及这一源泉的利用人。

据有关资料统计,2010年我国2884所公共图书馆书刊外借总册次为2.64亿册次,文献资源总量6.17亿册,书刊总量5.37亿册,购书经费11.11亿,新购图书0.296亿册,人均拥有公共图书馆藏书册数0.46册④。从数据可以

① 我国著作权法第22条第1款规定:为个人学习、研究或者欣赏,使用他人已经发表的作品;第6款规定:为学校课堂教学或者科学研究,翻译或者少量复制已经发表的作品,供教学或者科研人员使用,但不得出版发行。
② 柳励和.图书馆与公共借阅权[J].图书馆,1997(1):40—42.
③ 法律规定:图书馆、档案馆、纪念馆、博物馆、美术馆等为陈列或者保存版本的需要,复制本馆收藏的作品。
④ 全国公共图书馆主要业务活动情况[M]//中华人民共和国文化部编.中国文化文物统计年鉴.国家图书馆出版社,2011:46.

看出,我国图书馆书刊利用率并不高,只达到49.16%(2.64÷5.37×100%),人均拥有的馆藏图书册数也很低,与发达国家公共图书馆书刊利用率和人均拥有的馆藏图书册数相比有很大的差距。如果有人以此为依据,认为我国公共图书馆尚处在不发达的状况,不应该也没必要实施 PLR 制度,否则,反而限制图书馆的发展。笔者认为这个看法带有很大的偏见。首先,大多数国家 PLR 补偿金来源于政府,立法者普遍认为由图书馆或读者支付补偿金将动摇公共图书馆制度基础,影响图书馆为公众提供服务的质量。因此,我国图书馆界没必要担心 PLR 补偿金挤占图书馆的购书经费。其次,我国公共图书馆书刊外借总册次虽然每年持续增长,但公共图书馆数量偏少,图书馆事业发展不平衡,许多县级图书馆由于多年来购书费不足导致读者流失、开馆困难等问题。如果实施 PLR 制度,更能够引起政府重视公共图书馆的问题,进而采取积极措施支持图书馆的发展。再次,许多国家 PLR 制度由文化部下属机构,如国家图书馆负责管理,图书馆可以借这个契机提高管理和服务水平,同时加强与作者、出版商等群体的合作与联系,并通过 PLR 阅读排行榜引导读者阅读。最后一点也是最重要的,PLR 立法使图书馆公共借阅服务合法化,图书馆不用再顾虑能否向读者出借录音制品和视听资料,可以根据读者的阅读需求适时改变馆藏资源的载体结构,扩大非书资料的馆藏比重,适应信息技术发展的需要。

我国图书馆界一些人士出于行业发展的考虑,质疑我国 PLR 立法的现实基础,认为我国实施 PLR 制度不利于图书馆事业的发展,如果图书馆员研究和宣传 PLR 无异于"自缚手脚"①。笔者认为,图书馆员应当抛弃狭隘的自我观念,从文化大发展大繁荣的角度,鼓励作者创作出更多的、更优秀的作品,从而为图书馆提供源源不断的作品。从国外 PLR 的产生和发展来看,图书馆员往往充当 PLR 宣传旗手的身份。英国、新西兰等国 PLR 的倡导都有图书馆员的积极参与。一些国家图书馆员最初反对 PLR 立法,但在 PLR 制度实施过程中逐渐认识到 PLR 制度有利于图书馆事业的发展,从而积极配合 PLR 管理机构实施 PLR 制度。荷兰、卢森堡等国图书馆员反对 PLR,主要原因在于图书馆需要承担一半的 PLR 补偿金费用。

总之,PLR 立法不仅可以对我国图书馆借阅服务的法律行为给予确认,有利于壮大图书馆借阅服务的规模,而且能够推动图书馆的资源建设和管理

① 赵静雯,赵怀生.关于公共借阅权的几个问题[J].图书与情报,2007(4):63—71.

朝着良性方向发展,促进图书馆事业的整体进步。

(2)有利于维护版权人的合法利益,调动作者的创作积极性

改革开放以来,我国的版权产业得到了迅速发展。2008年,全国共有579家出版社出版图书27.41万种,其中新版图书14.90万种,总印数70.62亿册,与上年相比,品种增长10.41%,总印数增长12.21%;出版电子出版物9669种、1.58亿张,与上年相比,品种增长了11.74%,数量增长了16.10%;引进出版物版权16 969种,输出各种出版物版权2445种①。随着我国版权保护制度的不断完善,我国的版权事业和版权相关产业不断发展,对国民经济的贡献已占国内生产总值的近7%,北京、上海等经济发达地区版权相关产业增加值占其国内生产总值比例高达9%—12%,接近甚至超过美欧国家的整体水平②。然而,与之形成鲜明对比的是作品的创作人收入依然菲薄,许多专家和学者为了出版学术著作,不但得不到报酬,反而要倒贴;有的信息传播机构利用其强势地位,通过签订版权合同迫使版权人转让应得的权利。这种情况的形成有其主客观两方面的原因。主观原因是过去我们长期处在无偿使用他人作品习以为常的环境中,版权意识薄弱,总是把作品的创作和传播当作一种文化活动,或多或少地忽视了其经济特性。同时,我国版权人版权意识不强,维权意识更弱。客观原因在于我国现行版权法过多地考虑社会利益,对出版社、广播组织的保护过高,法定许可使用范围过宽,而且版权执法力度不够,盗版现象严重,版权人维权成本高昂。可以说,我国的版权法从立法到实施都未能充分地保护版权人的经济利益。有的人认为,中国知识分子历来重义轻利,在创作过程中更重视精神上的满足,而很少计较经济上的得失,况且图书馆借阅他们的作品扩大他们的名声,因此没必要给予他们图书馆借阅补偿金。这种想法显然是错误的,作者创作作品的动机是多种的,获得优厚的稿酬和改善生活条件往往是普通自由职业作家创作的最初动机。法国18世纪著名剧作家博马舍曾说过:"对作家来说,荣誉是有吸引力的,但不要忘记,哪怕只享受一年的荣誉,上帝也要让作家吃上365顿晚餐。"从当今世界各国版权立法情况看,保护作者的合法利益,促进作品的传播和使用,

① 徐升国.2008年中国出版产业发展报告[M]//阎晓宏.中国版权年鉴2009.北京:中国人民大学出版社,2009:307—311.

② 我国版权相关产业对国民经济的贡献已占国内生产总值的近7%[EB/OL].[2012 – 08 – 20].http://news.xinhuanet.com/fortune/2011 – 04/20/c_121327882.htm.

推动人类社会科学技术和文化事业的发展已成为世界知识产权立法普遍认可的原则。PLR 立法使这一原则得到进一步确认。

在文化政策方面,我国版权人同样遭受不公平的待遇。例如,对于文字作品的出版,世界上大多数国家实行版税制,作者主要靠收取版税而获取经济收益。这种版税制是出版者按照作品复制品的实际销售量获得的收入按约定比例付给作者报酬。我国版权局于 1999 年颁布的《出版文字作品报酬规定》虽然规定支付报酬可以选择基本稿酬加印数稿酬、版税、一次性付酬三种方式,但主要实行标准稿酬制,即基本稿酬 + 印数稿酬①。《出版文字作品报酬规定》规定原创作品每千字 30 至 100 元,改编作品每千字 10 至 50 元,汇编作品每千字 3 至 10 元,翻译作品每千字 20 至 80 元②。据专家推测,作者获得的报酬往往只相当于销售 200—400 册复本的定价码洋,作者的获益(包括重印获益)可能仅相当出版者获益的 1% —10% 的水平③。显然,这个十几年前出台的付酬标准与当今我国经济发展水平很不相称,难以激发作者的创作热情。

(3)有利于深化文化体制改革,促进我国科学文化事业的发展

当今著名的哈佛大学教授约瑟夫·奈提出"文化软实力"的概念,他认为一个国家的综合国力,既包括由经济、科技、军事实力等表现出来的"硬实力",也包括以文化、意识形态吸引力体现出来的"软实力"④。文化软实力是国家软实力的核心因素,是指一个国家或地区文化的影响力、凝聚力和感召力。在信息时代,国家软实力正变得比以往更为突出。

进入新时代以来,我国完成了计划经济体制向市场经济体制的转型,并且社会主义市场经济体制正逐步完善,我国文化培育与发展的环境发生了翻天覆地的变化,但是人民群众对文化精神生活的需求与日俱增,我国的文化

---

① 基本稿酬加印数稿酬,指出版者按作品的字数,以千字为单位向作者支付一定报酬(即基本稿酬),再根据图书的印数,以千册为单位按基本稿酬的一定比例向著作权人支付报酬(即印数稿酬)。作品重印时只付印数稿酬,不再付基本稿酬。

② 出版文字作品报酬规定[EB/OL]. [2012 – 08 – 20]. http://www. people. com. cn/electric/flfg/d6/990405. html.

③ 陈传夫. 关注信息领域的知识产权利益平衡问题[M]//信息资源公共获取与知识产权保护. 北京:北京图书馆出版社(今国家图书馆出版社),2007:46.

④ 文化软实力[EB/OL]. [2012 – 09 – 02]. http://baike. baidu. com/view/1267278. htm.

生产力稍显不足①。因此,党的十七届六中全会做出加强文化改革发展的决定,强调进一步深化文化体制改革的要求,积极弘扬中华文化,加强文化建设,增强我国文化软实力,全面提高人民群众的素质,努力建设社会主义文化强国。"提高国家文化软实力",这不仅是我国文化建设的一个战略重点,也是我国建设和谐世界战略思想的重要组成部分,更是实现中华民族伟大复兴的重要前提。

我国是一个文化大国,但并不是一个文化强国,引进国外版权的种数与输出的种数严重失衡,仅 2008 年两者的比例为 6.94 倍,而且逆差的局面有扩大的趋势。由于我国文化建设存在文化事业高度意识形态化、文化单位所有制单一化、文化机构行政化、文化管理体制和文化运行机制僵化等种种弊端,致使我国存在文化立法不完善,文化资源配置不合理,经济效益和社会效益不明显等问题。

西方诸国 PLR 制度的实施已证明该制度对于促进本国文化事业起到积极的促进作用。因此,我国借鉴西方发达国家的立法经验,对于深化文化体制改革具有重要的现实意义。我国对 PLR 立法,不仅能够鼓励作者创作,保障他们的经济权利,使他们的智力成果合法地转化为物质财富,实现社会公平的目标,而且对图书、录音制品和视听资料的版权人给予 PLR,将促进我国版权产业的发展,增强我国版权业的竞争力,提高版权业的经济效益,最终促进我国文化事业的繁荣。

7.1.2 我国公共借阅权立法的可行性

(1)我国经济发展水平已经具备了实行 PLR 制度的经济条件

国内有一种观点认为,我国财力有限,人均收入还不高,不宜对 PLR 立法。这种将国家经济发展与立法完全挂钩的观点明显是有问题的,忽视了法律制度对经济发展的促进作用。截至 2011 年年底,至少有 7 个位于亚洲和非洲的发展中国家在法律体系内承认 PLR。况且我国自改革开放以来,国民经济得到持续快速增长。据国际货币基金组织发布的数据显示,我国 GDP(国内生产总值)世界排名由 1978 年的第 10 位跃居 2010 年的第 2 位,占世界

---

① 李国华.论我国文化体制改革的价值取向及实现路径[J].求索,2012(6):218—219,213.

GDP 的比重由 1980 年的 1.9% 稳步上升至 2010 年的 9.4%①。2010 年我国公共图书馆书刊外借总册次为 2.64 亿册次②,如果按每册次 0.5 元的标准支付 PLR 补偿金,国家每年为此付出的费用为 1.32 亿元,这对国家财政来讲是完全可以承受的。一些沿海经济发达城市,如北京、上海、深圳等地,可以率先通过文化政策形式实施 PLR 制度。

(2)我国著作权法为 PLR 立法留下空间

我国著作权法第 10 条明确赋予版权人 4 项人身权和 12 项财产权,并在第 17 款中设立了开放条款,规定"应当由著作权人享有的其他权利"。该条款是一个保护版权人利益的兜底条款。根据"权利本位说"理论,在对该条款作学理解释时,应当做出有利于版权人的推定,即在法律没有明确禁止或限制的情况下,可以推定版权人应当享有包括 PLR 的其他权利。

这项推定的 PLR 并不受权利穷竭原则的限制。根据我国著作权法第 10 条第 6 款的规定,发行权的方式只有两种——出售或赠与,不包括出租或者出借等其他方式。这就意味着,PLR 并不会因作品的发行权穷竭而丧失,即不适用"权利穷竭"原则。

我国法律界人士也十分关注 PLR 立法问题。2012 年 4 月召开的我国《著作权法》第三次修改专题研讨会上,中国政法大学张今教授在"著作权法修改中的著作财产权"主题中提到追续权③、PLR 等立法问题④。其中追续权已被纳入到新的著作权法修改草案中,有望成为版权人的一项新权利。

(3)我国著作权集体管理制度的健全和完善有利于 PLR 制度的管理

著作权集体管理制度是一个降低作品传播使用交易成本,扩大作品传播范围,加快作品传播速度,增加权利人收入的版权制度。已对 PLR 立法的多数国家规定 PLR 的管理由著作权集体管理机构负责,权利人必须通过集体管

---

① IMF. World Economic Outlook Database, 2012 - 04.

② 全国公共图书馆主要业务活动情况[M]//中华人民共和国文化部编. 中国文化文物统计年鉴. 国家图书馆出版社,2011:46.

③ 追续权是指美术作品的作者及其继承人从其作品的公开拍卖或经由一个商人出卖其作品的价金中,提取一定比例的金额的权利。确认和保护追续权旨在救济和补偿作者在上述情况中承受的不公正待遇。追续权与 PLR 相类似,都是法律给予权利人的经济补偿,不受权利穷竭原则的限制。

④ 南湖论坛分论坛一:《著作权法》第三次修改专题研讨会[EB/OL]. [2012 - 09 - 05]. http://www.iprcn.com/IL_Zxjs_Show.aspx? News_PI = 4595.

理机构才能行使权利。因此,著作权集体管理制度的发展和健全对 PLR 建立具有很大影响。

我国著作权集体管理组织自从 2005 年 3 月实施《著作权集体管理条例》以来,取得很大的发展。现有中国文字著作权协会、中国音乐著作权协会、中国音像集体管理协会、中国摄影著作权协会、中国电影著作权协会等 5 家集体组织依据会员授权,为会员主张权利,并代表当事人进行诉讼、仲裁活动。例如,中国文字著作权协会支持作家维权联盟集体维权行动①;2011 年该协会受理会员投诉学术论文被剽窃侵权案件逾千起,为 600 多位会员维护了权益②。可以说,我国著作权集体管理制度的健全和完善将为我国 PLR 的立法和实施提供可靠的管理制度。

(4)党和政府对文化的重视和支持有利于推动 PLR 的立法

党的十七大突出强调了加强文化建设、提高国家文化软实力的重要性,并对推动社会主义文化大发展大繁荣作出全面部署,建立完善的公共文化服务体系和推动文化产业的发展成为推动我国文化大发展大繁荣的重要组成部分。PLR 立法涉及公共图书馆和版权人的利益,对公共文化服务体系建设和文化产业的发展都具有推动作用,理应纳入文化大发展大繁荣的部署。

马克思主义认为,文化是政治、经济的反映,又反作用于政治和经济。PLR 是个保护版权人利益的法律问题,同时又是促进本国文化发展的文化问题。从某方面讲,法律的制定或修改是一项政治活动。只要党和政府对文化的持续重视和支持,我国有可能在未来的几年内将 PLR 立法放到议事日程。

(5)维权意识高涨的版权人能够成为推动 PLR 立法的重要力量

从国外 PLR 产生过程看,作家协会等版权人组织发起的 PLR 运动对推动 PLR 立法起到核心作用。近几年来,随着网络侵权事件的日渐猖獗,我国版权人的版权意识不断增强,积极维护自身权利。2009 年,中国作家协会向谷歌公司发出维权通告,并与对方商议办理赔偿事宜。2011 年 7 月 4 日,韩寒、李承鹏、沈浩波等 10 位作家和出版商联合发起成立"作家维权联盟",该维权组织与数十位畅销书作家签约,代理他们诉讼维权。2011 年 9 月,"作家维权

---

① 文著协:支持作家维权联盟集体维权行动[EB/OL].[2012 - 09 - 05].http://news. cntv. cn/china/20110804/111629. shtml.

② 文著协将就学术论文抄袭展开大规模诉讼[EB/OL].[2012 - 09 - 05].http://www. prccopyright. org. cn/staticnews/2012 - 05 - 02/120502104830625/1. html.

联盟"状告百度文库侵权,这是作家维权联盟自成立以来的第一起案件。2012年9月17日,北京市海淀法院一审裁定百度文库对韩寒、何马、慕容雪村等知名作家侵权事实成立,并责令赔款①。作家维权联盟首次诉讼的胜利标志着版权人维权进入新的阶段,从以往的个体诉讼转向集体诉讼。与个体诉讼相比,集体诉讼成本更低、胜诉的可能性更大。针对苹果应用软件商店充斥着大量中文盗版图书,作家维权联盟向法院起诉苹果公司侵犯中国作家著作权。虽然我国大多数版权人对 PLR 并不熟悉,报刊上鲜见作家对 PLR 的评论,但我们有理由相信,随着我国作家群体权利意识的觉醒,他们将成为推动 PLR 立法的强大力量。

(6)蓬勃发展的公共图书馆事业为我国 PLR 的立法提出现实要求

进入21世纪以来,我国公共图书馆事业在党和政府的重视和支持下,继续得到快速发展,许多大中型城市掀起新一轮新建、改建和扩建图书馆的热潮,极大地改变了图书馆办馆条件,提高图书馆的服务能力。以长三角的杭州图书馆和南京图书馆新馆为例:杭州图书馆旧馆建筑面积0.58万平方米,2008年5.5万平方米的新馆落成后,年接待读者量从新馆开馆前的70万剧增至2011年的350万,读者持证量从新馆开馆前的3万增加至2011年的28万;南京图书馆的旧馆建筑面积4万平方米,2007年年底7.8万平方米的新馆落成之后,日均接待读者从新馆开馆前的2000人上升至2011年的6000人,持证读者也从新馆开馆前的7万增至2011年的43万②。很多城市图书馆改扩建之后都出现读者量井喷的现象,这说明在数字环境下我国社会公众对物理空间的图书馆和纸质文献仍然有强烈的需求。

随着信息技术和网络技术的发展,我国大多数公共图书馆采用计算机管理系统处理图书馆业务工作,读者信息、馆藏资源信息以及文献资源的借阅情况在计算机系统内能够准确地被记录和检索出来,这为未来统计 PLR 数据提供极大的便利。同时,随着公共文化服务体系和文化信息资源共享工程的推进,公共图书馆的延伸服务得到快速发展,图书馆的年借阅总量持续增长,这对作者的版税收入产生一定的负面影响·虽然无法确切得出公共图书馆

---

① 韩寒告百度文库侵权胜诉 获赔8.38万元[EB/OL]. [2012 - 09 - 05]. http://www.prccopyright. org. cn/staticnews/2012 - 09 - 20/120920133207296/1. html.

② 王世伟.数字网络环境下建大型公共图书馆的必要性[J].图书馆杂志,2012(5):23—25,31.

的借阅活动对作者版税收入有多大影响,但从利益平衡的角度,国家应当给予为公共图书馆正常运作提供宝贵作品的作者一定的经济补偿。毕竟,我国有很多以写作为生的自由职业者需要一定的资金维持他们的生活,PLR 将为他们带来新的希望,不仅仅有物质上的奖励,还有精神上的鼓励。

总之,从图书馆事业发展、保护版权人利益和深化文化体制改革等多方面考虑,我国都有引入 PLR 立法的必要性,而且当前我国的国情已具备 PLR 立法的现实环境。国外先进的立法经验值得我国关注和借鉴。虽然我国作为发展中国家,在实施 PLR 制度方面存在一些障碍,但是总的来说,PLR 立法对我国利大于弊,PLR 制度的实施将有力地促进我国文化事业和文化产业的共同发展。

7.2 公共借阅权认知和态度的调查与分析

由于 PLR 制度涉及到作者、出版商和图书馆等不同利益群体,了解我国不同利益群体对于 PLR 的认知状况对于我国 PLR 立法建设具有着重要意义。邱炯友和曾玲莉采用分层抽样的方法对台湾地区出版社人员与公共图书馆人员作了 PLR 认知与意见的调查研究①②。英国、德国和加拿大等国在对PLR 立法前,都对图书馆员对 PLR 态度作了调查③④⑤。英国、美国和丹麦等国家还对作家收入进行调查,了解作家的经济状况和对 PLR 的态度。这些有

---

① 邱炯友,曾玲莉.公共出借权之认知与意见调查研究[J].国家图书馆馆刊,2003(1):111—140.

② 曾玲莉."国内"出版社人员与公共图书馆人员对公共出借权之认知与意见调查研究[D].淡江大学,2001

③ Astbury R. The Situation in the United Kingdom[J]. *Library Trends*, 1981,29(4):661—685.

④ Literary Copyrights/Author's Royalties: Attitude of the Conference of German Libraries towards the Proposed Change in Legislation Concerning Authors' Rights (Federal Government document VI/911 and 1076)[J]. *Zeitschrift fur Bibliothekswesen und Bibliographie*, 1971,18(1):76—79.

⑤ Ellsworth R C. Public Lending Right in its Canadian Context[J]. *Ontario Library Review*,1976,60(1):22—26.

针对性的调查对于 PLR 的立法起到重要的参考价值。在本节中,笔者将对我国内地作家、出版社和图书馆三类利益群体对 PLR 的认知和态度进行问卷调查,了解三个职业群体对 PLR 的整体认知程度以及对我国 PLR 立法和实施的态度差异,以期为我国 PLR 立法提供第一手的参考资料。

7.2.1 研究方法

(1)问卷的设计

本研究根据研究目的,通过"问卷星"专业调查网站设计了三份问卷,即作家问卷、出版社人员、公共图书馆人员问卷(问卷网址:http://www.sojump.com/jq/1943353.aspx,http://www.sojump.com/jq/1941526.aspx,http://www.sojump.com/jq/1943337.aspx,请参考附录 B),问卷内容除基本资料略有不同外,其余内容完全相同。

问卷的题目均由引用和自编两部分组成,引用的题目参考了邱炯友和曾玲莉①的调查问卷,自编部分则是根据本研究的需要自行编制的。调查问卷主要由 8 个部分组成:①受试人员的基本信息(第 1—6 题);②PLR 基本认知与了解(第 7—9 题);③图书馆公共借阅服务法律性质的认知(第 10—11 题);④图书馆公共借阅服务影响的态度(第 12—15 题);⑤对我国 PLR 立法的态度(第 17—19 题);⑥对我国 PLR 制度实施的态度(第 20—27 题);⑦对我国 PLR 制度实施影响的态度(第 16、28—29 题);⑧对我国 PLR 立法的意见或建议(第 30 题,本题属于开放式问题)。除第 8、30 题是选答题外,其余均是必答题。问卷题目中若涉及"很不同意""不同意""不好说""同意"和"很同意"等态度选择的问题,采用 5 分制的里克特(Likert)量表,记分方式从 1(很不同意)到 5(很同意)。问卷经过克伦巴赫 α 系数检验,α 值为 0.719,高于 0.7,表明问卷具有良好的信度,即问卷的设计比较好。

(2)抽样方法

本研究通过雪球抽样方法发放问卷,即首先通过研究者的社会人际网络发布问卷调查地址,传播方式主要通过电子邮件、QQ 群、微博等工具,再由熟悉的朋友将问卷地址转发给他们熟识的人际网络,邀请更多的相关人员参与本项问卷调查。问卷于 2012 年 10 月 21 日发布,截至 2012 年 11 月 20 日,共

---

① 邱炯友,曾玲莉.公共出借权之认知与意见调查研究[J].国家图书馆馆刊,2003(1):111—140.

收到 435 份完整问卷。由于在设计问卷时从技术上规定了题目是否必答的要求,435 份问卷在题项上均无缺失值。通过对无效问卷的判断和剔除,如答案有悖逻辑的问卷,最终保留有效问卷 428 份,其中作家问卷 92 份,出版社人员 182 份,公共图书馆人员 154 份。

（3）统计分析方法

本研究利用社会科学统计软件 SPSS18.0 对回收的数据进行分析,采用频数、频率、单因素方差分析(one-way ANOVA)和卡方检验等方法统计问卷各题选项的分布情况,以及从职业维度考察作家、出版社人员和公共图书馆人员在 PLR 认知和态度上的差异程度。

7.2.2 调查结果分析

（1）基本资料分析

1）作家基本资料分析

作家问卷调查基本资料分析详见表 7.1:在"性别"方面,男性人数远高于女性人数;在"年龄"方面,30 岁以下的青年作家、31—40 岁的中青年作家和 41—50 岁的中年作家人数占总数的 93.3%;在"学历"方面,学历背景为大专、本科和研究生的人数占总数的 92.4%,其中本科毕业生人数占 46.7%;在"职业身份"方面,88% 的作家属于兼职作家;在"创作作品的主要类型"方面,散文、小说和评论居于作家创作的主要作品类型;在"写作收入占总收入的比例"方面,55.4% 的作家写作收入不到总收入的 10%,85.9% 的作家写作收入不到总收入的 50%。从数据可以看出,受试作家的基本资料覆盖了各种变量的取值范围,样本具有代表性。

表 7.1 作家基本资料分析（N=92）

变量	取值	频数	频率（%）
性别	男	67	72.9
	女	25	27.1
年龄	30 岁以下	30	32.6
	31—40 岁	35	38
	41—50 岁	21	22.9
	51—60 岁	4	4.3
	60 岁以上	2	2.2

续表

变量	取值	频数	频率(%)
学历	高中及以下	7	7.6
	大专	22	23.9
	本科	43	46.7
	研究生	20	21.7
身份	专职作家	11	12
	兼职作家	81	88
创作作品的主要类型	诗歌	12	13
	散文	22	23.9
	小说	21	22.8
	剧本	2	2.2
	评论	29	31.5
	其他	8	8.7
写作收入占总收入的比例	低于10%	51	55.4
	10%—30%	21	22.8
	30%—50%	7	7.6
	50%—80%	4	4.3
	80%以上	9	9.8

2)出版社人员基本资料分析

出版社人员问卷调查基本资料分析详见表7.2:在"性别"方面,女性人数略高于男性人数;在"年龄"方面,50岁以下的人员占总人数的94.5%;在"学历"方面,学历背景为本科和研究生的人数占总数的94.5%,其中研究生人数略高于本科生;在"职称"方面,初级和中级职称人数占总人数的79.1%;在"职务"方面,涉及各层次的人员,其中基层人员人数超过一半,能够反映不同职务出版人员的认知情况;在"出版社类型"方面,受试者所在出版社多数属于综合性出版社,反映我国出版社类型的现状。从数据可以看出,受试人员的基本资料基本覆盖了各种变量的取值范围,样本具有代表性。

表7.2 出版社人员基本资料分析（N＝182）

变量	取值	频数	频率(%)
性别	男	87	47.8
	女	95	52.2
年龄	30岁以下	70	38.5
	31—40岁	79	43.4
	41—50岁	23	12.6
	51—60岁	10	5.5
	60岁以上	0	0
学历	高中及以下	0	0
	大专	10	5.5
	本科	83	45.6
	研究生	89	48.9
职称	初级	42	23.1
	中级	102	56
	副高	11	6
	正高	18	9.9
	其他	9	4.9
职务	普通员工	104	57.1
	基层主管	32	17.6
	中层主管	38	20.9
	社领导	8	4.4
出版社类型	综合性	127	69.8
	专业性	55	30.2

3)公共图书馆人员基本资料分析

公共图书馆人员问卷调查基本资料分析详见表7.3：在"性别"方面，女性人数远高于男性人数，反映从事图书馆职业的女性人数居于优势地位；在"年龄"方面，50岁以下的人员占总人数的98.1%；在"学历"方面，学历背景为本科和研究生的人数占总数的94.8%，其中又以本科生人数最多；在

"职称"方面,初级和中级职称人数占总人数的85.1%;在"职务"方面,涉及各层次的人员,其中基层人员人数占总数的70.8%;在"图书馆类型"方面,受试者所在图书馆包括4个等级的公共图书馆类型,其中市级图书馆人员最多,占总数的57.8%,能够反映各类型公共图书馆对PLR的认知和态度。从数据可以看出,受试人员的基本资料基本覆盖了各种变量的取值范围,样本具有代表性。

表7.3　公共图书馆人员基本资料分析(N=154)

变量	取值	频数	频率(%)
性别	男	59	38.3
	女	95	61.7
年龄	30 岁以下	73	47.4
	31—40 岁	44	28.6
	41—50 岁	34	22.1
	51—60 岁	3	1.9
	60 岁以上	0	0
学历	高中及以下	0	0
	大专	8	5.2
	本科	111	72.1
	研究生	35	22.7
职称	初级	63	40.9
	中级	68	44.2
	副高	13	8.4
	正高	6	3.9
	其他	4	2.6
职务	普通员工	109	70.8
	基层主管	15	9.7
	中层主管	20	13
	馆领导	10	6.5
图书馆类型	县级图书馆	30	19.5
	市级图书馆	89	57.8
	省级图书馆	32	20.8
	国家图书馆	3	1.9

（2）职业对 PLR 认知度的影响

作家、出版社人员和公共图书馆人员作为与 PLR 有关的最主要 3 个职业群体，前两者是享有 PLR 的主要群体，后者是实施 PLR 的主要群体。从国外研究来看，3 个职业群体对 PLR 的态度差异是比较大的。本研究抽取问卷中所有 13 个量表题，对职业与 PLR 认知程度进行单因素方差分析，结果见表7.4。经过分析，13 个题目中有 7 个题目组内 p[①]≤0.05,说明 3 个职业在这 7个问题中存在认知上的显著差异，证明了职业变量对受试者的 PLR 认知程度影响较大。

表7.4　职业与公共借阅权认知程度的单因素方差分析结果表

检验类别		Sum of Squares	df	Mean Square	F	Sig.（p 值）
对概念和实施方式的了解程度	组内	8.607	2	4.303	3.350	.036*
	组间	545.945	425	1.285		
	总量	554.551	427			
图书馆公共借阅服务是合理使用行为	组内	34.344	2	17.172	9.196	.000***
	组间	793.628	425	1.867		
	总量	827.972	427			
图书馆公共借阅服务是一种低廉的或免费的出租行为	组内	32.733	2	16.367	7.103	.001***
	组间	979.342	425	2.304		
	总量	1012.075	427			
图书馆公共借阅服务会降低读者购书意愿	组内	9.528	2	4.764	2.524	.081
	组间	802.108	425	1.887		
	总量	811.636	427			
图书馆公共借阅服务会降低图书的销售量	组内	8.334	2	4.167	2.401	.092
	组间	737.573	425	1.735		
	总量	745.907	427			

---

① p 是统计学概念"显著度"的简写，表示样本具有总体代表性的犯错概率。p 值用来判断统计结果的真实度，p 值越小，犯错概率越小，统计结果的可信程度就越高。一般以 p≤0.05 为准则，当 0.05≥p>0.01,具有较好的统计学意义;0.01≥P≥0.001 被认为具有高度统计学意义。

续表

检验类别		Sum of Squares	df	Mean Square	F	Sig.（p 值）
图书馆公共借阅服务会影响作者或出版社的利益	组内	11.032	2	5.516	3.011	.050*
	组间	778.697	425	1.832		
	总量	789.729	427			
图书馆发布的借阅排行榜会提高读者购书意愿	组内	6.009	2	3.005	1.803	.166
	组间	708.047	425	1.666		
	总量	714.056	427			
公共借阅权制度会激发作家的创作热情	组内	21.863	2	10.932	6.098	.002**
	组间	761.922	425	1.793		
	总量	783.785	427			
我国对公共借阅权立法	组内	.049	2	.024	.013	.987
	组间	779.176	425	1.833		
	总量	779.224	427			
由政府财政支付公共借阅权补偿金	组内	11.044	2	5.522	2.837	.060
	组间	827.386	425	1.947		
	总量	838.430	427			
公共图书馆作为公共借阅权制度的实施机构	组内	17.110	2	8.555	4.757	.009**
	组间	764.311	425	1.798		
	总量	781.421	427			
公共借阅权制度在图书馆实施会增加图书馆的工作压力	组内	6.089	2	3.045	1.693	.185
	组间	764.425	425	1.799		
	总量	770.514	427			
公共借阅权制度的实施会挤占图书馆的财政拨款	组内	25.106	2	12.553	6.627	.001***
	组间	805.062	425	1.894		
	总量	830.168	427			

注：***p≤0.001,**p≤0.01,*p≤0.05。

（3）PLR 基本认知与了解程度

1）不同职业看过或听过"PLR"的差异

调查结果显示:37%的作家（34 人）选择"是",36.3%的出版社人员（66

人)选择"是",而有58.4%的公共图书馆人员(89人)选择"是"。显然,作家和出版社人员看过或听过"公共借阅权"的比例少于公共图书馆人员,这与目前我国期刊上发表的PLR研究论文多数发表在图书情报学刊物有较大关系。在选择"是"的223个样本中,看到或听到PLR途径的次数依次为网络、期刊、图书、学术会议,有个别被调查者选择了其他,如朋友或同事介绍。网络和期刊成为宣传PLR的主要渠道。

2)不同职业对PLR概念和实施方式了解的认知差异

调查结果显示:作家、出版社人员和公共图书馆人员对PLR概念和实施方式不了解和很不了解的比例分别达到63%(58人)、70.4%(127人)和53%(82人),对PLR概念和实施方式了解和很了解的比例则分别为8.7%(8人)、12.1%(22人)和11.7%(19人)。经过单因素方差分析,公共图书馆人员与作家和出版社人员对此问题的认知存在显著差异($p = 0.028 < 0.05$),公共图书馆人员认知度高于出版社人员和作家。从数据可以看出,我国PLR的利益群体对PLR多数不了解,PLR概念和实施方式有待宣传。

(4)对图书馆公共借阅服务法律性质的认知

调查结果显示,作家、出版社人员和公共图书馆人员同意和很同意图书馆公共借阅服务是版权法意义上的合理使用行为的比例分别达到43.5%(40人)、64.9%(119人)和66.3%(102人),而选择"不同意"和"很不同意"的比例分别达到41.3%(37人)、19.8%(36人)和14.3%(22人)。经单因素方差分析,公共图书馆人员、出版社人员分别与作家在此问题上的认知差异非常显著($p = 0.000 < 0.01$),而公共图书馆人员和出版社人员在此问题上认知差异不显著。多数公共图书馆人员从行业利益考虑,维护读者的借阅权利,认可公共借阅服务是一种合理使用行为。多数出版社人员也认可图书馆公共借阅服务是一种合理使用行为,说明了他们重视和支持公共借阅服务。而作家赞同和反对图书馆公共借阅服务是合理使用行为的比例较为接近,反映了作家群体内部对此问题分歧很大,明显呈现出注重读者阅读宣传和强调自身权利的两个倾向。

对于是否同意图书馆公共借阅服务是一种低廉的或免费的出租行为,作家、出版社人员和公共图书馆人员选择"同意"和"很同意"比例分别达到56.5%(52人)、59.4%(107人)和37.7%(58人),而选择"不同意"和"很不同意"的比例分别达到23.9%(22人)、28.6%(51人)和42.9%(66人)。经单因素方差分析,公共图书馆人员与作家、出版社人员在此问题上的认知差异非常显著($p = 0.008 < 0.01, p = 0.000 < 0.01$),而作家和出版社人员在此问题上认知差异不显著。此问题与前一问题相关,近半数公共图书馆人员否定公共借阅服务是出租行为,而出版社人员的观点却和作家相类似,这与他们的版权意识和商业行为分不开。

(5)对图书馆公共借阅服务影响的态度

1)图书馆公共借阅服务降低读者购书意愿的态度差异

作家、出版社人员和公共图书馆人员对此问题答案的均值分别为2.96、2.77和2.56,经单因素方差分析,作家和公共图书馆人员对此问题的态度差异显著($p = 0.028 < 0.05$),而出版社人员与作家、公共图书馆人员之间的态度不存在显著差异。总体来看,被调查者多选择中立或反对立场。

2)图书馆公共借阅服务降低图书的销售量的态度差异

作家、出版社人员和公共图书馆人员对此问题答案的均值分别为2.93、2.88和2.61,经单因素方差分析,作家、出版社人员和公共图书馆人员在此问题的态度差异不显著。多数被调查者选择中立或反对立场。

3)图书馆公共借阅服务影响作者或出版社利益的态度差异

作家、出版社人员和公共图书馆人员对此问题答案的均值分别为2.91、2.84和2.53,经单因素方差分析,公共图书馆人员和作家、出版社人员对此问题的态度存在显著差异($p = 0.033 < 0.05, p = 0.042 < 0.05$),而作家与出版社人员之间的态度不存在显著差异。被调查者多数选择中立或反对立场。

4)图书馆发布的借阅排行榜提高读者购书意愿的态度差异

作家、出版社人员和公共图书馆人员对此问题答案的均值分别为3.39、3.70和3.62,经单因素方差分析,作家、出版社人员和公共图书馆人员在此问题的态度差异不显著。多数被调查者选择中立或同意立场,特别是出版社人员认可图书馆发布的借阅排行榜,认为此项活动能很好地宣传图书,提高图书的销售量。

(6)对我国PLR立法的态度

1)对我国PLR立法的态度差异

调查结果显示:作家、出版社人员和公共图书馆人员选择"同意"和"很同意"比例分别达到63.1%(58人)、69.3%(127人)和63.7%(98人),而选择"不同意"和"很不同意"的比例分别达到21.7%(20人)、20.9%(38人)和14.3%(21人)。作家、出版社人员和公共图书馆人员对此问题答案的均值分别为3.39、3.70和3.62,经单因素方差分析,作家、出版社人员和公共图书馆人员在此问题的态度差异不显著。多数被调查者选择中立或同意立场。与国外相关研究有很大不同的是,我国作家对 PLR 立法的支持率并不突出,比出版社人员的支持率稍低,甚至有部分作家反对立法,而公共图书馆人员对 PLR 立法持较开明的态度。作家、出版社人员的态度一方面反映了他们具有中国知识分子历来"重名轻利"的社会价值观,另一方面说明了他们权利意识较为淡薄,缺少西方人所重视的权利观念。

2)最适合我国 PLR 立法模式的认知

调查结果显示:被调查者认为我国 PLR 立法最适合的立法模式依次为版权模式(52.8%)、文化政策模式(28.0%)、单独立法模式(15.9%)和其他(3.3%)。从数据可以看出,版权意识已在 3 个群体中普及,版权立法模式成为被调查者的首选。也有一些被调查者由于对此问题不熟悉,选择"其他"选项。

3)我国 PLR 立法障碍的认知

调查结果显示:被调查者认为我国 PLR 立法存在的障碍依次为图书馆事业不够发达(69.6%)、国家财政不给予支持(53.3%)、版权人缺少维权行动(53.3%)、信息技术应用不够普遍(34.1%)、法律上的冲突(22.4%)和其他(5.1%)。从数据可以看出,多数被调查者认为我国图书馆事业不够发达是 PLR 立法的最大障碍,超过半数被调查者认为国家财政不支持和版权人缺少维权行动是阻碍 PLR 立法的另外两大障碍。由于信息技术的快速发展和应用以及法律制度可以适时修改,多数被调查者不认同信息技术和法律原因是阻碍 PLR 立法的因素。也有的被调查者认为社会关注不够、公众不理解 PLR 是 PLR 立法的障碍之一。

(7)对我国 PLR 制度实施的态度

1)由政府财政支付 PLR 补偿金的态度差异

调查结果显示:作家、出版社人员和公共图书馆人员选择"同意"和"很同意"比例分别达到 67.4%(63 人)、74.8%(136 人)和 76.7%(118 人),而选择"不同意"和"很不同意"的比例分别达到 26.1%(24 人)、16.5%(31 人)和14.3%(22 人)。多数被调查者选择支持立场。作家、出版社人员和公共图书馆人员对此问题答案的均值分别为 3.54、3.93 和 3.94,经单因素方差分析,作家与出版社人员、公共图书馆人员在对问题的态度有显著差异($p = 0.029 < 0.05$,$p = 0.034 < 0.05$),而出版社人员和公共图书馆人员对此问题不存在显著差异。作为 PLR 主体的作家对此问题的支持程度反而不如出版社

人员和公共图书馆人员,其中的原因值得探讨。

2)PLR 受惠对象范围的认知

调查结果显示:被调查者认为我国 PLR 受惠对象的范围依次为作者(95.3%)、出版社(72.9%)、录音作品制作者(55.1%)、视听作品制作者(54.2%)、表演者(47.7%)和其他(7.5%)。从数据可以看出,绝大多数被调查者支持作者和出版社成为 PLR 的主体,而对于录音作品制作者、视听作品制作者和表演者可否成为 PLR 的主体,被调查者意见分歧较大。有的被调查者认为读者和图书馆也应享有 PLR。

3)享有 PLR 作品类型的认知

调查结果显示:被调查者认为应该享有 PLR 的作品类型依次有图书(96.7%)、期刊(77.1%)、视听资料(76.6%)、录音资料(65.0%)、计算机软件(51.4%)和其他(2.8%)。从数据可以看出,绝大多数被调查者认为图书应该成为首要的 PLR 客体类型,期刊、视听资料、录音资料和计算机软件成为 PLR 的客体范围得到超过半数被调查者的支持。该题项与前题项有关,被调查者对录音资料、视听资料的同意次序与前题中对录音作品制作者、视听作品制作者同意次序出现一定的差异,说明了有些被调查者对题目的认识存在一定偏差,或者对录音资料、视听资料所包括的对象范围不太清楚。有的被调查者认为所有的实体作品类型都应该享有 PLR。

4)公共图书馆成为 PLR 制度实施机构的态度差异

调查结果显示:作家、出版社人员和公共图书馆人员对此问题答案的均值分别为 3.43、3.79 和 3.36。经单因素方差分析,作家和出版社人员对此问题的态度差异显著($p = 0.038 < 0.05$),公共图书馆人员和出版社人员对此问题的态度差异非常显著($p = 0.004 < 0.01$),而作家与公共图书馆人员之间的态度不存在显著差异。从数据可以看出,虽然大多数被调查者同意公共图书馆作为 PLR 制度的实施机构,但公共图书馆人员的支持率是最低的,反映了公共图书馆人员担心 PLR 制度的实施可能对图书馆的运行产生不利的影响。

5)作为实施 PLR 制度的图书馆类型的认知

调查结果显示:被调查者认为实施 PLR 制度可以包括的图书馆类型依次有公共图书馆(93.9%)、大学图书馆(66.8%)、科研图书馆(66.4%)、中小学图书馆(43.9%)和其他(5.1%)。从数据可以看出,绝大多数被调查者认为公共图书馆应当成为最主要的 PLR 实施的义务主体,选择"大学图书馆"和"科研图书馆"的比例接近,而超过半数人不支持中小学图书馆成为 PLR 实施的图书馆类型。有一些被调查者选择了"其他"答案,认为数字图书馆、乡镇图书馆或者有条件的所有图书馆也应成为实施 PLR 制度的机构类型。

6)最适合的 PLR 补偿金计算方式的认知

调查结果显示:被调查者认为最适合作为 PLR 补偿金计算方式的依次为出借次数(62.6%)、文献购置费的若干比例(18.7%)、馆藏复本数(13.6%)和其他(5.1%)。作家、出版社人员和公共图书馆人员选择各项的比例没有太大差别。从数据可以看出,按作品的出借次数计算 PLR 补偿金是 3 个群体都最支持的方式,也是最符合 PLR 的本来意义。有个别被调查者认为应当根据图书馆藏书量或地方人口数量计算补偿金数额。

7)PLR 补偿金分配方式的认知

调查结果显示:被调查者认为 PLR 补偿金的分配方式依次有现金分配给权利人(70.1%)、作品出版基金(52.8%)、用于权利人的养老金、保险金等社会福利(30.4%)、和其他(7.5%)。从数据可以看出,大多数被调查者认为现金分配是补偿权利人利益的最好方式,超过半数被调查者赞同以作品出版基金作为 PLR 补偿金,而发放社会福利的形式并不为多数人赞同,可能与我国已建立健全的社会福利制度有一定关系。有的被调查者认为 PLR 补偿金应当用于公共文化服务,有的认为应包括管理机构的运行开支。

8)最适合作为 PLR 管理机构组织的认知

调查结果显示:被调查者认为最适合作为 PLR 管理机构的组织依次为著作权集体管理组织(36.9%)、国家图书馆(29.0%)、专门的管理机构(27.6%)、作家基金会(4.2%)和其他(2.3%)。从数据可以看出,被调查者对此问题没有形成共识,没有一个选项超过半数,赞同采用著作权集体管理组织管理 PLR 的频率仅比国家图书馆和专门的管理机构稍多一些,这说明了我国著作权集体管理组织近年来的制度建设和维权行动得到不少被调查者的认可。

(8)对我国 PLR 制度实施影响的态度

1)PLR 制度的实施会激发作家创作热情的态度差异

调查结果显示:作家、出版社人员和公共图书馆人员选择"同意"和"很同意"比例分别达到45.7%(42 人)、31.9%(58 人)和46.8%(72 人),而选择"不同意"和"很不同意"的比例分别达到30.5%(29 人)、36.3%(66 人)和14.3%(22 人)。作家、出版社人员和公共图书馆人员对此问题答案的均值分别为3.24、2.93 和3.44,经单因素方差分析,出版社人员和公共图书馆人员对此问题具有非常显著差异($p=0.001<0.01$),而作家与出版社人员、公共图书馆人员在此问题的态度不存在显著差异。被调查者对此问题分歧较大,作家选择赞同的比例比公共图书馆人员选择赞同的比例小,而且有近1/3的作家不认为 PLR 制度的实施对他们创作的影响。出版社人员对此问题的选择较为谨慎,其中的原因值得探讨。

2)PLR 制度的实施会增加图书馆工作压力的态度差异

作家、出版社人员和公共图书馆人员对此问题答案的均值分别为 3.15、3.25 和 3.45,经单因素方差分析,3 个职业群体之间对此问题的态度不存在显著差异。多数被调查者选择中立立场,说明了大多数受调查者认为现代信息技术在图书馆中的应用可以大大缓解图书馆处理 PLR 数据的压力。

3)PLR 制度的实施会挤占图书馆财政拨款的态度差异

调查结果显示:作家、出版社人员和公共图书馆人员选择"同意"和"很同意"比例分别达到 21.7%(20 人)、37.4%(67 人)和 45.5%(71 人),而选择"不同意"和"很不同意"的比例分别达到 52.2%(47 人)、36.3%(66 人)和 38.3%(59 人)。作家、出版社人员和公共图书馆人员对此问题答案的均值分别为 2.50、2.97 和 3.16,经单因素方差分析,作家与出版社人员、公共图书馆人员在此问题的态度均有非常显著差异($p=0.008<0.01$,$p=0.000<0.01$),而出版社人员和公共图书馆人员对此问题不存在显著差异。从数据可以看出,近半数公共图书馆人员认为 PLR 制度的实施会挤占图书馆财政拨款,反映图书馆人员担心 PLR 制度对图书馆产生负面影响,而超过半数的作家不认为 PLR 制度的实施会挤占图书馆财政拨款,出版社人员对此方面则意见分歧较大,总体持中立立场。

(9)对我国 PLR 立法的意见或建议

该题是开放式问题,由被调查者自由对我国 PLR 立法提出意见或建议,共有 53 位被调查者发表自己的想法。以下根据被调查者的立场摘录有代表性的观点。

支持我国 PLR 立法的观点:

"为我们维权。"(一作家的呼声)

"尊重创作者和出版社的原创劳动,是长久之计。"

"加快行动,保护原创。"

"公共借阅权立法是尊重作者的创作和权利的体现。"

反对我国 PLR 立法的观点:

"图书馆法要先立起来,借阅权立法还是有点遥远。"

"图书馆免费合理使用,无须立法。"

"应先立法搞好公共图书馆建设。"

"此项立法会增加地方经济压力,而地方政府很有可能因此缩减对图书馆的财政投入。"

对我国PLR立法持中立立场的观点:

"不要让爱读书的人增加负担。"

"公共借阅权的实施,一定要和中国图书馆的现行情况有效地结合。"

"宣传、普及公共借阅权知识,让多数公民对公共借阅权有基本的感知。"

"要在读者和作者的权益中寻找到最佳的平衡点。"

"立法应该兼顾版权方的合法权益和公众对优秀精神文化产品的获取权利。"

7.2.3　结论与讨论

(1)结论

通过以上对问卷调查结果的分析,我们可以得出以下几点结论:

第一,3个职业群体对PLR认知度总体不高,PLR的概念和意义有待宣传和普及。多数受调查者在受试之前未看过或听过"PLR",绝大多数受调查者不清楚PLR的概念和意义,尤其是作家群体。作家、出版社人员对PLR认知度低反映了他们对PLR问题不重视,缺少争取PLR行动的动力。因此,宣传和普及PLR概念和意义是促进版权人重视PLR问题的首要步骤。

第二,3个职业群体对PLR的认知度总体上存在差异,但对于一些问题的态度方面,既存在共识,又存在差异。例如,对于"是否同意图书馆公共借阅服务是版权法意义上的合理使用行为"和"是否同意PLR制度的实施会挤占图书馆财政拨款"问题,多数公共图书馆人员从维护图书馆利益的角度作出肯定的选择,而作家对于"图书馆公共借阅服务是否会降低读者购书意愿"和"图书馆公共借阅服务是否会影响作家和出版社的利益"的问题,更多选择肯定的倾向。在这些涉及职业利益的问题中,公共图书馆人员与作家之间的态度存在显著差异,出版社人员往往持中立立场。但在一些问题上,如对于"是否同意对我国PLR立法"的问题,3个职业群体的态度没有显著差异,作家和出版社人员并没有表达强烈立法的意愿,而图书馆人员也没有表达强烈反对立法的态度。总的来看,3个职业群体对PLR态度上没有呈现出强烈的冲突,支持或反对 PLR 立法的态度总体上是温和的。也可以说，目前我国国内推动立法和反对立法的力量都不够强大。

第三，根据调查结果，3 个职业群体相对认可的我国 PLR 制度实施方式是：将 PLR 纳入到版权法体系，由国家财政支付 PLR 补偿金，最主要的权利主体和客体分别是作者和图书，实施 PLR 制度的最主要公共机构为公共图书馆，最适合的补偿金计算方式是根据作品的出借次数，最好的补偿金分配方式是将现金分配给权利人，最适合作为 PLR 管理机构的组织是著作权集体管理组织。

（2）讨论

本调查研究揭示了我国国内作家、出版社人员和公共图书馆人员对 PLR 认知和态度的实际情况，调查结果与邱炯友和曾玲莉①所做的研究有一定的差异。邱文的调查结果显示了绝大多数出版社人员支持实施 PLR，而多数公共图书馆人员反对实施 PLR。而本调查研究显示了作家、出版社人员和公共图书馆人员对 PLR 立法的态度并没有显著差异。两研究结果的差异可能是地区之间政治、经济和文化等条件的不同造成各自的职业意识有所不同，从而影响到对 PLR 的认知态度。

本研究尚存在一些不足之处。首先，本研究采取的抽样方法不是随机抽样法，而是通过人际关系网络获得样本数据，虽然问卷从性别、年龄、学历等 6 个方面反映了被调查者的基本资料分布较为合理，基本上能够代表各自的职业群体，但样本的代表性较小，特别是作家的样本数据，调查结果必然存在一定的误差。其次，由于 PLR 对于多数被调查者来说是一个很陌生的专有名词，在缺少访谈和交流的基础上，被调查者可能对问题的理解出现偏差。再次，出于研究目的，本研究主要从职业维度对研究数据进行分析，缺少从职务、职称等角度进行交叉分析。

由于本调查研究属于探索式研究，主要目的是发现问题和提出问题，而不是一项严格的立法调研。因此，我国文化部应当委托中国作家协会或中介组织成立 PLR 研究委员会，采用访谈、问卷调查等多种方式对不同的利益群体展开充分的立法调研，调查的内容除了本研究涉及到的问题，至少还应包括作家创作收入的调查、图书馆购买的文献资源数量占出版社发行数量的比例以及图书馆公共借阅活动对不同类型版权人的影响程度。

---

① 邱炯友，曾玲莉.公共出借权之认知与意见调查研究[J].国家图书馆馆刊,2003(1):111—140.

7.3 我国公共借阅权立法的障碍分析

本章第一节已论述了我国 PLR 立法的必要性和可行性,但是在现实环境中,我国 PLR 立法仍存在多方面的障碍,影响 PLR 立法的推进。分析 PLR 的立法障碍是立法调研的重要环节,有助于我们设计科学、合理的立法框架。这些障碍概括起来,主要有以下几个方面:

7.3.1 社会公众对公共借阅权的认知度低

社会公众对 PLR 的认知度低,尤其是相关利益群体对 PLR 认知度不高是我国 PLR 立法的不利因素。根据笔者对相关利益群体 PLR 认知度的调查,作家和出版社人员对 PLR 概念和实施方式"不了解"和"很不了解"的比例分别达到 63% 和 70.4%,说明了我国 PLR 利益群体对 PLR 认知度很低。一项法律的制定或修改首先取决于社会要有较强的立法需求,社会公众迫切需要通过对法律的制定或修改实现利益诉求。社会公众对 PLR 认知度低势必导致 PLR 立法需求的缺失,阻碍 PLR 的立法进程。

我国社会公众对 PLR 认知度低有其深刻的历史原因和现实背景。从历史上看,由于两千年来封建集权主义的统治,我国社会公众的权利意识受到极大的压抑;同时,我国又是儒家文化浸染深厚的国家,知识分子重义轻利,缺少维护自身权利的意识和行为,不能很好地唤醒社会公众的权利意识。从现实背景上看,我国是一个社会主义国家,强调社会利益高于个人利益,新中国的第一部著作权法迟至 1990 年才得以通过,并且这部法律带有明显的计划经济色彩,无法适应市场经济的运行机制,也有碍于民族创新能力的培养。直到 2001 年,我国政府在入世的压力下修改了著作权法,标志我国著作权法开始与国际版权立法接轨。可以说,我国本土缺少 PLR 萌芽的土壤,这是社会公众对 PLR 认知度低的主要原因。

欧洲主要国家崇尚天赋人权,认为版权属于一项人权,对版权作品的利用应该给予版权人补偿。当丹麦、德国、英国等国的作家开展 PLR 运动、争取经济报酬时,很自然地得到广大社会公众的同情和支持,从而有利地推动 PLR 的立法。目前,我国已加入国际三大版权公约组织,版权保护水平已达到国际公约要求的最低限度,社会公众的版权意识已逐步提高,版权人的维权行为不断加强。因此,社会公众在当下尊重人权、维护人权的法律环境下,对 PLR 的认知度将有一个逐步提高的过程。

7.3.2 利益群体对公共借阅权的立法推动不足

通常来说,法律通过对主体的权利和义务进行分配调整不同利益群体的关系。利益群体对立法起到极为重要的作用。在西方国家,利益群体通过游说议会、参加选举活动、采取诉讼等手段影响立法进程和结果。例如,美国版权作品的保护期限多次得到延长,迪士尼等大公司为了自身利益,在其中起到关键的游说作用。

作者、出版社等版权人是 PLR 立法的直接受益者。北欧国家在争取 PLR 立法过程中,作者组织,特别是作家协会无一例外起到引领作用,积极参与立法的起草、制定以及立法之后制度的实施和管理工作。而我国的各级作家协会、出版协会等组织未能对 PLR 开展积极的宣传和介绍,导致利益群体对 PLR 认知度低,社会公众不了解 PLR,产生不了较强的立法需求。

我国利益群体对 PLR 立法推动不足的主要原因在于多数代表利益群体的行业组织具有行政背景,在组织形态和人际关系上与政府职能部门有较多的重合,政府职能部门领导经常兼任行业协会的领导职务,行业组织人员由机关工作人员兼任。这种严重违背行业协会宗旨的现象,致使行业协会丧失了独立自主权,只能为政府做些辅助性的工作,无法充分发挥为会员服务、维护会员合法权益的作用。因此,各级政府要深化文化体制改革,促使行业协会"去行政化",使其充分发挥行业引导作用,为本利益群体争取权利和利益。

7.3.3 图书馆公共借阅服务不够发达

公共图书馆借阅服务是支撑 PLR 制度实施的基础。纵观西方 PLR 发展史,公共图书馆不断扩大的借阅服务规模是促使 PLR 立法的直接原因,PLR 运动的支持者认为公共图书馆的免费借阅服务实质上减少了版权人的版税收入,版权人应该得到经济补偿。而我国公共图书馆事业虽然有了很大的进步,但图书利用率远远低于欧洲主要国家。例如,2010 年书刊利用率不到 50%[①]。图书利用率不高无法体现出版权人利益受到很大的损失,这给了反

---

① 全国公共图书馆主要业务活动情况[M]//中华人民共和国文化部编. 中国文化文物统计年鉴. 国家图书馆出版社,2011:46.

对 PLR 立法的一个理由。

图书利用率的高低与一个国家国民阅读率的高低有很大关系。据中国新闻出版研究院开展的第九次全国国民阅读调查,2011 年我国 18—70 周岁国民图书阅读率为 53.9%,平均每人每年读书 4.35 本[①]。而据中国出版科学研究所的调查,2004 年英国国民图书阅读率为 66%,2005 年,其成年人年平均阅读图书 5 本;2005 年,法国国民图书阅读率达到 78%,平均每人每年读书 8.4 本;2000 年德国国民图书阅读率为 75%[②]。由此可见,我国公共图书馆利用率低并不完全是图书馆本身的问题,更多的是因为我国国民阅读率低,阅读量少。

提高我国国民阅读率是一个长期的过程。首先,公共图书馆应当积极改进服务质量,构建公共文化服务体系下的图书馆服务网络,引导公众利用图书馆,培养公众的阅读习惯;其次,出版业要多出精品,做好图书营销和宣传工作,吸引公众阅读;再次,各级文化和教育机构应积极开展读书活动,大兴全社会阅读之风。笔者认为,如果越来越多的公众养成阅读习惯后,他们中将有相当一部分人会成为图书馆的持证读者,这将提高图书馆的图书利用率,促进图书馆事业的发展,从而使 PLR 立法的条件更加成熟。

7.3.4 文化资源配置不合理

PLR 立法本质是一项文化立法。各国 PLR 立法的主要目标是激发本国作者的创作热情,促进本国文化事业和文化产业的发展。新中国成立以来,我国已经制定了一批文化的法律、法规、规章和规范性文件。但总的来看,我国的文化立法仍处于初级阶段,现有文化法规的数量、层次还不能满足我国文化建设快速发展的需要,也无法完成推进文化大发展大繁荣的保障任务。例如,我国的《公共图书馆法》经过二十多年的讨论,仍然不能顺利出台;PLR 立法尚处在立法的盲点。

改革开放以来,我国经济突飞猛进的发展,国家对文化建设的投入有了强有力的经费保障。特别是 2011 年中共中央通过《关于深化文化体制改革、

---

① 第九次全国国民阅读调查:图书阅读率为 53.9% [EB/OL]. [2013 - 01 - 22]. http://www. chinanews. com/cul/2012/04 - 19/3832813. shtml.

② 王珺,李伟. 西欧三国国民图书阅读情况[EB/OL]. [2013 - 01 - 22]. http://www. chuban. cc/cbfxyj/gzgg/200811/t20081111_40883. html.

推动社会主义文化大发展大繁荣若干重大问题的决定》以来,我国对文化建设的重视提到前所未有的高度,国家文化发展进入新的跨越发展期。一些经济发达的省市虽然已具备支付 PLR 补偿金的能力,但是一般由文化主管部门或行业协会分配文化资源,文化资源分配不合理,少数人获得利益,并不能很好地起到鼓励广大作者创作、促进文化发展的目的。例如,一些供职于作家协会的专职作家得到大量的国家资金资助,但创作出来的作品并不能令公众满意;另一些有才气的自由作家通过网络创作艰难地谋求生计,却很难获得政府资金的扶持。笔者认为,传统的具有人为性、主观性的文化资源配置方式是不合理的,应当代之以像 PLR 这种通过中介机构实施、激励多数作者的文化奖励制度。PLR 制度契合"文化发展为了人民、文化发展依靠人民、发展效果由人民评判、发展成果由人民共享"①的以人为本的思想。PLR 立法对于我国来说,是个文化创新的新生事物,应当被纳入文化体制改革的范围。

7.3.5 公共借阅权制度的实施比较复杂

PLR 制度的实施是一项比较复杂的系统工程,需要多个部门和机构协同进行。PLR 制度主要包括三大项内容:一是 PLR 补偿金的筹集、管理和分配,二是 PLR 主体和客体资格的申请和认定,三是 PLR 数据的统计工作。目前世界上至少有 56 个国家对 PLR 立法,但仅有 30 个国家制定 PLR 实施制度,其中一个重要原因是 PLR 制度的实施较为复杂,涉及到多方利益的博弈。例如,关于补偿金的来源和数额问题,比利时和西班牙两国出现中央政府和地方政府争执不休而导致 PLR 制度实施不利的困境。有人提出采取减税、提高图书馆专用的图书销售价格等方式支持作者创作,以代替复杂的 PLR 制度②。但这种建议违背 PLR 立法的本义,即 PLR 是版权人的应有权利。

我国 PLR 立法需要考虑到制度的实施问题。PLR 管理机构的确定是立法重点考虑的问题。首先要确定 PLR 的立法模式是文化政策模式还是版权模式,然后再选择适合的管理机构。由著作权集体管理组织负责 PLR 的管理是当今多数国家 PLR 制度的选择,而我国著作权集体管理组织建设仍有待完

---

① 蔡武. 辉煌的成就 宝贵的经验[EB/OL]. [2013 - 01 - 22]. http://opinion. peo-ple. com. cn/GB/16129911. html.

② Piternick G. Points of View of Librarians:Alternatives to PLR[J]. *Library Trends*, 1981,29(4):627—640.

善。国外著作权集体管理组织在产生之初一般由权利人自发创立,从简单代替权利人维权到全面代理权利人的作品许可,都是权利人为实现自身利益最大化而对著作权市场作出的回应①。而我国著作权集体管理组织具有官方性质,其创立与运作并非由权利人控制,并不能及时反映权利人的利益与需求。因此,我国著作权集体管理组织应当去行政化和垄断化,以适应 PLR 立法的需要。

总的来看,虽然我国 PLR 立法存在很多障碍因素,其中最大的障碍是利益群体对 PLR 立法推动不足,没有形成有效地合力维护自身的权利,但这不意味着当前 PLR 立法条件不成熟。与 PLR 性质类似的追续权已被纳入我国第三次著作权法修改草案,有望正式入法,成为版权人的一项权利。世界上仅有法国等少数国家对追续权立法,而 PLR 立法的国家却有 50 多个,其中包括亚洲、非洲等多个经济不发达的国家。因此,我国可以先对 PLR 立法,然后采取政策措施扫除 PLR 实施障碍,制定配套实施细则,促使 PLR 制度顺利实施。

7.4 我国公共借阅权制度的立法框架

我国著名法理学家沈宗灵认为,法的价值可以有三种不同的含义:法促进哪些价值;法本身具有哪些价值;在不同类价值之间或同类价值之间发生矛盾时,法根据什么标准对它们进行评价②。本研究已对 PLR 的理论基础、历史演进过程以及主要国家 PLR 制度作了研究,论证了 PLR 本身具有立法价值以及 PLR 制度对于促进本国文化事业和文化产业的发展起到积极的推动作用。各国在对 PLR 立法和实施过程中都曾遭到代表不同价值观群体的反对,或者受到经济、社会文化等因素的影响,说明了 PLR 立法和制度的实施是一项涉及广泛的系统工程。

因此,我国 PLR 立法要综合考虑本国的政治、经济和文化等因素,然后再谨慎地进行价值选择,最终制定适合本国国情的立法例。根据本章前面对我国 PLR 立法的现实环境和障碍因素的分析以及对我国不同利益群体 PLR 认

---

① 吴汉东.著作权法第三次修改草案的立法方案和内容安排[J].知识产权,2012(5):13—18.

② 沈宗灵.法·正义·利益[J].中外法学,1993(5):1—10.

知度的调查研究,笔者认为我国 PLR 立法应当遵循"先易后难"的原则,采取"两步走"的立法战略,即第一步建立基于文化政策模式的 PLR 制度,第二步建立基于版权模式的 PLR 制度。准版权立法模式由于是介于前两种模式之间的过渡模式,国外仅有少数国家采用这种立法模式,笔者认为并不适用于我国。以下对适合于我国国情的两种 PLR 立法框架进行分析。

7.4.1　基于文化政策模式的公共借阅权立法框架

如前所述,文化政策模式是早期不少国家制定 PLR 制度的主要立法模式,这种立法模式严格来说并没有上升到国家层面的法律制度,而是由国家文化部等类似机构制定的一项文化政策,属于经过议会批准的行政规定,主要初衷是补偿作家因为其作品在公共图书馆被免费出借而造成的版税损失。这种文化政策的立法模式法律效力较低,作家得到的补偿报酬相对来说不稳定,有资格享有 PLR 的主体范围和客体范围都比较狭小。

然而,我国 PLR 立法模式之所以优先选择文化政策模式,并非是要按部就班地沿袭国外 PLR 立法的发展路径,而是充分考虑到本国的国情。首先,我国图书馆事业发展不均衡,东部地区图书馆发展水平明显好于中西部地区,一些沿海省份大城市图书馆的建设和服务水平不亚于发达国家水平,其公共借阅服务规模大,具有实施 PLR 的条件。其次,我国地区经济发展不平衡,一些经济发达的沿海省市提出了"文化强省"或"文化强市"的发展规划,在我国文化大发展大繁荣的背景下,PLR 计划理应被纳入到政府的文化发展规划中,地方财政具有全额支付 PLR 补偿金的能力。再次,我国版权人的版权意识尚在逐步觉醒中,目前仍未认识到 PLR 的重要性以及对他们的影响,将 PLR 直接纳入到版权法体系的条件尚不成熟。基于以上原因,笔者认为我国 PLR 制度应当首先在沿海发达地区试点实施,然后再根据实施效果,总结经验,向更多的省份甚至全国范围内推行。

文化政策模式的 PLR 制度与版权模式的 PLR 制度最大的不同在于前者是政府实施的一项文化奖励计划,后者是版权法保护权利人行使 PLR 和获得 PLR 补偿金的立法。笔者认为,前者实施的目的是文化奖励,而非对权利人的补偿,因此在立法用语上不宜采用"补偿金"的说法,而应当以"奖励金"替代。相应地,PLR 制度的立法名称改为"PLR 奖励条例"。

根据 PLR 制度的主要构成因素,PLR 奖励条例的内容主要包括以下几个方面:

①PLR 立法的目标:为了促进本地区文化保存、延续和利用,对作者因为其作品被图书馆利用而对本地区文化建设和服务所做出的贡献给予一定的奖励,以促进地区文化事业的发展。

②PLR 的主体限定在拥有本地区户籍或籍贯地归属本地区的图书作者,包括作品的创作者、翻译者、插图者和编者等。作者需要向 PLR 管理机构注册,通过资格审查后才能获得 PLR 报酬。作者享有 PLR 的期限为有生之年。

③PLR 的客体限定在正规出版社发行的印本图书。

④PLR 的管理机构为文化主管部门,具体管理事务可由文化厅授权省(市)图书馆管理。被授权图书馆负责 PLR 主体资格和客体资格的确认、PLR 数据的统计和汇总以及奖励金的接收和分配等事务。

⑤PLR 奖励金来源于地方财政专项拨款,不得侵占图书馆的财政拨款经费。

⑥PLR 奖励金的计算方式依据馆藏图书的复本数。奖励金的分配方式采取直接发放现金的方式。对权利人获得的补偿金采取最高和最低数额的限制。

⑦实施 PLR 的公共机构为公共图书馆。对行政管辖范围大的省市可以采取抽样方法,对于行政管辖范围小的省市,应当将所有应用计算机管理系统的公共图书馆纳入到数据统计范围。

⑧对于不履行义务的公共图书馆,如不上报 PLR 数据,应当给予一定的行政处罚。

基于文化政策模式的 PLR 制度属于行政法规,实际操作简单易行,涉及的利益群体较少,各方利益冲突不大,政府承担的经费并不多,但实施效果比较好。从目前我国国情来看,沿海发达地区已具备实施文化政策模式的 PLR 制度的条件,一些中部和西部省份也已具备实施 PLR 的条件。通常来说,经济实力强的省份必然是文化强省,文化产出多,相应文化支出也要多;而经济实力弱的省份,文化产出少,相应文化支出也较少。因此,中西部省份支出的PLR 奖励金数额必然比东部省份少得多,而且各省可以根据本省情况适当调整 PLR 奖励标准。

总之,基于文化政策模式的 PLR 制度是一项文化创新制度,能够有力地促进我国文化的保存、延续和利用以及文化事业的发展。

7.4.2 基于版权模式的公共借阅权立法框架

进入新世纪以来,随着我国加入世界贸易组织和版权法的两次修改,我国版权制度不断完善,我国版权保护环境由此得到很大改善,促使版权人的版权意识逐渐提高。但是,我国民众由于受到长达两千多年封建社会的压制,权利意识比西方国家薄弱得多。即使在现代社会,国内作家等版权人仍普遍缺少权利自觉意识和维权行为,这也可以从前节所做的问卷调查结果得到印证。因此,基于版权模式的 PLR 立法目前在国内尚不成熟。

然而,基于版权法的 PLR 立法模式既是当今国际 PLR 制度发展的主流,又是 PLR 制度发展的最终阶段。丹麦、英国、荷兰等多国 PLR 立法模式向版权模式的转变以及新立法国家基本上采用版权立法模式的做法证明了版权立法模式的合理性和生命力。无论是加拿大、瑞典的基于文化政策的 PLR 模式,还是澳大利亚、新西兰的基于准版权的 PLR 模式,最终都将发展到基于版权的 PLR 模式。

根据我国的立法程序,建立基于版权模式的 PLR 制度首先要由全国人大常委会审议并通过《中华人民共和国著作权法》修正案,明确规定赋予版权人和邻接权人 PLR。相应地,我国著作权法应当修改 3 个条款,具体如下:

第 10 条中关于著作权人财产权权项中增加"出借权"条款,该条款可以表述为:"出借权,即允许他人在公众可以利用的公益性公共机构场所使用作品原件或者复制件的权利。"

第 38 条赋予表演者对其表演享有的权利,其第 5 款原为"许可他人复制、发行录有其表演的录音录像制品,并获得报酬",修改为"许可他人复制、发行、出借录有其表演的录制品或者该录制品的复制品,并获得报酬[①]"。

第 42 条第 1 款第 1 项原为"录音录像制作者对其制作的录音录像制品,享有许可他人复制、发行、出租、通过信息网络向公众传播并获得报酬的权利"。修改为"录音作品制作者对其制作的录音制品,享有许可他人复制、发行、出租、出借、通过信息网络向公众传播并获得报酬的权利"。

法律的规定比较笼统,必须制定相应的实施细则。PLR 实施细则可以称

---

① 2012 年新著作权法修改草案将"电影作品和以类似摄制电影的方法创作的作品和录像制品"统一规定为"视听作品",并将其纳入第 3 条"作品"所指的一种类型。本条款借鉴最新的立法动态,采用新的法律用语。第 42 条的修改也是依据这个思路。

为"PLR 保护条例",该条例应当对 PLR 的设立方式、权利义务、许可使用费的收取和分配以及对其监督和管理作出具体的规定,并且只有经过国务院审议并通过后,基于版权模式的 PLR 制度才算正式建立。

根据 PLR 制度的主要构成因素,"PLR 保护条例"的内容包括以下几个方面:

①PLR 立法的目标是:对版权人或邻接权人的作品在公共图书馆被利用而造成的收入损失给予补偿金;遏制盗版行为;鼓励有益于社会主义精神文明、物质文明建设的作品的创作和传播;促进本国文化事业和文化产业的发展。

②明确"出借"定义。"出借"是指并非为了直接或间接的经济或商业利益,通过公众可以利用的机构,允许他人使用作品复制品,且将会或可能会被返还。"出借"的表述不包括公共服务机构之间互相使用的情形。当公共服务机构因出借行为向公众收取一定费用,但该数额不超过该机构运营的必要成本时,则该行为不属于条例所称的"具有直接或间接经济或商业利益"的情形。

③PLR 的主体包括拥有我国国籍或长期居住我国的公民,PLR 权利人是指作者、出版者、表演者、录音作品和视听作品制作者。权利人享有 PLR 的期限为有生之年加上死后 50 年。

④PLR 的客体范围包括正规出版发行的图书、录音资料和视听资料等实体资源。

⑤PLR 的管理机构为著作权集体管理组织。不同作品类型的著作权集体管理组织协商成立一个专门机构,负责 PLR 数据的统计和汇总以及补偿金的接收和分配等事务。

⑥PLR 补偿金来源于政府拨款,中央政府和地方政府按照一定的比例分摊费用。

⑦PLR 补偿金的计算方式依据作品的出借次数。补偿金的分配采取向权利人发放现金与作品出版基金两种方式。对权利人获得的补偿金采取最高和最低数额的限制。

⑧实施 PLR 的公共机构为公共图书馆。采取抽样统计方法对全国公共图书馆的 PLR 数据进行统计和汇总。

基于版权模式的 PLR 立法的成功需要国内和国际法律环境的交融和汇聚。在国内,版权人必须成立争取 PLR 的组织,积极开展 PLR 宣传活动,持续地向立法机构提交权利议案,引起政府部门的重视,从而通过制定或修改著作权法以实现多方利益的平衡。在国际上,如果 PLR 被世界三大版权公约——《伯尔尼公约》《世界版权公约》和《TRIPs 协议》中的任何一个公约纳入到保护范围,国际上的外来压力将迫使我国修改著作权法。由于三大公约已在我国生效,根据版权保护最低标准的原则,我国必须将 PLR 纳入到版权法体系。

总之,基于版权模式的 PLR 立法蕴含着利益平衡的理念,当版权人面对猖獗的不法盗版行为时,国家给予他们一定的经济补偿无疑能增强他们的创作信念,提高他们的创作热情,从而能很好地推动我国文化事业和文化产业的发展。

8 结 语

8.1 主要结论

本研究采用历史研究法、比较研究法、社会调查法等多种研究方法,从法律、文化、历史、社会经济、技术等多种视角系统地研究 PLR 制度,丰富了应用图书馆学体系,发展文化创新理论,并对我国图书馆事业的发展、文化体制的改革和版权制度的完善提供了参考。本研究得出的主要观点与结论如下:

1. PLR 的概念有个演变过程,其本质是版权人的一项权利

PLR 在北欧国家产生之初,原是政府给予作者的图书馆借阅补偿金,补偿其作品在图书馆免费利用而造成的版税收入损失。这种补偿金具有社会福利的性质,属于政府给予弱势群体的一种福利补贴。以德国为主的欧洲大陆国家秉持着"天赋人权说",主张版权是一种天赋的人权,是一种自然权利,未经作者许可对其版权作品的利用都应当给予作者经济补偿。这一主张对其他国家 PLR 立法乃至 EC92/100 指令的颁布产生很大影响,并成为国际 PLR 立法的主要潮流。在已对 PLR 立法的 50 多个国家中,多数将 PLR 纳入到版权法体系,作为版权人的一项财产权项,少数国家将 PLR 当作文化奖励政策或者仅给予权利人报酬补偿权。

PLR 的概念内涵从产生之初至今,已发生很大变化。鉴于国际 PLR 制度的发展现状,笔者重新定义 PLR 的概念,认为 PLR 是法律赋予版权人和邻接权人的,由于其版权作品的原件或复制件被图书馆等公益性机构提供给公众利用而对其市场销售造成影响,因而由公共财政经费对权利人进行补偿的权利。

PLR 具有版权法所规定的权利主体、权利客体、权利内容、权利限制等基本要件,符合版权的法律特征,其本质上属于版权人的一项财产权。虽然有一些国家不承认 PLR 属于版权,但其立法内容具有版权法的基本特征,所以不影响 PLR 的本质属性。

2. PLR 制度激发了人们从事文化创作的热情,推动文化事业和文化产业的进步

PLR 制度通过国家财政拨款给予作者、出版商或其他邻接权人 PLR 补偿金,激发了他们从事文化创作的热情,生产出更多、更好的精神作品,维护本国语言和文字的特色,遏制了文化盗版行为,推动文化事业和文化产业的进步。

PLR 制度体现了版权人、作品利用人和作品传播者之间利益平衡原则,有利于文化事业的发展。首先,PLR 制度使版权人的利益得到保障。法律上通过权利穷竭原则的例外条款维护版权人获得报酬的权利。其次,PLR 制度属于法定许可制度,权利主体仅享有获取报酬的权利,不能禁止其作品在公益性场所内借阅,避免了权利滥用和权利垄断,促进了图书馆事业的发展和信息资源的有效传播。再次,绝大多数国家政府通过财政专项拨款的形式支付 PLR 补偿金,并没有妨碍公众免费利用图书馆的权利,从而化解了 PLR 与合理使用原则之间的矛盾,维护了公共利益。

3. PLR 制度内容复杂,各国差异较大

PLR 制度实施较为复杂,包括立法模式、权利主体和客体、权利限制、权利管理机构、实施的中介机构以及补偿金的来源、计算和分配等内容。其实施比其他版权权利更为复杂,由专门的管理机构负责 PLR 管理事务,需要抽样图书馆统计借阅数据,再由管理机构推算每单位文献获得的补偿金,最后向有资格的权利人支付报酬。由于各国国情不同和 PLR 立法基础不完全相同,导致各国 PLR 制度内容差异很大。各国 PLR 制度都是各国政治、经济、文化综合发展的产物,例如,加拿大和瑞典的 PLR 制度是基于文化政策模式的行政规定,澳大利亚和新西兰在准版权模式下制定 PLR 专门法,丹麦、英国和德国则将 PLR 纳入到版权法体系,即使是同样的立法模式,各国在权利主体、客体的范围、管理机构、补偿金等方面都有较大的差异。西方国家的经验为我国建立 PLR 制度提供了有价值的借鉴。

4. PLR 制度的产生和发展具有深刻的时代背景

PLR 制度的产生和发展有着深刻的时代背景,公共图书馆的兴起、作家的积极维权和保护本民族文化传统是 PLR 制度产生的主要原因。随着国际版权制度的发展、欧盟的扩张和信息技术的应用,国际 PLR 制度得到进一步发展。目前,世界上至少有 50 多个国家承认 PLR,已有 30 个国家制定了 PLR 制度。在 EC92/100 指令的强制下,多数欧盟国家实施 PLR 制度。

由于 PLR 制度的实施是一项较复杂的系统工程,受到法律、经济、政治、文化、社会和技术等多个因素的影响,某个或几个因素的限制都能不同程度地对一个国家 PLR 制度的发展造成障碍。全球 PLR 制度的发展呈现不平衡的特点,出现欧洲国家"热"、其他洲国家"冷"的局面。

根据 PLR 制度的历史演进过程,本研究将其发展划分为 4 个阶段:第一阶段为 PLR 制度的萌芽期(1883—1941 年),第二阶段为 PLR 制度在北欧的初创期(1942—1970 年),第三阶段为 PLR 制度在全球的扩张期(1971—1991 年);第四阶段为 EC92/100 指令下 PLR 制度的发展期(1992 年至今)。

从国际 PLR 制度的现状、版权保护的强化趋势和信息技术的应用上看,国际 PLR 制度呈现出几点发展趋势:一是越来越多的国家选择版权模式作为 PLR 立法的基础,PLR 被视为权利人的一项版权权利,受到版权法的保护;二是 PLR 的权利主体和权利客体将进一步扩大,非书资料的作者、录音制品和视听作品的创作者将享有 PLR 资格,权利人的利益将得到更多的保护;三是著作权集体管理组织将在 PLR 管理中发挥更重要的角色;四是信息技术的快速发展将促进 PLR 管理更加高效;五是信息技术在图书馆的深入应用将促进图书馆数字借阅服务的发展,PLR 制度将在更多国家的图书馆数字借阅服务中得到应用;六是 PLR 制度将在更多的国家得到建立,欧盟成员国的 PLR 制度在欧盟委员会和欧洲法院的干预下将趋于统一。

5. PLR 制度对不同利益群体的影响是多方面的,总体上是利大于弊

PLR 制度的实施涉及到作者、出版商、书商、图书馆和读者等不同群体的利益。对于不同的利益群体,PLR 制度的影响是不同的。对于作者和出版商来说,PLR 制度保护了他们的版权,增加了他们的收入,有利于激发他们创作和出版的热情。对于书商来说,可能要承担支付 PLR 补偿金的义务,但对作品的出借规定一定时期的迟滞期,有利于销售商提高作品的销售数额和利润。PLR 制度对图书馆的影响利大于弊,消极影响主要限于个别国家,主要有两个方面:一是 PLR 经费挤占了图书馆的运行经费,图书馆的文献购置经费下降,从而导致图书馆馆藏文献数量增长不足、有偿服务项目增多、注册读者流失的问题;二是对特殊类型作品的出借规定了迟滞期,阻碍了读者获取信息的自由。PLR 制度对图书馆产生的积极影响具有普遍性,主要有几点:一是图书馆的借阅活动有了法律依据;二是图书馆借阅的客体不仅限于图书、期刊等传统纸质文献,录音制品、视听作品、计算机软件等文献类型也可以成为读者的借阅客体;三是 PLR 管理机构发布的阅读排行榜推动了全民阅

读活动,为读者选择阅读读物提供了指南;四是 PLR 制度的实施为图书馆有偿借阅提供了法律保障。PLR 制度对读者的影响程度决定于 PLR 制度对图书馆的影响程度。

6. 我国引入 PLR 制度具有必要性和可行性

自 1942 年丹麦对 PLR 成功立法以来,国外 PLR 制度发展已有 70 余年的历史。各国 PLR 制度的实施总体上取得较好的成效。立法思想具有共通性,国外的立法经验值得借鉴。

在必要性方面,可以概括为三点:一是有利于对图书馆公共借阅活动的法律行为进行确认,促进我国图书馆事业的发展;二是有利于维护版权人的合法利益,调动作者的创作积极性;三是有利于深化文化体制改革,促进我国科学文化事业的发展。

在可行性方面,可以概括为六点:一是我国经济发展水平已经具备了实行 PLR 制度的经济条件;二是我国著作权法为 PLR 立法留下空间;三是我国著作权集体管理制度的健全和完善有利于 PLR 制度的管理;四是党和政府对文化的重视和支持有利于推动 PLR 的立法;五是维权意识高涨的版权人能够成为推动 PLR 立法的重要力量;六是蓬勃发展的公共图书馆事业为 PLR 制度的实施提供了支持。

7. 我国引入 PLR 制度仍存在一些障碍因素

我国 PLR 立法目前存在一些障碍因素,这些障碍包括社会公众对 PLR 的认知度低、利益群体对 PLR 的立法推动不足、图书馆公共借阅服务不够发达、文化资源配置不合理、PLR 制度的实施比较复杂等方面。但这不意味着当前 PLR 立法条件不成熟。我国可以先对 PLR 立法,然后采取政策措施扫除 PLR 实施障碍,制定配套实施细则,促使 PLR 制度顺利实施。

8. 我国不同利益群体对 PLR 的认知存在一定的差异

具体内容见 7.2.3。

9. 我国 PLR 立法应当遵循"先易后难"的原则,采取"两步走"的立法战略

我国 PLR 立法要综合考虑本国的政治、经济和文化等因素,然后再谨慎地进行价值选择,最终制定适合本国国情的立法例。在对我国 PLR 立法的现实环境、障碍因素以及对我国不同利益群体 PLR 认知度的调查研究的基础上,笔者认为我国 PLR 立法应当遵循"先易后难"的原则,采取"两步走"的立法战略,即第一步建立基于文化政策模式的 PLR 制度,第二步建立基于版权模式的 PLR 制度。

基于文化政策模式的 PLR 制度属于行政法规,实际操作简单易行,涉及的利益群体较少,各方利益冲突不大,政府承担的经费并不多,但实施效果比较好。从目前我国国情来看,沿海发达地区已具备实施文化政策模式的 PLR 制度的条件,一些中部和西部省份也已具备实施 PLR 的条件。

基于版权法的 PLR 立法模式既是当今国际 PLR 制度发展的主流,又是 PLR 制度发展的最终阶段。基于版权模式 PLR 立法的成功需要国内和国际法律环境的改善和支持。在国内,有关利益群体向立法决策机构提交权利议案,能够引起政府部门的足够重视。在国际上,PLR 有望被国际版权公约纳入到保护范围,从而推动我国修改著作权法。

8.2 政策建议

本研究对我国推进和实行 PLR 制度具有重要的理论意义和现实价值。为了进一步推动我国 PLR 立法的发展,笔者建议:

(1)中国作家协会牵头其他作者协会成立 PLR 立法推动小组

作家是 PLR 制度实施的最大受益群体,国外 PLR 立法的主要推动力量来自作家协会。因此,我国作家协会理应承担此项职责,成立 PLR 立法推动小组,对立法展开调研,向会员宣传 PLR,编写立法草案,积极与立法决策部门沟通和联系,推动立法的成功。

(2)中国图书馆学会应当积极参与 PLR 的立法工作

国际图联在 2005 年发布了《关于公共借阅权的立场》,提出图书馆员应当积极展开立法游说,以确保自己和版权人在立法提议、制度建立和实施过程中,从一开始得到咨询;图书馆员还应当积极与版权人代表合作,参加负责政策制定的立法委员会,并对 PLR 管理者提出建议,以及与版权人组织或著作权集体管理组织进行协商。因此,我国图书馆员应当摒弃狭小的"自我"意识,从促进文化事业发展的大局出发,加强 PLR 制度的研究,支持和推动 PLR 立法。

(3)中国出版协会应当积极宣传 PLR,参与 PLR 立法

不少国家 PLR 制度明确规定出版商也是 PLR 的权利主体,享有国家给予的补偿金。目前,我国也出现支持出版业发展的资助项目,但并不固定,而且拨款的数额和对象没有统一的标准。国外有的国家,如澳大利亚将 PLR 制度

作为振兴和发展出版业的政策,我国出版业可以学习和借鉴该国的制度。

(4)我国文化主管部门应当关注和支持 PLR 立法

在当前国家提倡文化大发展大繁荣的背景下,建立 PLR 制度是改革文化体制、促进文化事业和文化产业发展的一项创新性政策。文化主管部门应当开展立法调研,为 PLR 立法和制度实施准备充分的条件。

8.3　研究展望

本研究在利用多种语言文本的基础上,采用多种方法、多个视角系统地研究 PLR 制度的理论和实践,但由于笔者知识水平有限,在研究中仍存在一些不足,概括起来主要有以下两点:

(1)由于翻译不准确而可能导致行文出现漏译、误译的问题

本研究利用大量的国外资料,包括论文、专著和法律文本,这些资料以英文资料为主,但也有一些非英文的其他语言文字,由于笔者外语水平有限,必然存在翻译失误的问题,从而导致研究存在瑕疵。

(2)研究方法的运用存在不完善的问题

在对国内利益群体 PLR 认知度的调查中,本研究出于时间和成本的考虑,没有采用概率抽样方法选取样本,统计结果并不能保证总体结果的准确性。

国际 PLR 制度仍然处在不断发展的过程中,对 PLR 制度的研究应当加强跟踪,并借鉴国外的制度经验以促进我国文化事业发展。从后续研究的角度来看,应当从以下两个方面加以深化和拓展:

(1)加强 PLR 制度在数字环境下的应用研究

随着信息技术的快速发展,越来越多的公众开始使用电子图书阅读器、智能手机、平板电脑等手持终端阅读电子书,体验电子书的价格低廉、快速获取、存储方便以及分享推荐等功能。国外不少国家图书馆为了适应数字阅读发展的趋势,开始购置手持阅读器供读者借阅,并且向注册读者提供电子书下载服务。针对社会公众数字阅读率持续上升的趋势上升,英国修改了 PLR 制度,将权利客体从纸质图书扩展到电子图书和有声图书。丹麦、加拿大和澳大利亚等国也在开展调研工作,考察 PLR 制度向数字领域扩张的可行性。因此,我们有必要加强 PLR 制度在数字环境下的应用研究,考察国外图书馆

电子书借阅的法律和政策规定,为我国图书馆数字借阅服务的发展提供借鉴。

(2)探索在文化大发展大繁荣背景下建立具有本国特色的 PLR 制度

当前,推动社会主义文化大发展大繁荣有利于提高我国文化软实力与国际影响力。如何在这个大背景下构建基于文化政策模式的 PLR 制度,是值得我们认真探索的重要课题。文化部门应组织与 PLR 相关的利益群体开展广泛和深入的政策调研,制定多方合作共赢的文化政策,促进本国文化事业的发展。

附录 A 世界各国或地区公共借阅权制度实施一览表

实施国家	立法状况	管理机构	补偿金来源	国籍和(或)语言要求	合格的权利人	合格的作品类型	补偿金计算方式	补偿金的分配	权利期限	实施图书馆
Australia 澳大利亚	PLR法(1985) 制度实施(1974)	艺术部 PLR委员会	中央政府	本国公民和长期居住当地者	作者、出版商	有ISBN号、用以销售、并且不超过5个作者的图书	馆藏复本数;50本以下不计	50元澳币以下不发放;出版商的补偿金是作者的25%	有生之年	公共图书馆、教育图书馆
Austria 奥地利	版权法(1993) 制度实施(1977)	LVG(文学作品集体管理组织)	中央政府和9个联邦省	无	作者、出版商、录音制品制作者、视听制品制作者	图书、期刊、录音制品、视听制品	借阅次数	公共图书馆作者和出版商各占70%和30%,学术图书馆的补偿的作者和出版商各50%	有生之年加死后70年	公共图书馆和学术图书馆
Belgium 比利时	版权法(1994) 制度实施(2004)	Reprobel(复制权组织)	中央政府	无	作者、出版商、录音制品制作者、视听制品制作者	印本文献、录音制品、视听制品、软件	根据图书馆注册读者的数量	补偿金由荷兰语、法语和德语三地区向权利人分配	有生之年加死后70年	公共图书馆

附录A 世界各国或地区公共借阅权制度实施一览表

实施国家	立法状况	管理机构	补偿金来源	国籍和（或）语言要求	合格的权利人	合格的作品类型	补偿金计算方式	补偿金分配的分配	权利期限	实施图书馆
Canada 加拿大	艺术家地位法（1992）制度实施（1986）	文化遗产部艺术理事会 PLR委员会	联邦政府和作者基金	本国公民或长期居住当地者	作者	一般图书48页以上，童书24页以上	馆藏书名种类	作者的补偿金比率依作品登记时间分4个档次	有生之年	公共图书馆
Czech 捷克	版权法（2000）制度实施（2006）	DILIA（作品集体管理组织）	中央政府	无	作者	印本文献	借阅次数	向著者、翻译家、插图画家和编者分配补偿金	有生之年加死后70年	公共图书馆（国家图书馆例外）
Denmark 丹麦	图书馆法（1942）PLR法（1982）版权法（2010）制度实施（1946）	文化部国家图书馆管理局	中央政府	采用本国语言创作	作者、视听制品制作者	图书、视听制品、计算机软件	馆藏复本数	补偿金分配分小说和非小说两部分，每部分又分成人图书、儿童图书和学校用书	有生之年加死后70年	公共图书馆、学校图书馆和国家图书馆

续表

实施国家	立法状况	管理机构	补偿金来源	国籍和（或）语言要求	合格的权利人	合格的作品类型	补偿金计算方式	补偿金的分配	权利期限	实施图书馆
Estonia 爱沙尼亚	版权法(2000) 制度实施(2004)	文化部作者报酬基金会	中央政府	本国公民或长期居住当地者	作者、出版商、视听制品制作者	图书、视听制品	借阅次数	编辑、翻译家、摄影者、插图画家，改编者享有比率根据作品的创作程度分3类	有生之年加死后70年	公共图书馆
Faroe Islands 法罗群岛	PLR法(1988) 制度实施(1988)	教育部图书馆中心	中央政府	在本地居住或采用芬兰、瑞典或萨米语言的作者	作者、录音制品制作者	图书、录音制品	馆藏复本数，50本以下不计；图书馆购置经费的8%	N/A	有生之年	国家图书馆、公共图书馆和学校图书馆
Finland 芬兰	捐赠和补助法案(1963) 版权法(2006) 制度实施(1961)	艺术理事会和集体管理组织	中央政府	欧洲经济区公民	作者、录音制品制作者、视听制品制作者	图书和其他版权作品，不包括电影作品和软件	借阅次数；购书经费的固定比例	设置多种申请项目	有生之年	公共图书馆

续表

实施国家	立法状况	管理机构	补偿金来源	国籍和（或）语言要求	合格的权利人	合格的作品类型	补偿金计算方式	补偿金的分配	权利期限	实施图书馆
France 法国	版权法(2003) 制度实施(2005)	SOFIA（集体管理组织）	政府50%；书商50%	无	作者和出版商	图书	馆藏复本数和注册读者的数量	扣除管理费用和作者养老金外，其余由作者和出版商平均分享	有生之年加死后70年	公共图书馆、高校图书馆、研究图书馆等
Germany 德国	版权法(1972) 制度实施(1973)	ZBT（集体管理组织）	联邦政府10%；州政府90%	无	作者、出版商、录音制品制作者、视听制品制作者	图书、录音制品、视听制品	借阅次数	分图书和非书资料补偿金，又再分成学术作品、福利基金和PLR补偿金等部分	有生之年加死后70年	公共图书馆和科学图书馆
Greece 希腊	版权法(1993)	OSDEL（文字作品集体管理组织）	中央政府	无	作者	图书	借阅次数	N/A	N/A	公共图书馆
Greenland 格陵兰	国家图书馆法(1993)	国家图书馆	中央政府	采用本国语言创作	作者	超过32页的图书	馆藏复本数	著者、翻译家、插图画家和摄影者	有生之年	公共图书馆

续表

实施国家	立法状况	管理机构	补偿金来源	国籍和(或)语言要求	合格的权利人	合格的作品类型	补偿金计算方式	补偿金的分配	权利期限	实施图书馆
Hungary 匈牙利	版权法(2008)	MISZJE(文学作品集体管理组织)	中央政府	无	作者	图书	借阅次数	N/A	N/A	公共图书馆、高校图书馆和国家图书馆
Iceland 冰岛	作者基金图书馆法(1988,2007年修正)制度实施(1963)	文学基金会	中央政府	本国公民或采用本国语言创作的作者	作者	图书	借阅次数	补偿金分两部分,根据图书借阅次数和典藏复本数分配给权利人	是(配偶及18岁以下的儿童享有)	国家图书馆、公共图书馆和学校图书馆
Ireland 爱尔兰	版权法(2007)制度实施(2004)	图书馆管理事会	中央政府	无	作者	图书、视听资料、音乐资料	借阅次数	编辑和翻译家的补偿金比率要根据其贡献程度确定	有生之年加死后70年	公共图书馆

续表

实施国家	立法状况	管理机构	补偿金来源	国籍和(或)语言要求	合格的权利人	合格的作品类型	补偿金计算方式	补偿金的分配	权利期限	实施图书馆
Israel 以色列	制度实施(1986)行政规定	PLR委员会	中央政府	采用希伯来语或阿拉伯语创作的公民	作者(著者和翻译者)	文学类图书	借阅次数	30%给予儿童图书,70%给予成人图书	有生之年,死后配偶享有权利	公共图书馆
Italy 意大利	版权法(1994)制度实施(2006)	SIAE(作者和出版商协会)	中央政府	无	作者、出版商、录音制品制作者和视听制品制作者	图书、录音制品和视听制品	借阅次数	印刷型图书和有声读物占83%,录音带占5%,录像带占12%	N/A	公共图书馆
Latvia 拉脱维亚	版权法(2000)制度实施(2004)	AKKA/LAA(著作权集体管理组织)	中央政府	无	作者、录音制品制作者和视听制品制作者	图书、录音制品和视听制品	借阅次数	不同的作者类型享有的补偿金比率各不相同	N/A	国家资助的图书馆、教育图书馆除外
Liechtenstein 列支敦士登	版权法(1999)制度实施(2006)	Pro-Litteris(集体管理组织)	中央政府	无	作者	文学艺术图书	借阅次数	N/A	N/A	公共图书馆

续表

实施国家	立法状况	管理机构	补偿金来源	国籍和(或)语言要求	合格的权利人	合格的作品类型	补偿金计算方式	补偿金的分配	权利期限	实施图书馆
Lithuania 立陶宛	版权法(1999) 制度实施(2002)	LAGA-A (著作权管理组织)	中央政府	无	作者	图书	借阅次数	作者和翻译家得70%,插图画家和摄影者得30%	N/A	公共图书馆
Luxembourg 卢森堡	版权法(2001) 制度实施(2007)	LUXORR (复制权集体组织)	公共图书馆	本国公民	作者和表演者	图书、录音制品和视听制品	借阅次数	N/A	N/A	公共图书馆
Netherlands 荷兰	版权法(1988) 修订(1995) 制度实施(1971)	Stichting Leenrecht (集体管理组织)	公共图书馆	无	作者、出版商和录音制品制作者和视听制品制作者	图书、录音制品制作者和视听制品制作者	借阅次数	由 Stichting Leenrecht 分配给不同作品类型的集体管理组织再分配	有生之年加死后70年	公共图书馆
New Zealand 新西兰	PLR法(2008) 制度实施(1973)	国家图书馆	中央政府	本国公民超过3年和长驻居民超过6月在国外无居住资格	作者	图书	馆藏复本数(50本以下不计)	出版商不享有资格	有生之年	公共图书馆

续表

实施国家	立法状况	管理机构	补偿金来源	国籍和（或）语言要求	合格的权利人	合格的作品类型	补偿金计算方式	补偿金的分配	权利期限	实施图书馆
Norway 挪威	PLR 法 (1987) 版权法 (2006) 制度实施 (1947)	文化部	中央政府	采用挪威或 Sami 语言创作	作者、录音制品制作者、视听制品制作者	图书、录音制品、视听制品	借阅次数	由 23 个集体组织进行分配，设有旅游和研究补助金	有生之年加死后 25 年	公共、学校、科研和专门及监狱图书馆
Slovak 斯洛伐克	版权法 (1998) 制度实施 (2007)	国家图书馆	中央政府	无	作者、翻译家、插图画家和视听作品创作者	图书、视听资料和音乐资料	借阅次数	视觉图书每借阅一次 0.4 克郎，音像图书每借阅一次 0.6 克郎		公共、学校、科研图书馆
Slovenia 斯洛文尼亚	作者权利法 (1995) 制度实施 (2004)	文化部	中央政府	本国公民；采用本国语言创作	作者、录音制品制作者、视听制品制作者	图书、视听资料和音乐资料	借阅次数和补助	60% 给作者，20% 给翻译，15% 给插图画家和摄影者，5% 给其他类型作者	有生之年	公共图书馆

续表

实施国家	立法状况	管理机构	补偿金来源	国籍和(或)语言要求	合格的权利人	合格的作品类型	补偿金计算方式	补偿金的分配	权利期限	实施图书馆
Spain 西班牙	版权法(1994) 阅读、图书和图书馆法(2007) 制度实施(1954)	CEDRO(著作权集体组织)	中央政府、自治政府、地方政府	无	作者、出版商和录音制品制作者、视听制品制作者	图书、录音制品、视听制品	借阅次数	客体出借一次0.2欧元	有生之年加死后70年	公共图书馆、博物馆、档案馆等
Sweden 瑞典	国家法令(1954) 制度实施(1954)	国家作者基金会	中央政府	长期居住当地或采用本国语言创作	作者、录音制品制作者	图书、录音制品	借阅次数	对作者给予多项补助	有生之年加死后70年	所有采用计算机系统管理的图书馆
United Kingdom 英国	PLR法(1979) 版权法(1988) 制度实施(1982)	文化、媒体和体育部PLR委员会	中央政府	无	作者、录音制品制作者、视听制品制作者	图书、录音制品和视听制品	借阅次数	编辑和翻译家的补偿金比率要根据其对作品的贡献程度确定	有生之年加死后70年	公共图书馆

注:N/A 表示数据不详

附录 B　不同利益群体对公共借阅权认知和态度的调查问卷

尊敬的先生/女士：

首先感谢您在百忙之中参与本次问卷调查！

本次问卷的目的在于，了解不同利益群体对公共借阅权的认知和态度，以期提出适合我国国情的公共借阅权立法框架。

问卷采用匿名的方式，所收集数据或意见均为学术研究所用，请您根据您的感受放心填写。谢谢您的合作！

所谓公共借阅权，是指法律赋予版权人和邻接权人的，由于其版权作品的原件或复制件被图书馆等公益性机构提供给公众利用而对其市场销售造成影响，因而由公共财政经费对权利人进行补偿的权利。多数国家将公共借阅权纳入到版权法体系，少数国家对其单独立法或作为文化奖励政策。

第一部分：基本资料

1. 您的性别：①男　　②女

2. 您的年龄：①30 岁以下　　②31—40 岁　　③41—50 岁　④51—60 岁　⑤60 岁以上

3. 您的学历：①高中及以下　　②大专　　③本科　④研究生

4. 您的职称：①初级职称　②中级职称　③副高职称　④正高职称⑤其他：_____　⑥其他：_____

（您的身份（针对作家）：①专职作家　　②兼职作家）

5. 您的职务：①普通员工　②中层主管　③单位领导

（您创作作品的主要类型是（针对作家）：①诗歌　②散文　③小说④剧本　⑤评论　⑥其他：_____）

6. 您所在馆的类型：①县级图书馆　②市级图书馆　③省级图书馆④国家图书馆

（您所在出版社的类型（针对出版社人员）：①综合性出版社　②专业性出版社）

您认为您的写作收入占您总收入的比例是（针对作家）

①低于 10%　②10%—30%　③30%—50%　④50%—80%　⑤80%

以上

（注：出版社人员和公共图书馆人员问卷仅第6题不同,作家问卷第4、5、6题有变化。）

第二部分：

7. 您是否看过或听过"公共借阅权" ①是 ②否（如选否,请跳至第9题）

8. 您在何处看到或听到"公共借阅权"

①学术会议 ②期刊 ③图书 ④网络 ⑤其他:_____

9. 您对公共借阅权的概念和实施方式的了解程度

①很不了解 ②不了解 ③一般 ④了解 ⑤非常了解

10. 您是否同意图书馆公共借阅服务是版权法意义上的合理使用行为

①很不同意 ②不同意 ③不好说 ④同意 ⑤很同意

11. 您是否同意图书馆公共借阅服务是一种低廉的或免费的出租行为

①很不同意 ②不同意 ③不好说 ④同意 ⑤很同意

12. 您是否同意图书馆公共借阅服务会降低读者购书意愿

①很不同意 ②不同意 ③不好说 ④同意 ⑤很同意

13. 您是否同意图书馆公共借阅服务会降低图书的销售量

①很不同意 ②不同意 ③不好说 ④同意 ⑤很同意

14. 您是否同意图书馆公共借阅服务会影响作者或出版社的利益

①很不同意 ②不同意 ③不好说 ④同意 ⑤很同意

15. 您是否同意图书馆发布的借阅排行榜会提高读者购书意愿

①很不同意 ②不同意 ③不好说 ④同意 ⑤很同意

16. 您是否同意公共借阅权制度会激发作家的创作热情

①很不同意 ②不同意 ③不好说 ④同意 ⑤很同意

17. 您是否同意我国对公共借阅权进行立法

①很不同意 ②不同意 ③不好说 ④同意 ⑤很同意

18. 您认为我国公共借阅权立法最适合采取哪种立法模式

①纳入到版权法 ②单独立法 ③文化奖励政策 ④其他:_____

19. 您认为我国公共借阅权立法的障碍在于（多选题）

①国家财政不给予支持 ②图书馆界事业不够发达 ③版权人缺少维权行动 ④信息技术应用不够普遍 ⑤法律上的冲突 ⑥其他:_____

20. 您是否同意由政府财政支付公共借阅权补偿金

①很不同意 ②不同意 ③不好说 ④同意 ⑤很同意

21.您认为公共借阅权的受惠对象可以有(多选题)

①作者　②出版社　③表演者　④录音作品制作者　⑤视听作品制作者　⑥其他:_____

22.您认为享有公共借阅权的作品类型可以有(多选题)

①图书　②计算机软件　③录音资料　④视听资料　⑤期刊　⑥其他:_____

23.您是否同意公共图书馆作为公共借阅权制度的实施机构

①很不同意　②不同意　③不好说　④同意　⑤很同意

24.您认为实施公共借阅权制度的图书馆类型可以有(多选题)

①公共图书馆　②中小学图书馆　③科研图书馆　④大学图书馆　⑤其他:_____

25.您认为最合适的公共借阅权补偿金计算方式是哪种

①出借次数　②馆藏复本数　③文献购置经费的若干比例　④其他:_____

26.您认为公共借阅权补偿金的分配方式有(多选题)

①现金分配给权利人　②用于权利人的养老金、保险金等社会福利　③作品出版基金　④其他:_____

27.您认为最适合作为公共借阅权管理机构的组织是哪种

①著作权集体管理组织　②国家图书馆　③专门的管理机构　④作家基金会　⑤其他:_____

28.您是否同意公共借阅权制度在图书馆实施会增加图书馆的工作压力

①很不同意　②不同意　③不好说　④同意　⑤很同意

29.您是否同意公共借阅权制度的实施会挤占图书馆的财政拨款

①很不同意　②不同意　③不好说　④同意　⑤很同意

30.您对我国公共借阅权立法有何意见或建议?

参考文献

中文专著

1. 陈传夫. 高新技术与知识产权法[M]. 武汉:武汉大学出版社,2000.

2. 陈传夫. 信息资源公共获取与知识产权保护[M]. 北京:北京图书馆出版社(今国家图书馆出版社),2007.

3. 冯晓青. 知识产权法哲学[M]. 北京:中国人民公安大学出版社,2003.

4. 胡惠林. 文化政策学[M]. 太原:书海出版社,2006.

5. 黄长著,等. 网络环境下图书情报学科与实践的发展趋势[M]. 北京:社会科学文献出版社,2009.

6. 江向东. 版权制度下的数字信息公共传播[M]. 北京:北京图书馆出版社(今国家图书馆出版社),2005.

7. 李怀亮,刘悦笛. 文化巨无霸:当代美国文化产业研究[M]. 广州:广东人民出版社,2005.

8. 李怀亮. 当代国际文化贸易与文化竞争[M]. 广州:广东人民出版社,2005.

9. 李运华. 就业权研究[M]. 北京:中国社会科学出版社,2009.

10. (美)罗伯特·卡特,托马斯·尤伦. 法和经济学[M]. 上海:三联书店,1991.

11. (英)洛克. 政府论:下编[M]. 叶启芳,瞿菊农,译. 北京:商务印书馆,2004.

12. (法)孟德斯鸠. 论法的精神:上册[M]. 张雁深,译. 北京:商务印书馆,1959.

13. (英)尼格尔. G. 福斯特. 欧盟立法(2005—2006):下卷:次级立法 英国国内法 欧盟—中国关系协定[M]. 何志鹏,等,译. 北京:北京大学出版社,2007.

14. 十二国著作权法编写组. 十二国著作权法[M]. 北京:清华大学出版社,2011.

15. 史尚宽. 民法总论[M]. 北京:中国政法大学出版社,2000.

16. 韦景竹. 版权制度中的公共利益研究［M］. 广州：中山大学出版社,2011.

17. 吴汉东. 著作权合理使用制度研究［M］. 北京：中国政法大学出版社,1996.

18. (英)沃克编. 牛津法律大辞典［M］. 北京社会与科技发展研究所,译. 北京：光明日报出版社,1988.

19. 阎晓宏. 中国版权年鉴2009［M］. 北京：中国人民大学出版社,2009.

20. 杨威理. 西方图书馆史［M］. 北京：商务印书馆,1988.

21. 于良芝. 图书馆学导论［M］. 北京：科学出版社,2003.

22. (美)约翰·罗尔斯. 正义论［M］. 何怀宏,何包钢,廖申白,译. 北京：中国社会科学出版社,1988.

23. 张文显. 法哲学范畴研究［M］. 北京：中国政法大学出版社,2001.

24. 张玉国. 国家利益与文化政策［M］. 广州：广东人民出版社,2005.

25. 郑成思. 知识产权法［M］. 北京：法律出版社,1997.

26. 郑成思. 知识产权法若干问题［M］. 兰州：甘肃人民出版社,1985.

27. 中华人民共和国文化部编. 中国文化文物统计年鉴［M］. 国家图书馆出版社,2011.

28. 中外版权法规汇编编写组. 中外版权法规汇编［M］. 北京：北京师范大学出版社,1993.

29. 周忠海,阎建国. 中国知识产权法律实务大全［M］. 北京：北京广播学院出版社,1992.

中文期刊论文

30. 曹世华. 论数字时代的版权补偿金制度及其导入［J］. 法律科学,2006(6).

31. 陈信勇,董忠波. 对公共借阅权制度的法律思考［J］. 图书情报工作,2005(9).

32. 程应红. 对西方国家图书馆公共借阅权制度的思考［J］. 图书馆论坛,2008(4).

33. 大正. 日本文艺5团体发表声明谋求"公共出借权"［J］. 出版参考,2006(2).

34. 傅建秀,江向东. 爱尔兰公共借阅权制度的新发展［J］. 图书馆学研究,2009(6).

35. 傅文奇,江向东.澳大利亚公共借阅权制度评介[J].晋图学刊,2006(2).

36. 傅文奇,马小方.公共借阅权:概念、特点和立法模式[J].图书馆学研究,2010(11).

37. 傅文奇,王玲玲.丹麦公共借阅权制度评介[J].情报理论与实践,2011(6).

38. 傅文奇,郑金帆.公共借阅权制度的产生和发展[J].图书情报工作,2010(9).

39. 官文娟.对我国导入版权补偿金制度之思考[J].图书与情报,2009(2).

40. 江向东,傅文奇.加拿大公共借阅权制度评介[J].图书情报知识,2006(2).

41. 江向东.20世纪90年代以后欧盟公共借阅权制度的新进展[J].中国图书馆学报,2005(3).

42. 江向东.对公共借阅权制度的理性思考[J].中国图书馆学报,2001(3).

43. 江向东.欧盟92/100指令对图书馆公共借阅活动的影响[J].图书馆杂志,2003(9).

44. 江向东.瑞典政府对出版物的资助补贴政策[J].世界图书,1990(2).

45. 金胜勇,白献阳.关于图书馆争取信息网络传播权力的思考[J].中国图书馆学报,2006(6).

46. 李国华.论我国文化体制改革的价值取向及实现路径[J].求索,2012(6).

47. 李国新.图书馆在著作权问题上的理念、权利与行动[J].大学图书馆学报,2005(2).

48. 李洪武.关于公共借阅权之成本收益分析[J].电子知识产权,2001(1).

49. 李农.德国的公共借阅权制度[J].情报杂志,2004(4).

50. 李婉彬.从一个新的角度理解和应用"公共借阅权"[J].图书馆建设,2008(7).

51. 李永明,张振杰.知识产权权利竞合研究[J].法学研究,2001(2).

52. 刘海霞,傅文奇.数字图书馆实施公共借阅权制度的可行性分析[J].江西图书馆学刊,2005(4).

53. 刘凯.著作出租权相关制度研究[J].电子知识产权,2003(12).

54. 刘青,曹超.公共借阅权制度的发展及其对信息资源共享的影响[J].图书情报工作,2008(1).

55. 刘元珺.公共借阅权制度的实然与应然[J].图书与情报,2010(5).

56. 刘兹恒.西方公共出借权的由来、发展及问题[J].图书馆杂志,1993(5).

57. 柳励和.图书馆与公共借阅权[J].图书馆,1997(1).

58. 罗志勇.图书情报网络化中的著作权保护问题[J].情报资料工作,2000(4).

59. 彭华民,黄叶青.福利多元主义:福利提供从国家到多元部门的转型[J].南开学报:哲学社会科学版,2006(6).

60. 秦珂.版权补偿金制度和数字图书馆版权问题[J].情报理论与实践,2005(2).

61. 秦珂.网络环境中公共借阅权的强化趋势与法律制度的选择[J].现代图书情报技术,2004(8).

62. 邱炯友,曾玲莉.公共出借权之认知与意见调查研究[J].国家图书馆馆刊,2003(1).

63. 邱炯友,曾玲莉.公共出借权之演进与发展[J].台北市立图书馆馆刊,2003,21(1).

64. 沈宗灵.法·正义·利益[J].中外法学,1993(5).

65. 数字环境下版权和邻接权限制和例外—国际图书馆界的观点[J].版权公报,2003(2).

66. 王含晖.国外公共借阅权及其给我们的启示[J].图书馆学刊,2008(5).

67. 王玲玲,傅文奇.瑞典公共借阅权制度评介[J].情报杂志,2011(4).

68. 王迁.论网络环境中的"首次销售原则"[J].法学杂志,2006(3).

69. 王世伟.数字网络环境下建大型公共图书馆的必要性[J].图书馆杂志,2012(5).

70. 王晓军.论公共图书馆制度的公共利益优先原则——以与公共借阅权制度相比较为视角[J].图书情报知识,2008(4).

71. 王晓军.试论我国建立公共借阅权制度的前提和原则[J].图书馆工作与研究,2008(9).

72. 王远均,赵媛,唐莉.我国数字图书馆领域引入公共借阅权的相关问题探讨[J].情报理论与实践,2005(5).

73. 韦之.《欧共体出租权指令》评介[J].现代法学,1999(5).

74. 吴建中,马远良.图书馆与知识产权——关于图书馆的未来对话之五[J].图书馆杂志,1996(1).

75. 吴汉东.著作权法第三次修改草案的立法方案和内容安排[J].知识产权,2012(5).

76. 肖尤丹.冲突与协调:网络环境下合理使用的合理性考察[J].知识产权,2006(6).

77. 徐金芬.公共出借权问题初探[J].图书馆学与资讯科学,1991,17(2).

78. 许波,马海群.从公共借阅权制度到数字版权补偿金制度的理性思考[J].情报资料工作,2006(4).

79. 杨志刚,张新兴,庞弘燊.电子书阅读器在国外图书馆的应用现状及存在问题[J].大学图书馆学报,2011(4).

80. 杨祖逵.合理使用制度与公共借阅权的良性博弈构想[J].图书馆学研究,2008(4).

81. 余训培.公共借阅权:本土定位与重新解读[J].图书馆,2004(1).

82. 赵建玲,王华.试论公共借阅权权利形态的合理性——从法哲学与经济学的视角透视公共借阅权[J].新世纪图书馆,2010(1).

83. 赵静雯,赵怀生.关于公共借阅权的几个问题[J].图书与情报,2007(4).

84. 赵媛,王远均.数字图书馆中的著作权保护模式研究:著作权集体管理的原因、问题与对策[J].情报资料工作,2005(3).

85. 郑金帆.英国公共借阅权制度评介[J].图书馆论坛,2008(1).

86. 郑庆胜,易晓阳.略论WTO对中国图书馆馆藏和服务的影响[J].大学图书情报学刊,2003(1).

87. 邹盘江,傅文奇.我国公共借阅权研究论文的统计分析[J].山东图书馆学刊,2011(1).

中文学位论文

88. 刘海霞.公共借阅权制度研究[D].福建师范大学,2007.

89. 赵建玲.公共借阅权制度在我国的适用性问题研究[D].河北大学,2010.

90. 邹盘江.大洋洲公共借阅权制度研究[D].福建师范大学,2011.

91. 王玲玲.北欧四国公共借阅权制度研究[D].福建师范大学,2012.

92. 曾玲莉."国内"出版社人员与公共图书馆人员对公共出借权之认知与意见调查研究[D].淡江大学,2001.

外文专著

93. Äyräs A. ,*Henriksen C. H. Nordic Public Lending Right* [M]. Copenhagen: National Library Authority, 1997.

94. Brophy B. *A Guide to Public Lending Right*[M]. Aldershot, Hampshire : Gower, 1983.

95. Jehoram H. C. *Public Lending Right: Reports of an ALAI Symposium and Additional Materials*[M]. Deventer, Netherlands ; Boston : Kluwer Law and Taxation Publishers, 1983.

96. Morris R. J. B. *The Public Lending Right Handbook* [M]. Chichester: Rose, 1980.

外文期刊论文

97. Andreassen T. Frustrated Authors, Obstructive Governments: Europe's PLR Impasse[J]. *Logos*. 2005,16(2).

98. Anne H, et al. Statistical Analysis of Public Lending Right Loans[J]. *Journal of the Royal Statistical Society. Series A* (Statistics in Society),1991,154 (2).

99. Astbury R. The Situation in the United Kingdom [J]. *Library Trends*, 1981,29(4).

100. Biskup P. Libraries, Australian Literature and Public Lending Right[J]. *Australian Library Review*,1994,11(2).

101. Commission Finds Uneven Enforcement of Public Lending Right Across EU[J]. *Intellectual Property & Technology Law Journal*, 2003,15(1).

102. Cullis J G, West P A. The economics of Public Lending Right[J]. *Scottish Journal of Political Economy*,1977,24(2).

103. De Jong, M. Abolition of Public Lending Right Charges by the Local Authority[J]. *BibliotheekBlad*,2003,7(4).

104. De Jong, M. Should the State Pay the Bill for Public Lending Right? [J]. *BibliotheekBlad*,2000,4(13).

105. Dittrich K. How Will a Law on Library Lending Right Work? [J]. *Borsenblatt fur den Deutschen Buchhandel*,1985,41(7).

106. Ellsworth R. C. Library Compensation to Authors Nordic Style[J]. *Canadian Library Journal*, 1972, 29(6).

107. Ellsworth R. C. Public Lending Right in its Canadian Context[J]. *Ontario Library Review*, 1976, 60(1).

108. Foley J. H. Enter the Library: Creating a Digital Lending Right[J]. *Connecticut Journal of Int'l Law*, 2000(16).

109. Haslam D. Authors' Rewards: the Continuing Struggle for a Public Lending Right in Britain[J]. *Bibliotheek en Samenleving*, 1976, 4(11).

110. Hasted A, et al. Statistical Analysis of Public Lending Right Loans[J]. *Journal of the Royal Statistical Society. Series A*, 1991, 154(2).

111. Holland T. The Price is not Right[J]. *Bookseller*, 2010(5454).

112. Hyatt D. Legal Aspects of Public Lending Right [J]. *Library Trends*, 1981, 29(4).

113. Hyatt D. The Background of Proposed Legislation to Study Public Lending Right in the United States: Issues in Policy, Law and Administration[J]. *Journal of Library Administration*, 1986, 7(4).

114. Koch O. Situation in Countries of Continental Europe [J]. *Library Trends*, 1981, 29(4).

115. Laine M. D. Authors' PLR Rage[J]. *Bookseller*, 2002(5014).

116. Lariviere J. Public Lnding Rghts in Canada[J]. *Documentation et Bibliotheques*, 1991, 37(2).

117. LeComte R. Writers Blocked: The Debate over Public Lending Right in the United States during the 1980s[J]. *Libraries & the Cultural Record*, 2009, 44 (4).

118. Lending right: Technical Documents Sent to the Directorate of Books and Reading[J]. *Bulletin d'Informations de l'Association des Bibliothecaires Francais*, 1999, 183(2).

119. Libraries in North Holland Province Ask the Minister of State to Scrap the Lending Right Charge[J]. *BibliotheekBlad*, 2003, 7 (25/26).

120. Maes M. A Study of the Borrowing and Buying Habits of Book Consumers in Turnhout[J]. *Bibliotheek-en Archiefgids*, 1992, 68(5).

121. Masango C. A, Nicholson D. R. Public Lending Right: Prospects in

South Africa's Public Libraries? [J]. *South African Journal of Libraries and Information Science*, 2008,74(1).

122. Mayer D. Y. Literary Copyright and Public Lending Right[J]. *Case Western Reserve Journal of Int'l Law*, 1986(18).

123. Nasti W. Z. Public Lending Right: Fair or Welfare[J]. *Journal of Library Administration*, 1985,6(2).

124. Office H M S. Public Lending Right: Final Report of an Investigation of Technical and Cost Aspects. Department of Education and Science [R]. London, 1975.

125. Parker J. Happy Birthday PLR! [J]. *Public Library Journal*, 2009,24(2).

126. Parker J. Whose Loan is it anyway? Essays in Celebration of PLR's Twentieth Birthday[J]. *Library Review*, 2000,49(3—4).

127. Perry S. Public Lending Right: Considering our Position[J]. *New Zealand Libraries*, 1968,31(1).

128. Piternick G. Points of View of Librarians: Alternatives to PLR[J]. *Library Trends*, 1981,29(4).

129. Rasmussen H. Public Lending Right: Situation in New Zealand and Australia[J]. *Library Trends*, 1981,29(4).

130. Sage J. P. Comparison for Library Use: Some Aspects of the N. Z. Authors' Fund[J]. *New Zealand Libraries*, 1987,45(6).

131. Sanderson C. the PLR Principle[J]. *Bookseller*, 2004(5124).

132. Stave T. Public Lending Right: A History of the Idea [J]. *Library Trends*, 1981,29(4).

133. Sumsion J. W. PLR: An Appraisal [J]. *Library Association Record*, 1986,88(2).

134. Sumsion J. W. PLR—Not Yet a World Movement[J]. *Logos*, 1990,1(3).

135. Sumsion J. W. Public Lending Right (PLR): the UK Experience[J]. *Journal of Library and Information Science (India)*, 1988,13(1).

136. The Italian Library Association Against Public Lending Right[J]. *Library Times International: world news digest of library & information science*, 2007,24

(2).

网络资源

137. Book Industry Strategy Group [EB/OL]. [2012 - 08 - 07]. http://www. innovation. gov. au/INDUSTRY/BOOKSANDPRINTING/BOOKINDUSTRY-STRATEGYGROUP/Pages/default. aspx.

138. Canada Council for the Arts. Public Lending Right Program [EB/OL]. [2012 - 09 - 12]. http://www. plr-dpp. ca/PLR.

139. Digital Economy Act 2010 [EB/OL]. [2012 - 08 - 10]. http://www. legislation. gov. uk/ukpga/2010/24/contents.

140. Distribution of Public Lending Right Remuneration not in Contravention of EU law [EB/OL]. [2012 - 09 - 01]. http://www. domstol. dk/hojesteret/english/ECLaw/Pages/Distributionofpubliclendingrightremunerationnotincontravention-ofEUlaw. aspx.

141. EBLIDA Statement on the Infringement Procedures over Public Lending Right [EB/OL]. [2012 - 05 - 18]. http://www-legacy. eblida. org/uploads/eblida/10/1167690819. pdf.

142. Funding and Management [EB/OL]. [2012 - 09 - 05]. http://www. taiteenkeskustoimikunta. fi/en/web/tkt/funding-and-management.

143. I won't Pay to Read! [EB/OL]. [2012 - 09 - 12]. http://www. nopago. org.

144. IFLA CLM. The IFLA Positon on Public Lending Right [EB/OL]. [2012 - 09 - 05]. http://www. ifla. org/en/publications/the-ifla-position-on-public-lending-right.

145. Legislation Denmark [EB/OL]. [2012 - 08 - 12]. http://www. lexadin. nl/wlg/legis/nofr/eur/lxweden. htm.

146. Mattsson V. The Swedish Public Lending Right (PLR) in a Historical Perspective [M/OL]. [2012 - 08 - 07]. http://bada. hb. se/bitstream/2320/925/1/02 - 95. pdf.

147. Mike H. The Librarian of Babel: for a Public Reading Right [EB/OL]. [2012 - 08 - 16]. http://www. ariadne. ac. uk/issue11/babel.

148. New Zealand Legislation [EB/OL]. [2012 - 08 - 12]. http://www. leg-

islation. govt. nz.

149. Public Lending Right Act 1985 [EB/OL]. [2012 – 09 – 05]. http://www. comlaw. gov. au/Details/C2012C00240.

150. Public Lending Right for New Zealand Authors[EB/OL]. [2012 – 08 – 12]. http://www. natlib. govt. nz/services/get-advice/publishers/plr.

151. Rich M. Libraries and Readers Wade into Digital Lending. New York Times[EB/OL]. [2012 – 09 – 14]. http://www. nytimes. com/2009/10/15/books/15libraries. html? em.

152. Swedish Authors' Fund [EB/OL]. [2012 – 09 – 12]. http://www. svff. se.

153. Swedish Authors' Fund. State Allowances and Grants [EB/OL]. [2012 – 10 – 10]. http://www. svff. se/fondeng. htm.

154. The Library of Congress[EB/OL]. [2012 – 09 – 03]. http://www. loc. gov/index. html.

155. The PLR UK website[EB/OL]. [2012 – 09 – 03]. http://www. plr. uk. com/.

156. The Public Lending Right (PLR) International Network Website[EB/OL]. [2012 – 09 – 03]. http://www. plrinternational. com/.

157. The Publishers Association Calls for Maintaining the Existing Registrar of Public Lending Right [EB/OL]. [2012 – 11 – 10]. http://www. publishers. org. uk.

158. Tobias G. The Swedish Public Lending Right (PLR) in the Authors' Perspective [M/OL]. [2012 – 08 – 07]. http://bada. hb. se/bitstream/2320/1149/1/04—117. pdf.

后　记

公共借阅权是一项比较复杂、争议较大的权利。其原本是北欧国家给予本国作者的图书馆借阅赔偿金，以弥补他们的作品在公共图书馆被免费借阅而造成的版税损失。随着国际版权保护制度的发展，特别是1992年欧盟92/100指令颁布以后，该权利逐渐演变为版权人的一项财产权利。

图书馆作为公共利益的代表，出于维护读者利益的职业精神考虑，反对任何有可能损害读者利益的法律或政策，主张法律给予图书馆更多的版权例外规定以促进信息的传播和利用。不少图书馆界人士认为公共借阅权制度的实施将增加图书馆的服务成本，不利于图书馆开展免费的借阅服务，因此，图书馆应该抵制公共借阅权制度。

笔者于2005年开始涉足公共借阅权研究，起初仅对国外公共借阅权制度进行文献调查。在阅读文献中，意外发现国外图书馆学界并不是完全反对公共借阅权，相反，英国、新西兰等国的图书馆员是发起公共借阅权运动的领导或关键人物，他们往往又是研究公共借阅权的专家，而且图书情报学刊物是报道和研究公共借阅权的最主要媒介。同时，在查阅西方主要国家版权法规中，没有发现哪个国家把图书馆公共借阅服务认定为合理使用行为，而是多数将公共借阅权赋予权利人。这项权利通常仅是作者的获酬权，而不是一项排他性的专有权利。有的国家，如美国，通过首次销售原则将该权利作了例外规定，权利人实际上无法享有公共借阅权。然而，国内学界对国外公共借阅权的研究和立法现状并不清楚，对公共借阅权的认识分歧很大，某些偏激的观点完全忽视了国际公共借阅权的发展动态。因此，笔者认为有必要对公共借阅权及其制度进行系统研究，探究公共借阅权的理论基础、演进过程、主要国家的立法状况和制度实施经验，提出适合我国国情的公共借阅权立法框架，这对于促进我国图书馆事业的发展、版权制度的完善和文化资源的合理配置都具有重要的现实意义。2009年，笔者申报的"公共借阅权制度研究"项目有幸得到国家社会科学规划办公室的支持，历经三年多的时间，课题终于完成。本书正是在该项目的最终成果基础之上修改完成的。

本书借鉴法学、图书馆学、文化学等学科领域的最新理论成果，以国外公共借阅权立法例和制度经验为主要资料来源,采用历史研究法、比较研究法、社会调查法等多种研究方法,从法律、文化、历史、社会经济、技术等多种视角对公共借阅权的理论和制度实践问题作了全面深入的论述,是国内第一部全面而系统地研究公共借阅权制度的学术专著。

我要特别感谢我的博士生导师陈传夫教授和硕士生导师江向东教授对本书提出的建设性意见。两位老师均是信息资源知识产权研究的专家,本人非常有幸得到他们的教导,受益良多。他们所做的开拓性研究使本课题有了扎实的研究基础。

我还要感谢对本项目立项的评审专家和对项目成果进行鉴定并提出宝贵建议或意见的同行专家。感谢刘海霞、郑金帆、王玲玲、邹盘江等师妹师弟所做的相关研究以及为本课题研究提供的重要资料。感谢同师门的武汉大学信息管理学院博士生万智、张璞以及中国作家协会的韩晗、许初鸣、康城等朋友在问卷调查中给予的帮助。感谢福建师范大学图书馆陈玉凤副研究馆员在原文传递中给予的热情帮助。感谢国家图书馆出版社的支持和辛勤付出。正是有了来自各方的支持、指导、帮助、建议、鼓励和参与,本书才得以顺利出版。

在本书的撰写过程中,作者参考了大量的中外文文献资料,由于篇幅有限,未能一一列出。在此一并对所有参考文献作者表示诚挚的谢意。

本书的撰写虽几经努力,但限于自身学识水平和能力,难免有不足与疏漏之处。因而,本书的一些观点和理论需要在实践中进一步发展。恳请各位专家和读者批评指正,也期待着与对所述问题有共同兴趣的同仁一起交流探讨。

傅文奇
2013 年 7 月